权威·前沿·原创

皮书系列为
"十二五""十三五"国家重点图书出版规划项目

智库成果出版与传播平台

北京市哲学社会科学研究基地智库报告系列丛书

首都文化贸易蓝皮书

BLUE BOOK OF
BEIJING INTERNATIONAL CULTURAL TRADE

首都文化贸易发展报告（2020）

RESEARCH REPORT OF BEIJING INTERNATIONAL CULTURAL TRADE (2020)

主　编／李小牧
副主编／李嘉珊

社会科学文献出版社
SOCIAL SCIENCES ACADEMIC PRESS (CHINA)

图书在版编目(CIP)数据

首都文化贸易发展报告.2020/李小牧主编.--北京：社会科学文献出版社，2020.10
（首都文化贸易蓝皮书）
ISBN 978-7-5201-7246-2

Ⅰ.①首… Ⅱ.①李… Ⅲ.①文化产业-研究报告-北京-2020 Ⅳ.①G127.1

中国版本图书馆CIP数据核字（2020）第170492号

首都文化贸易蓝皮书
首都文化贸易发展报告（2020）

主　　编／李小牧
副 主 编／李嘉珊

出 版 人／谢寿光
责任编辑／丁阿丽
文稿编辑／李惠惠　刘　争　许文文

出　　版／社会科学文献出版社·皮书研究院（010）59367092
　　　　　地址：北京市北三环中路甲29号院华龙大厦　邮编：100029
　　　　　网址：www.ssap.com.cn
发　　行／市场营销中心（010）59367081　59367083
印　　装／天津千鹤文化传播有限公司
规　　格／开　本：787mm×1092mm　1/16
　　　　　印　张：20.75　字　数：311千字
版　　次／2020年10月第1版　2020年10月第1次印刷
书　　号／ISBN 978-7-5201-7246-2
定　　价／128.00元

本书如有印装质量问题，请与读者服务中心（010-59367028）联系

▲ 版权所有 翻印必究

为贯彻落实中共中央和北京市委关于繁荣发展哲学社会科学的指示精神，北京市社科规划办和北京市教委自2004年以来，依托首都高校、科研机构的优势学科和研究特色，建设了一批北京市哲学社会科学研究基地。研究基地在优化整合社科资源、资政育人、体制创新、服务首都改革发展等方面发挥了重要作用，为首都新型智库建设进行了积极探索，做出了突出贡献。

围绕新时期首都改革发展的重点热点难点问题，北京市社科联、北京市社科规划办、北京市教委与社会科学文献出版社联合推出"北京市哲学社会科学研究基地智库报告系列丛书"，旨在推动研究基地成果深度转化，打造首都新型智库拳头产品。

《首都文化贸易发展报告（2020）》
编委会

主　　编　李小牧

副 主 编　李嘉珊

编撰单位　北京第二外国语学院国家文化发展国际战略研究院
　　　　　　首都国际交往中心研究院
　　　　　　中国服务贸易研究院
　　　　　　首都对外文化贸易研究基地
　　　　　　国家文化贸易学术研究平台
　　　　　　首都对外文化贸易与文化交流协同创新中心

学术顾问　（按姓氏笔画排序）
　　　　　　曲如晓　北京师范大学
　　　　　　刘建昌　对外经济贸易大学
　　　　　　李　钢　中国国际贸易学会
　　　　　　李怀亮　中国传媒大学
　　　　　　张　平　北京舞蹈学院
　　　　　　蔡继辉　社会科学文献出版社

撰　　稿　（按姓氏笔画排序）
　　　　　　丁志杰　于　淼　王丽君　王昕蕊　王昱东

王海文	卢晨妍	王雪飞	田　园	朱晓云
刘　霞	刘咏涵	孙　静	孙俊新	孙乾坤
李大夜	李小牧	李继东	李嘉珊	辛　璐
宋晋冀	张　伟	林建勇	罗立彬	段双喜
董博怀	程相宾	靳昌伦	蔺天祺	熊　睿
潘　茜	霍瑛楠			

主要编撰者简介

李小牧　教授，经济学博士，北京第二外国语学院副校长兼中国服务贸易研究院院长，应用经济学一级学科、北京市重点建设学科"国际贸易学"的学科带头人，首都对外文化贸易研究基地主任，国家文化贸易学术研究平台首席专家，首都对外文化贸易与文化交流协同创新中心首席专家，北京市政协常委。兼任中国国际贸易学会副会长，中国国际贸易学会服务贸易专业委员会主任，英国纽卡斯尔大学客座研究员、美国北佛罗里达大学访问学者。获北京市"优秀教师"称号，入选北京市属市管高等学校人才强教"拔尖创新人才"计划。先后主持完成国家级重大项目、省部级项目近20项。出版代表性著作《欧元：区域货币一体化的矛盾与挑战》《现实与出路：中国演艺院团改革发展》等近10部，发表学术论文《文化保税区：新形势下的实践与理论探索》《国际文化贸易：关于概念的综述与辨析》等30余篇，多项研究成果得到领导批示或被相关部门采纳。

李嘉珊　教授，北京第二外国语学院国家文化发展国际战略研究院常务副院长，中国服务贸易研究院常务副院长，首都国际交往中心研究院执行院长，交叉学科国际文化贸易学科负责人，首都对外文化贸易研究基地首席专家，国家文化贸易学术研究平台专家兼秘书长，京剧传承与发展（国际）研究中心主任，首都对外文化贸易与文化交流协同创新中心秘书长。兼任中国国际贸易学会常务理事，中国国际贸易学会服务贸易专业委员会秘书长，中国-中东欧国家智库交流与合作网络理事，英国纽卡斯尔大学、伦敦大学金史密斯学院客座研究员等。作为负责人主持并完成国家级、省部级和专项委托项目30余项，多项研究成果被采纳。出版学术专著多部，其中《国际文化贸易论》获商务部"商务发展研究成果奖（2017）"论著类二等奖。作为总主编策划、组织、编撰"'一带一路'沿线主要国家文化市场研究系列丛书"，发表学术论文《"一带一路"倡议背景下中国对外文化投资的机遇与挑战》等30余篇。

摘　要

2019年是全面建成小康社会、实现第一个百年奋斗目标的关键之年，也是首都北京大力加强"四个中心"功能建设、提高"四个服务"水平的重要阶段。按照"四个中心"功能建设的总体要求，北京大力推进文化产业高端化、融合化、集约化、国际化发展，有力助推了北京市经济转型升级。2019年北京对外文化贸易总额为346100.6万美元，同比增长52.7%，其中出口额为90963.8万美元，同比增长121.1%，进口额为255136.8万美元，同比增长37.6%。

《首都文化贸易发展报告（2020）》以2019年首都文化贸易发展探索为研究对象，设置总报告、行业篇、专题篇、比较与借鉴篇。本书综合运用实地考察与典型案例研究、文献数据分析与比较研究等方法，通过整体研究与重点行业研究，总结经验、分析问题、提出对策。本书关注的首都文化贸易重点行业领域增至9个，涵盖演艺、广播影视、电影、图书版权、动漫、游戏、文化旅游、艺术品、创意设计等。北京"四个中心"定位互为支撑、息息相关，特别是国际交往中心功能建设对首都文化贸易发展具有积极作用，年度专题在持续关注传统议题基础上对助力首都国际交往中心建设方面也有所涉及。

北京正在推进文化产业更高水平对外开放，发挥文化出口基地的引领和辐射作用，有效调配文化市场的资源配置，通过加快文化产业的创新转型，以"+文化"激发多产业横向联动，以数字化建设为契机创新驱动文化贸易高质量发展。

关键词： 国际文化贸易　文化产业　对外开放　北京

序 言

2019年我国国民经济运行总体平稳，对外贸易逆势增长，较好地实现了发展的主要预期目标。我国经济正处在转变发展方式、优化经济结构、转换增长动能的关键时期，要实现经济由高速增长转变为高质量发展，就要积极适应国内外发展环境的变化，深入贯彻新发展理念，积极破解发展困局，推动对外贸易多元化发展，尤其要重视文化贸易的高质量发展，不断研究新问题、制定新方案，在挑战中寻找机遇和突破。

根据商务部统计数据，2019年中国对外文化贸易总额为1114.5亿美元，同比增长8.9%。其中，文化贸易出口总额为998.9亿美元，同比增长7.9%；进口额总额为115.7亿美元，同比增长17.4%。与2018年相比，2019年对外文化贸易的进口额增长幅度较大，进口额增长率远高于出口。在"四个中心"功能建设的大背景下，2019年北京对外文化贸易进出口总额为34.6亿美元，同比增长52.7%。其中，出口额为9.1亿美元，同比增长121.1%；进口额为25.5亿美元，同比增长37.6%。文化贸易蓝皮书系列的《中国国际文化贸易发展报告（2020）》和《首都文化贸易发展报告（2020）》从中国、北京两个层面对2019年文化贸易的发展与探索进行了研究分析，呈现了发展特点与态势，通过宏观分析、微观切入进一步明晰目前尚存在的问题与挑战，为提出有针对性的对策建议奠定了基础。这是文化贸易蓝皮书系列的贡献之处，也是北京第二外国语学院服务贸易与文化贸易团队多年持续研究的可贵之处。

2019年，中国国际贸易学会服务贸易专业委员会落户北京第二外国语学院，中国国际贸易学会与北京第二外国语学院签署协议共建中国服务贸易研究院。此次中国国际贸易学会服务贸易专业委员会落户北京第二外国语学院，是基于北京第二外国语学院在服务贸易和文化贸易理论研究与实践探索方面的长期积累。自2003年起，北京第二外国语学院确立了以国际服务贸易和文化贸易为特色的国际贸易学科建设方向，开启了对服务贸易与文化贸易的理论和实践研究，为实施国家文化发展的国际战略始终坚守与执着努力。18年来，北京第二外国语学院研究团队在服务贸易和文化贸易学术研究与人才培养、政府政策咨政服务、企业走出去咨询服务等方面展开工作，被誉为具有"工匠精神"的学术团队。这为推进我国服务贸易及文化贸易的理论和实践研究向深度发展提供了良好的契机。

2020年伊始，新冠肺炎疫情席卷全球，对国际贸易造成了直接而广泛的冲击，也给经济发展带来了极大的挑战和不确定性。在此背景下，北京第二外国语学院团队理性思考、积极作为，在全国与北京两个层面，通过线上访谈与问卷调查就"新冠肺炎对北京市文化贸易企业跨国经营的影响及应对""疫情防控常态化背景下文化贸易企业复工复产综合情况"，为政府部门扶持政策的出台提供了宝贵的第一手资料，也给文化企业共克时艰、转型发展提供了对策建议。在世界百年未有之大变局的时代，在国际国内形势瞬息万变的当下，这支团队不忘初心、牢记使命，扎扎实实遵循学术研究"从实践中来、到实践中去"的理念，是十分难得的。我衷心期待这支团队不断前行，反映真实的情况，剖析真实的问题，提炼真实的观点，给出可行的对策建议，持续产出优质的成果！

金旭

中国国际贸易学会会长

2020年8月17日

目 录

Ⅰ 总报告

B.1 首都文化贸易发展报告（2020）……………………… 李小牧 / 001

Ⅱ 行业篇

B.2 首都演艺对外贸易发展报告（2020）………………… 张　伟 / 017
B.3 首都广播影视对外贸易发展报告（2020）…… 李继东　潘　茜 / 034
B.4 首都电影对外贸易发展报告（2020）
　　　……………………… 罗立彬　宋晋冀　孙乾坤 / 046
B.5 首都图书版权对外贸易发展报告（2020）…… 孙俊新　王雪飞 / 058
B.6 首都动漫产业对外贸易发展报告（2020）…… 林建勇　蔺天祺 / 071
B.7 首都游戏产业对外贸易发展报告（2020）……………… 孙　静 / 083
B.8 首都文化旅游服务贸易发展报告（2020）…… 王海文　卢晨妍 / 104
B.9 首都艺术品对外贸易发展报告（2020）……… 程相宾　王昕蕊 / 118
B.10 首都创意设计对外贸易发展报告（2020）…………… 刘　霞 / 138

001

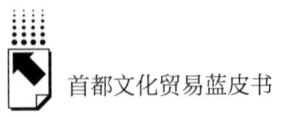

Ⅲ 专题篇

- B.11 以城市外交推动首都文化贸易高质量发展 ………… 李嘉珊 张筱聆 / 150
- B.12 国家对外文化贸易基地（北京）的发展现状、困境和建议 ………… 孙俊新 霍瑛楠 / 165
- B.13 创新设计驱动贸易繁荣
  ——北京设计博览会创新与实践 ………… 王昱东 / 177
- B.14 在京留学生对首都文化贸易发展的作用 ………… 于淼 / 185
- B.15 高质量开放背景下北京文化贸易发展的问题及应对
  ………… 孙乾坤 董博怀 李大夜 / 196
- B.16 智库助推文化贸易发展的角色与功能 ………… 王丽君 / 213
- B.17 首都文化贸易投融资支持的经验分析与政策建议
  ………… 丁志杰 田园 靳昌伦 / 222
- B.18 北京开拓中东欧文化市场的机遇与展望 ………… 张喜华 / 234

Ⅳ 比较与借鉴篇

- B.19 布达佩斯文化市场发展概况及经验借鉴 …… 段双喜 刘咏涵 / 246
- B.20 日本新兴文旅
  ——"动漫圣地巡礼"发展状况研究 ……… 王海文 熊睿 / 258
- B.21 走向国际舞台的法国地方博物馆 ………… 朱晓云 / 272
- B.22 完片担保模式为电影制作保驾护航 ………… 李嘉珊 辛璐 / 282

Abstract ………… / 296
Contents ………… / 298

总 报 告
General Report

B.1
首都文化贸易发展报告（2020）

李小牧*

摘　要： 2019年，北京文化贸易实现较快增长，文化产业结构持续优化。北京出台了各类扶持政策，培育发展新型文化业态，全面推动全国文化中心各项建设，文化产业与文化贸易成为首都经济高质量发展的重要引擎。服务业扩大开放综合试点推进了北京文化领域更高水平对外开放，北京国家文化出口基地经历一年建设期，基地引领和辐射作用凸显。随着文化体制改革不断深入，北京对于境外文化投资管理逐步规范。文化和旅游持续融合发展，演艺品牌促进北京文化消费新升级。与此同时，北京文化贸易发展迎来新的

---

* 李小牧，北京第二外国语学院教授，北京第二外国语学院副校长兼中国服务贸易研究院院长、国家文化贸易学术研究平台首席专家，首都对外文化贸易研究基地负责人，主要研究方向为世界经济、国际文化贸易等。

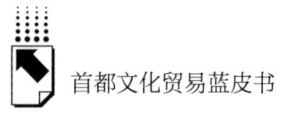

机遇：加快文化产业的创新转型，以"+文化"激发多产业横向联动；抓住数字化建设契机，创新驱动文化贸易高质量发展；将文化优势转化为经济优势，发展境外消费创新贸易模式。

关键词： 文化贸易　高质量发展　文化消费

北京作为全国文化中心，2006年在全国率先提出发展文化产业以来，文化产业及文化贸易得到大力发展，文化产业增加值以及文化贸易额持续增长。2014年2月26日，习近平总书记视察北京并发表重要讲话，明确了"四个中心"的首都城市战略定位。经过五年的发展，北京市按照全国文化中心建设"一核一城三带两区"总体框架要求，大力推进文化产业高端化、融合化、集约化、国际化发展，有力助推了经济转型升级，文化产业成为首都经济社会发展的重要支柱产业。2019年，北京出台了各类扶持政策，培育发展新型文化业态，全面推动全国文化中心各项建设，文化产业与文化贸易成为首都经济高质量发展的重要引擎。

一　北京对外文化贸易发展概况

2019年1~12月，北京规模以上文化产业收入合计达12849.7亿元，同比增长8.2%；从业人员平均人数为59.4万人，同比下降3.1%。其中，文化核心领域收入合计达11448.2亿元，同比增长9.9%，占总收入的比例达89.09%；文化核心领域从业人员平均人数达48.8万人，同比下降3.7%，占总就业人数的比例达82.15%。①

根据2019~2020年度国家文化出口重点企业和项目认定结果，北京共

---

① 资料来源于北京市统计局。

有39家企业被评为2019~2020年度国家文化出口重点企业，占全国文化出口重点企业数的11.64%，共有18项重点项目被评为2019~2020年度国家文化出口重点项目，占全国文化出口重点项目数的13.95%。①

二 北京对外文化贸易发展特点

（一）服务业扩大开放综合试点，推进文化产业更高水平对外开放

2019年2月，国务院批复《全面推进北京市服务业扩大开放综合试点工作方案》（以下简称《工作方案》），同意在北京市继续开展和全面推进服务业扩大开放综合试点。2015年5月以来，北京市开展了为期三年的服务业扩大开放综合试点，是全国首个，也是目前唯一的服务业扩大开放综合试点城市。北京服务业扩大开放综合试点为中国服务业对外开放新格局奠定基础。

《工作方案》指出，"立足文化中心建设，提升文化软实力和国际影响力"，能够有效推进文化行业扩大对外开放、助推国际文化交流、发展国际文化贸易。

第一，服务业扩大开放综合试点能够有效促进北京文化行业扩大对外开放。中国自由贸易试验区相关文件规定允许在试验区内设立外资经营的演出经纪机构、演出场所经营单位；允许在试验区内设立外资经营的娱乐场所和演出场所。《工作方案》选择文化娱乐业聚集的特定区域，允许设立外商独资演出经纪机构，并在全国范围内提供服务，能够有效推动北京文化领域的对外开放，吸引文化领域的国际资本，促进北京文化产业国际化发展。

第二，服务业扩大开放综合试点能够有效促进北京文化领域的国际

---

① 《关于公示2019~2020年度国家文化出口重点企业和重点项目名单的通知》，商务部服务贸易与商贸服务业司网站，2019年8月20日，http://fms.mofcom.gov.cn/article/jingjidongtai/201908/20190802889576.shtml。

交流与合作。北京服务业扩大开放综合试点以多种形式助推国际文化交流，完善文化领域国际交流合作机制。与此同时，《工作方案》支持文化企业在境外设立合资出版公司、艺术品经营机构，促进中国文化企业国际化发展。北京国际电影节、北京国际图书节、北京国际设计周、北京国际音乐节等品牌文化活动能够高效实现国际资源与北京及国内文化项目的对接。

第三，服务业扩大开放综合试点能够有效促进文化产品与服务的对外贸易。服务业扩大开放综合试点能够促进文化信息、创意设计、游戏和动漫版权等的对外贸易，同时推动以数字技术为支撑、以高端服务为先导的"＋文化"整体出口，在国家文化出口基地、国家对外文化贸易基地（北京）、中医药文化旅游示范基地等建设契机下，搭建文化贸易公共服务平台，探索文化贸易金融服务创新，积极培育新型文化业态。

（二）文化出口基地逐步建设，基地引领和辐射作用凸显

2018年6月，北京入选全国首批国家文化出口基地。2019年，经过一年的建设期，北京国家文化出口基地对文化企业和文化出口的集聚、引领和辐射作用逐渐显现。文化出口基地形成的行业聚集和产业规模效应逐步彰显。

第一，一站式首都文化服务平台日益完善。不同于传统市场的单一服务模式，北京基地重点建设了包括高端商务、综合保税、金融支持、人才培育、宣传推广、信息对接在内的六大服务平台，引进了国内外一流服务供应商，在企业进驻园区之前就提供个性化全方位高端系列服务。同时，在企业注册、融资及寻求相关合作资源等方面，基地也提供相关服务，让更多的企业获得产业对接，在产业平台上获得更大发展空间。

第二，文化出口优惠政策逐渐落地。就北京国家文化出口基地落地政策而言，其主要涵盖几大领域：海关部门提供的保税、免证、免税，保税展示，保税仓储，出口退税等优惠政策；文旅部给予的优惠政策；检验检疫优惠政策；外汇管理优惠政策，即开立外汇账户、外币结算等。自天竺综合保税区封关以来，原文化部、北京市人民政府、北京海关、北京出入境检验检疫局、天竺综

保区管委会与北京市商委等多个部门密集出台多项政策。① 这些政策涵盖土地、财政、税收、金融、报关、检验检疫等多个方面，为促进基地的工程建设、对外文化贸易和招商引资提供了有力的政策支撑。2019年2月，顺义区新政务服务中心投入使用，建立统一的服务窗口、规范办事流程、简化办事程序、提高办事效率，设置企业服务专区，为开办企业提供"一站式"的快捷服务。

第三，文化保税实现文化生产和贸易的成本降低，首都文化贸易和文化交流蓬勃发展。保税是北京基地开展文化贸易最初也是最重要的优势来源。文化保税区在进出口、区内企业间交易等方面具有独特的关税豁免、增值税和消费税免除、所得税减免、保税和出口退税等税收优惠政策，从而降低了文化生产和贸易的成本。基地与文化保税期的建设将文化贸易嫁接到保税区，利用海关特殊监管区"进口商品免证、免税、保税"和"出口商品进区及区内生产退税"的优惠政策，促进文化商品低成本、高效率流转、流通。在保税区内发生的企业间交易，还可免征交易税。以舞台演出设备为例，近年来国内演出的增加和演出效果的提升推高了对演出设备的进口需求，这些设备往往价格昂贵，但使用频次不高，给演出团体增加了成本，导致了大量浪费。② 如果上述交易在文化保税区进行，引进的各类演出设备，如灯光、音响、摄影等器材可以在保税状态下租赁给国内的演出团体，分次摊销关税，降低演出成本。国外演出团体进入中国市场，可以在道具等设备进关和转关环节得到便利支持，而中国演出团体赴国外巡演，则可以通过中国保税区海关体系和国际海关体系的沟通合作，降低运营成本。同时，国家对外文化贸易基地（北京）注重以国际合作搭建对外文化交流平台，对接

---

① 主要包括：北京市人民政府、原文化部出台了《关于加快国家对外文化贸易基地（北京）建设发展的意见》（京政发〔2014〕25号）；依托北京服务业扩大开放综合试点契机，天竺综保区管委会与北京市商委等八部门联合出台了《深化服务业开放改革 促进北京天竺综合保税区文化贸易发展的支持措施》（京商务函字〔2018〕492号）；北京海关先后研究制定了《北京海关支持北京市服务业扩大开放综合试点若干措施》和《北京海关支持文化贸易发展便利化监督办法》；北京出入境检验检疫局制定了《关于给予国家对外文化贸易基地经营项目便利措施的通知》（京检办通〔2014〕51号）等。
② 《全国首个"文化保税区"下月在京开建》，凤凰网，2011年10月15日，http://news.ifeng.com/c/7faZH2HhcM2。

高端论坛、品牌展览、专项活动等，服务文化贸易发展与北京全国文化中心建设，成效显著。

（三）文化体制改革不断深入，境外文化投资管理逐步规范

近年来北京在文化产业升级和对外文化贸易等方面取得了显著成果，但文化市场要素流动不顺畅、市场资源配置不合理等问题依然突出。北京地区国有大型文化企业占比较高，其也存在企业活力不足、创新意识薄弱的问题。2019年4月，北京市文化改革和发展领导小组办公室发布《北京市国有文化企业境外投资及境外资产监督管理暂行办法》，对境外企业管理、境外投资管理、境外国有产权管理等进行了明确规定。2019年7月，北京印发《关于进一步建立健全市属国有文化企业法人治理结构的实施意见》，完善北京文化企业法人治理结构。

2019年7月底，北京市文化改革和发展领导小组印发《北京市实施文化创意产业"投贷奖"联动推动文化金融融合管理办法（试行）》，通过发挥财政资金使用效应，从而推动金融资本服务文创产业和实体经济，推动文化金融融合发展，缓解文创企业融资难、融资贵、融资慢问题。其中，"投"是指股权投资机构为文创企业提供股权融资服务；"贷"是指金融机构为文创企业提供低利率、高效率的贷款；"奖"是指对"投贷奖"体系内成功获得股权融资、债权融资的文创企业进行股权融资、发债融资、贴息、贴租等奖励支持。同期，颁布《北京市文化创意产业"投贷奖"联动运营平台绩效考评管理实施细则（试行）》，规范文创产业"投贷奖"联动运营平台的发展。2019年9月，北京市国有文化资产管理中心印发《北京市国有文化企业实施法律意见书制度工作指引》，加强北京市国有文化企业重大经营决策、重要经济行为等事项的风险防范。

北京文化体制改革不断深入，通过完善政策机制和协调金融扶持手段，北京文化企业融资困难和资金流动的缺少等难题得到有效解决，特别是文创产业"投贷奖"对北京民营企业及中小型企业与国有文化企业的协同发展产生了明显的扶持作用。2019年北京市一系列文化领域改革举措能够有效

促进更具活力和国际竞争力的地区文化企业集群建设,从而推动北京探索出适合文化"走出去"的多元模式。

(四)入境游客总体规模减小,文化和旅游融合发展的新动力亟待提升

2019年,北京市旅游业总体规模仍然保持稳定的发展态势,来京旅游总人数和消费总额呈现不断增加的趋势。根据北京市统计局统计数据,2019年,北京共接待的国内旅游总人数达31833.0万人次,增长3.7%;国内旅游总收入达5866.2亿元,增长5.6%。但是,近年来北京入境游人数却持续下降,文化与旅游融合发展的新动力亟待不断提升。根据北京市统计局、北京市旅游局、智研咨询统计数据,2019年,北京市接待入境游客人数约为376.9万人次(见图1),同比下降5.9%。其中,接待外国游客320.7万人次,同比下降5.6%,占接待入境游客总数的85.1%;而接待中国港澳台游客人数约为56.2万人次,同比下降7.3%。

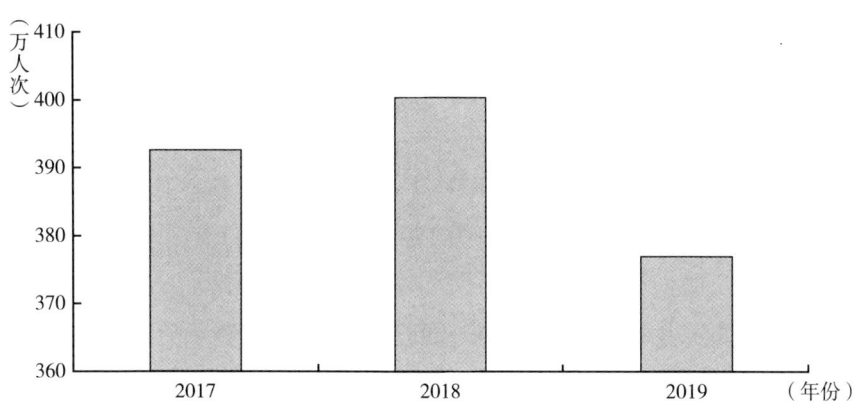

图1 2017~2019年北京市入境游总人数趋势

资料来源:北京市统计局、北京市旅游局、智研咨询。

同时,2019年,北京市接待的外国游客中,来自美国、日本、韩国、德国和英国的游客人数分别约为62.9万、24.7万、24.2万、19.8万和

15.3万人次,与2018年相比分别减少了9.1万、0.2万、0.6万、0.4万和0.6万人次,其中来自美国的入境游人数减少量相对较大。而来自其他各国的入境游客总数约为173.8万人次,同比减少了约4.9%(图2)。因此,2019年北京入境游总量及主要国别均呈现下降的趋势,入境游进一步带动文化贸易和文化消费可持续发展的潜力有待进一步发挥,文化和旅游融合发展的创新动力也亟待提升。

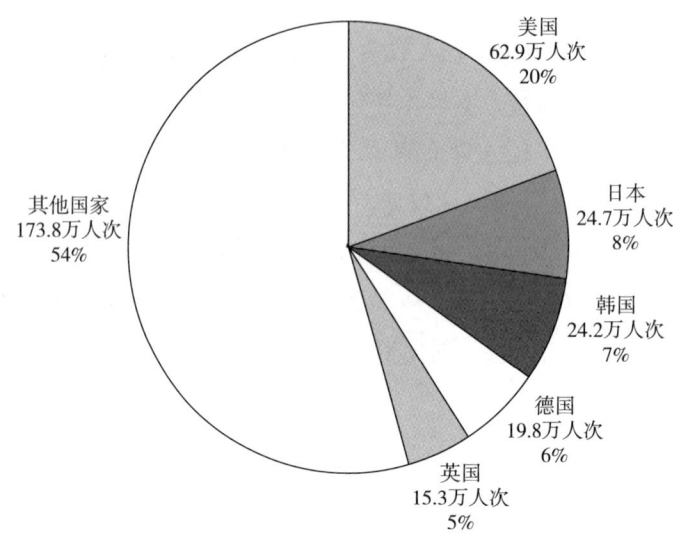

图2 2019年北京接待外国游客的国别分布

资料来源:北京市统计局、北京市旅游局、智研咨询。

(五)演艺事业高质量发展,演艺品牌促进消费新升级

2019年北京演出市场共演出22823场,观众人数达1040.0万人次,票房为17.44亿元。其中话剧、马戏杂技魔术、儿童剧、音乐会等最受消费者欢迎,观演人数均超100万人次。话剧、舞蹈演出、音乐会的票房情况表现突出,众多高质量的大剧好剧相继在北京上演,特别是音乐剧《摇滚莫扎特》《玛蒂尔达》等国内外优质的演艺项目得到了北京观众的追捧。

儿童剧方面，"2019首届北京国际儿童艺术节"以及"国际儿童戏剧季"等各类艺术节和展演活动使得儿童剧国际化程度不断提高。2019年北京话剧、儿童剧共演出8484场，票房达5.01亿元，占所有演出票房的28.7%。北京市演出有限责任公司主办的"2019首届北京国际儿童艺术节"，以"爱与陪伴"为主题，展现国际儿童精品舞台艺术。中国儿童艺术剧院主办的"中国儿童戏剧节"、国家大剧院的"国际儿童戏剧季"等各类艺术节与展演活动，也让更多小观众走进剧院，领略世界各地文化带来的不同精彩。

同时，文化旅游持续融合发展，演艺品牌促进消费新升级。2019年北京旅游演出共8391场，占整体演出场次的36.8%；吸引观众达304.7万人次，票房为2.26亿元。德云社、老舍茶馆等曲艺品牌，中国杂技团、朝阳剧场等杂技品牌知名度不断上升，上座率与票房有明显提升。2019年12月，北京市政府出台《关于推进北京市文化和旅游融合发展的意见》，有效推动了北京市文化和旅游的深度融合，同时推动北京有效利用丰富的文化和旅游资源，实现文化和旅游产品与服务的创新升级。

三 北京文化企业知识产权活跃度发展现状

近年来，随着北京市营商环境的持续优化和完善，文化企业知识产权活跃度也呈现不断提升的趋势。为了展现目前北京市重点文化企业在不同行业和不同类型知识产权等方面的具体活跃程度，本文将授权专利、注册商标、登记作品和软件著作权合计数量作为衡量企业知识产权活跃度（N）的指标，将企业的知识产权活跃度划分为以下类型：无任何知识产权活动（$N<0$）、低频知识产权活动（$0<N<50$）、中频知识产权活动（$50 \leq N<100$）、高频知识产权活动（$100 \leq N<200$）、超高频知识产权活动（$N \geq 200$）。

如图3所示，根据2008~2018年调查数据，北京市重点文化企业中，知识产权超高频活动的企业数量为22家，占比11.8%；高频活动的企业数量为18家，占比9.6%；中频活动的企业数量为19家，占比10.2%；低频活动的企业数量为89家，占比47.6%；无任何知识产权活动的企业数量为39家，占比20.9%（见图3）。

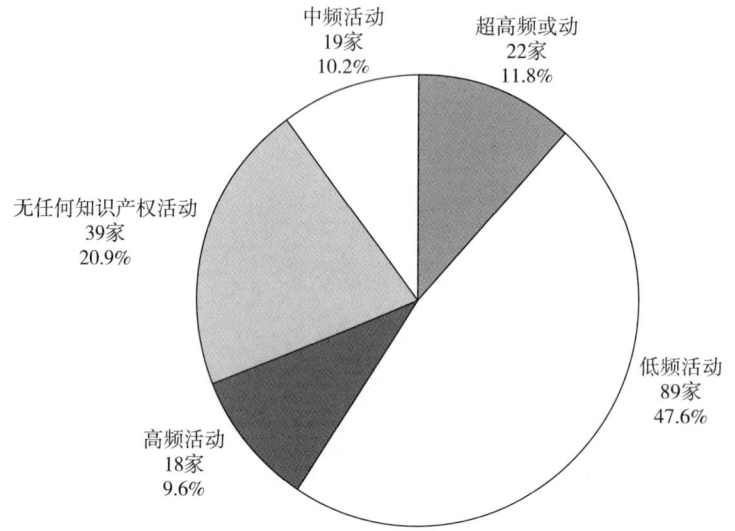

图3 北京市重点文化企业知识产权活跃度

资料来源：企查查。

为了进一步体现北京文化企业各类型知识产权的活跃程度，根据是否发生授权专利（P）、注册商标（M）、登记作品著作权（L）、登记软件著作权（S）等活动，将企业划分为几种类型，其中，1表示有，0表示没有，如1P0M0L1S表示企业拥有专利活动，没有商标活动和作品著作权活动，但是拥有软件著作权活动。2008～2018年调研数据显示，在187家北京市重点文化企业中，无任何知识产权活动（0P0M0L0S）的企业有39家，占比20.9%；拥有商标活动（0P1M0L0S）的企业数量为33家，占比17.6%；拥有商标和软件著作权活动（0P1M0L1S）的企业数量为25家，占比13.4%；拥有商标和作品著作权活动（0P1M1L0S）的企业数量为17家，占比9.1%；拥有专利、商标、作品和软件著作权活动（1P1M1L1S）的企业数量为15家，占比8.0%；拥有商标、作品和软件著作权活动

（0P1M1L1S）的企业数量为14家，占比为7.5%；拥有专利、商标和软件著作权活动（1P1M0L1S）的企业数量为13家，占比7.0%；只拥有软件著作权活动（0P0M0L1S）的企业数量为10家，占比5.3%；其余活动类型的占比均小于5%（见图4）。

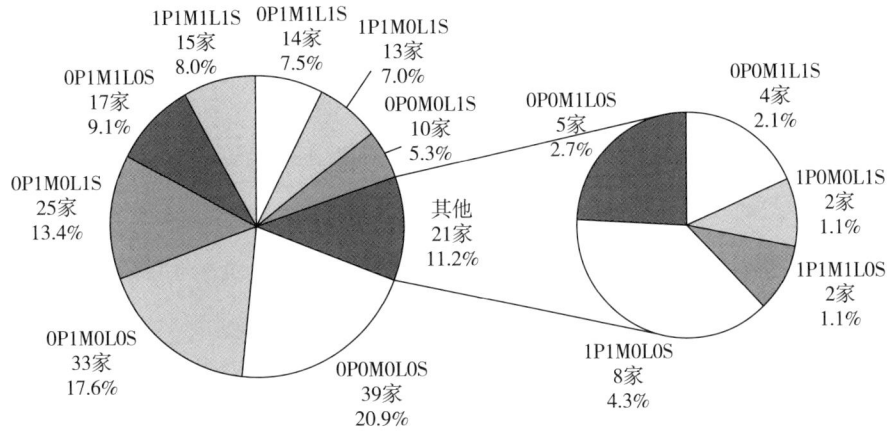

图4　北京市重点文化企业知识产权活动类型

资料来源：企查查。

同时，调查数据显示，尽管北京市文化企业知识产权活跃度在不断提高，但是仍有相当数量的无任何知识产权活动的企业。而港澳台商和外商投资企业尽管数量较少，但是都至少拥有一定频度以上的知识产权活动（见图5）。其中，北京市重点文化企业中，知识产权活动较为活跃的企业所处的行业为信息传输、软件和信息技术服务业、科学研究和技术服务业。

此外，北京市重点文化企业以内资企业为主。在拥有知识产权活动的企业中，最常见的依然是拥有商标活动。外商投资企业更多的是拥有专利和软件著作权（1P0M0L1S）类型的知识产权活动，而港澳台商投资企业更多的是拥有专利、商标和作品著作权（1P1M1L0S）这种类型知识产权活动（见图6）。

同时，在北京市重点文化企业中，科学研究和技术服务业的企业，

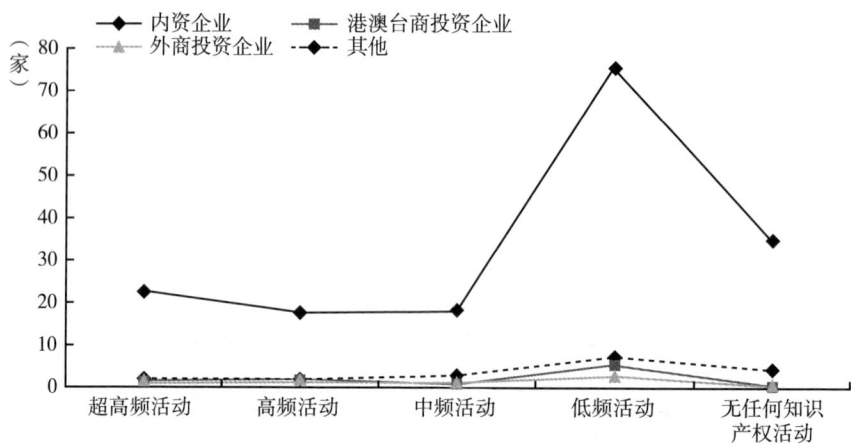

图 5　北京市重点文化企业知识产权活动频度与企业类型的关系

资料来源：企查查。

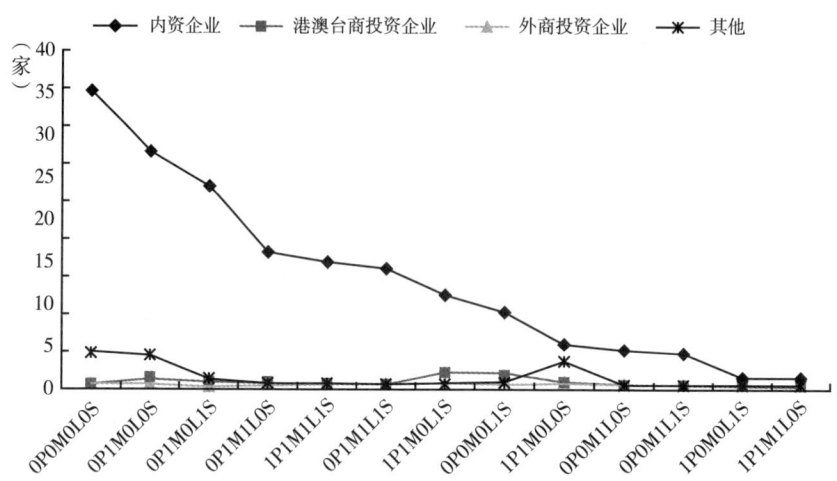

图 6　北京市重点文化企业知识产权活动类型与企业类型的累计分布

资料来源：企查查。

知识产权活动类型更多为 0P1M0L1S、1P1M1L1S、1P0M0L1S 等；文化、体育和娱乐业的企业，知识产权活动类型更多为商标和著作权类知识产权活动。

四 北京对外文化贸易发展机遇

(一)加快文化产业的创新转型,以"+文化"激发多产业横向联动

加快推动传统产业的创新转型,将原来从文化产业视角出发的"文化+"发展模式,转变为将多行业、多领域与文化产业融合发展的"+文化"发展模式。鼓励各行各业生产兼具功能性和文化性的产品,通过融入"文化基因"来生产打动消费者、提升行业水平、增强国际竞争力以及符合首都形象的产品。一方面,以"+文化"推动企业产品创新升级。"+文化"理念可以更好地激发企业的创新发展动力,拓展企业的经营思路。现阶段,已经有企业开始尝试在产品开发和推广中积极引入文化因素,推动北京文化企业加强跨行业、跨区域合作,推动好创意和好IP衍生出更多好产品。同时,推动传统制造业向新制造转化,通过"制造+文化"的产业升级机制,带动区域相关产业的高质量发展和地区文化事业的蓬勃兴盛。另一方面,以"+文化"提升社会综合效益,增强北京文化传播力。在北京"全国文化中心"的建设中,政府应该有效利用北京的区位优势和文化资源优势,推动本土企业的"+文化"发展。"+文化"不仅涉及文化产品与服务,更是应用在各类商品和服务当中。各类商品与服务在国内外贸易中能够发挥经济效益。同时,通过"+文化"将北京的传统文化及城市形象附加于商品与服务之上,提升其社会效益,从而将"+文化"理念与北京区域发展相结合,以文化助力区域经济的协同发展,增强北京作为大国首都的文化传播力。

(二)抓住数字化建设契机,创新驱动文化贸易高质量发展

2019年6月,工业和信息化部正式发放5G商用牌照,标志着中国进入5G商用时代。如三大冬奥会场馆的5G建设等实践显示出5G强大的

应用空间和支撑力量,其将成为推动中国数字文化产业变革的重要力量。2019年11月,"2019世界5G大会"在北京召开,以5G等新一代信息技术为代表的新一轮科技革命和产业变革快速兴起。作为科技创新中心,北京积极推动5G产业等新型技术的应用发展。2019年1月,北京市经济和信息化局出台《北京市5G产业发展行动方案(2019年~2022年)》,提出围绕北京城市副中心、北京新机场、2019年北京世园会、2022年北京冬奥会、长安街沿线升级改造等,在数字化建设和5G应用背景下,北京应发挥科技创新中心优势,吸引高端文化人才,完善数字科技平台,加速数字文化产业转型,从而推动文化贸易高质量发展。

2019年11月,国际电信联盟正式批准了中国自主原创的"数字化艺术品显示系统的应用场景、框架和元数据技术"成为国际标准(标准号H.629.1),标志着中国以数字网络技术为依托的数字文化产业进一步升级。数字文化产业的"辐射状"和"散点式"发展特征能够帮助文化企业抵御一定程度的环境风险。北京应积极顺应新时期文化产业和文化贸易的发展趋势,加强在数字贸易领域的基础研究和政策标准制定,为企业开展数字贸易提供资金、税收、技术辅助和知识产权保护等方面的保障,促进北京文化产业内容数字化、贸易渠道数字化及用户数字化等。

(三)将文化优势转化为经济优势,发展境外消费创新贸易模式

2019年,北京中轴线申遗等内容被纳入北京核心区控制性规划。以永定门、先农坛、天坛、正阳门及箭楼、毛主席纪念堂等14处遗产点为依托,以北京"中轴线"沿线及其南北延长线为中心的文化优势将得到极大的发挥,将北京厚重的历史、丰富的文化展现在世界面前,通过北京历史文化资源与现代科学技术的融合创新发展打造首都文化新名片,提升北京作为大国首都的城市魅力。

北京2019年举办世界园林博览会、2020年将举办世界休闲大会、2022年将举办冬奥会和冬残奥会,这是北京发展境外消费模式的契机。与此同时,为响应"四个中心"建设和国际一流和谐宜居之都建设,以及"一带

一路"倡议、国家旅游年等活动，北京还实施了入境旅游奖励专项资金、会奖旅游奖励资金、境外游客购物离境退税、144小时过境免签等一系列政策措施，有力推动了北京入境游的发展。北京作为文化中心和国际交往中心，具有丰富的历史文化资源和国际游客资源。北京通过向来自其他国家的消费者提供文化产品和服务，发展境外消费模式，将其自身文化资源和国际资源转化为发展文化贸易的经济优势。

（四）依托企业自身优势，以重点项目推动文化基地建设

国家对外文化贸易基地（北京）以企业为主体，其未来发展有必要充分结合北京文投集团的自身优势，在文化金融、文化内容、文化渠道、文化贸易、文化功能区和"文化+"六大板块持续发力，通过构建数字服务贸易中心、艺术品交易展示中心、文物跨国合作中心、文化装备保税中心等，突出相比于上海、深圳国家对外文化贸易基地的比较优势。在北京四个中心建设与服务也扩大开放的有利形势与政策下，实现在创立初期国家对外文化贸易基地（北京）提出的建设"世界上建筑规模最大、服务功能最完善、市场辐射力最强的文化保税区"的目标。

五 北京对外文化贸易发展展望

2019年是新中国成立70周年，也是全面建成小康社会的关键一年。北京文化产业实现较快增长，文化产业结构持续优化。文化服务业创收能力的不断提升，为文化产业结构的持续优化提供了有力支撑。北京文化事业和文化产业改革稳步进行，推动首都文化产业高质量发展。北京文化产业的融合性和渗透性在广度和深度上都有较大程度的体现。在广度上，文化产业与旅游、教育、体育、工业等领域融合形成多产业集约发展的产业形态；在深度上，文化产业与科技、旅游的融合为数字文化产业及文化旅游等新业态奠定了基础。优质的文化内容赢得市场认可，文化新业态发展势头强劲。

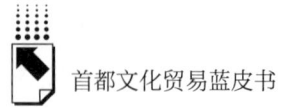

中国颁布了各类文化产业相关政策，为北京及中国文化产业和文化贸易的发展提供了政策支持。2019年5月，文化和旅游部制定《文化和旅游规划管理办法》；2019年8月，国务院办公厅印发《关于进一步激发文化和旅游消费潜力的意见》；2019年12月，司法部公布《中华人民共和国文化产业促进法（草案送审稿）》，将成为日后中国实现"文化产业政策法治化"的重要举措，成为文化产业高质量发展的重要保障。伴随新一代信息技术的发展，北京及全国文化产业发展迎来了新的发展机遇，文化产业新技术运用及新业态发展成为文化产业升级和发展的重要驱动力。

北京文化产品和服务的有效供给缺乏、文化产品同质化现象严重、文化资源转化能力不强、具有国际影响力文化品牌较少、国际文化市场占有率较低等短板尤为明显。同时，北京正在推进文化产业更高水平对外开放，发挥文化出口基地的引领和辐射作用，有效调配文化市场的资源配置，通过加快文化产业的创新转型，以"+文化"激发多产业横向联动，以数字化建设为契机创新驱动文化贸易高质量发展。

行业篇

Industry Reports

B.2 首都演艺对外贸易发展报告（2020）

张 伟*

摘 要： 本报告总结了2019年北京演艺市场繁荣下的发展特征，集中梳理了演艺产业新的发展趋势，基于北京演艺市场的特征从贸易标的、行业边界、产业链完整性等不同维度剖析了中国演艺对外贸易的特点，并尝试从政策、模式、渠道等角度寻找优化演艺对外贸易的解决良策，为2020年及之后北京演艺产业及其对外贸易克服疫情冲击、找到新的增长点提供可行的参考。

关键词： 演艺市场 对外文化贸易 北京

---

* 张伟，启示（北京）文化艺术产业有限公司运营部总监，中国服务贸易研究院专家，主要研究方向为演艺对外贸易、艺术品交易等。

2019年是新中国成立70周年，也是文化产业法治化的元年。新中国成立伊始，演艺行业作为文化交流的主力便是中国最早与世界发生密切往来的文化领域之一，是中国文化之声在国际范围传播的重要渠道。北京作为全国的文化中心、国际交往中心，始终是以演艺促进国际交往的领头城市。北京把文艺交流作为讲好中国故事的重要途径，发挥艺术作为世界语言的独特优势，努力推动更多优秀文艺院团和舞台艺术作品"走出去"，展现城市精神风貌、传播中国精神。越来越多体现中华文化精髓、展示当代中国发展进步和当代中国人精彩生活的精品佳作走出国门，进入主流市场，影响主流人群，其中不乏众多源自北京的优秀演艺产品与服务。

随着国内文化产业发展向支柱产业的定位目标不断发力，演艺行业也发生着从曾经的文化交流主导到交流与贸易并举的发展转变。在首都北京，国际优质剧目引进成为常态，国内市场对来自世界各地的音乐剧、舞蹈、戏剧等广泛的演出形式的理解能力和偏好程度不断加深；国际艺术节上越来越多地出现北京院团、剧目的身影，出口到海外的商演类型不断多元化，本土演艺尤其是传统演艺的保护、延续、创新卓有成效，也在不断探索海外市场……进入2019年，北京演艺产业跨国合作不断，演艺对外贸易市场供需、贸易规模与模式、企业实务都有了更鲜明的行业特征。

2020年全球暴发的新冠肺炎疫情，对整个演艺行业造成了巨大冲击，众多演艺企业、院团面临生死存亡的挑战，希望能够通过对2019年北京演艺市场的梳理，帮助首都演艺从业者更快地走出疫情阴影。

一 2019年首都演艺市场发展概况

（一）2019年北京演艺市场热度不减[①]

2019年，北京演出市场共演出22823场，观众人数达1040万人次，票

[①] 本部分数据主要来源于《2019年北京演出市场票房超17亿，低票价惠民政策成效显著》，"道略演艺"微信公众号，2020年1月17日，https://mp.weixin.qq.com/s/bInSseG7kxWkI7CdXk‐Ngw。

房为17.44亿元。在观演人次方面，话剧、马戏杂技魔术、儿童剧、音乐会等最受消费者欢迎，观演人数均超100万人次。在演出票房方面，话剧、舞蹈、音乐剧的票房情况表现突出，众多高质量的大剧好剧继续在北京上演，为观众带来了丰富的视听享受，也让北京的观众越来越多地接触到国内外优质的演艺项目。具体不同演艺门类特点如下。

1. 戏曲展演活动不断

2019年，传统戏曲共演出1915场，票房达0.76亿元，多个戏曲类展演活动推动了全国传统戏曲演出在北京市场的进一步交流、推广。北京市文化和旅游局主办、北京市剧院运营服务平台推出的"戏韵动京城"第二届京津冀戏曲院团新春演出季，甄选了京津冀三地10家戏曲名团的20台精彩剧目，涵盖了京剧、北京曲剧、河北梆子、昆曲、评剧等剧种，为春节演艺市场提供了丰富的传统戏曲曲目。

2. 话剧、儿童剧热度持续

2019年，北京话剧、儿童剧共演出8484场，票房达5.01亿元，占所有演出票房的28.7%。尤其在儿童剧方面，2019年首届北京国际儿童艺术节以"爱与陪伴"为主题，用20台50场各种类型的亲子演出，展现国际儿童精品舞台艺术。

3. 舞蹈演出稳定增长

2019年，北京舞蹈共演出488场，比去年同期增长8.4%；票房达1.19亿元，同比增长38.0%。多个剧场加大舞蹈市场开拓力度，国家大剧院、天桥艺术中心、世纪剧院大剧场等场馆都积极引进舞蹈演出，来自海外的世界顶级舞蹈团奉献了诸多精彩演出。

4. 音乐类演出是市场热门

2019年，北京音乐类演出共2376场，票房达7.59亿元，其中演唱会共演出299场，同比上涨1.7%（专业剧场演唱会共演出240场，占比80%以上）。

音乐会全年演出1263场，票房达2.05亿元，同比上涨10.3%。各类亲子音乐会成为新亮点，越来越多的专业院团也开始打造面向儿童的音乐会，

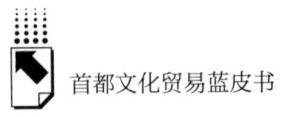

培育未来的音乐消费群体。

5. 大中型剧场与小型剧场旗鼓相当

2019年，北京大中型场馆共演出6125场，观众规模达503.9万人次，票房为9.84亿元，贡献了全年56.4%的票房。而2019年有66家小剧场举办了营业性演出，共演出8096场，占全年演出场次的35.5%；票房达1.55亿元，同比上涨7.1%。年演出场次超200场的小剧场达17家，包括北京人艺实验剧场、蜂巢剧场、小柯剧场等；年演出场次超100场的小剧场数量达28家，活跃度可见一斑。

（二）演艺经营模式多元

随着金融资本涌入演艺产业，以及演艺企业日渐成熟壮大，北京演艺市场的运营模式亦不断创新，股权融资、并购重组、品牌连锁经营等都成为演艺企业拓展市场的有力工具。2019年上半年，中国新三板上市的演艺及相关企业共有28家，其中北京演艺企业有10家，1~6月营业收入合计约3.6亿元，占到全部28家上市企业营业收入的40%（见表1）。

表1　2019年上半年在中国新三板上市的28家演艺及相关企业营业收入情况

序号	公司名称	行业分类	主要产品及服务	营业收入（万元）
1	北京灿亮柒号文化传媒股份有限公司	文化娱乐经纪人	艺人经纪相关和影视剧投资、制作的文化娱乐业务，致力于向年轻观众提供创新、优质的影视娱乐内容产品	4141.42
2	北京创动空间文化传媒股份有限公司	其他娱乐业	演出服务、演出营销、偶像明星商业活动、娱乐活动管理和娱乐产品营销、艺人培养、影视制作、娱乐内容开发以及数据管理和应用平台	493.02
3	北京丑小鸭剧团股份有限公司	文艺创作与表演	儿童剧的创作、编排与表演，剧目的衍生品销售	1010.37
4	北京理想传媒股份有限公司	文艺创作与表演	演出活动的策划与执行及演艺经纪业务	214.65

续表

序号	公司名称	行业分类	主要产品及服务	营业收入(万元)
5	北京触动时代国际文化传播股份有限公司	其他文化艺术业	艺术教育培训及辅导服务、专业艺术教育机构运营、大型活动组织策划、教育及艺术咨询、艺术表演场馆管理、舞台表演艺术指导、舞台设备安装、文艺创作、组织文化艺术交流活动(演出除外)	294.77
6	北京春秋永乐文化传播股份有限公司	其他文化艺术业	票务代理、项目投资、发行服务以及系统研发和销售	22559.16
7	北京策联传媒股份有限公司	其他文化艺术业	艺人经纪业务、品牌营销经纪业务以及影视综艺节目的宣传、商务开发、投资策划	1169.57
8	北京环宇兄弟国际文化传媒股份有限公司	其他文化艺术业	演出经纪与演出服务,儿童剧的创作、编排、演出	2669.55
9	北京希肯琵雅国际文化发展股份有限公司	其他文化艺术业	演出经纪业务	1032.99
10	北京秀域科技文化股份有限公司	艺术表演场馆	文化创意技术设备系统集成、创意设计、咨询服务、维保服务	2374

资料来源:《这里有份28家新三板挂牌演艺相关公司简报,请查收!》,"道略演艺"微信公众号,2020年2月5日,https://mp.weixin.qq.com/s/YGovyZ4_U-pu94sD63LyiQ。

(三)产业业态多元化发展趋势明显

演艺与商业配套发展一直是演艺行业可持续的基本商业逻辑,也是演艺产业规模化发展必经的阶段,以演艺为商业吸引人流,用商业反哺演艺运营。成规模的商业配套最早产生于主题公园的驻场演出,现在新设的独立演艺项目也常常与商业配套绑定在一起运营。文化新业态发展势头强劲,尤其是文旅小镇、主题公园积极拥抱新技术、新理念、新内容,统一布局差异化且互补的业态、统一调度资源的运营管理模式,给演艺产业带来了很多启发。

在演艺产业业态多元化发展趋势下,各部分不再是演艺内容与配套商业的主次关系,而是你中有我、我中有你的共生关系。在北京,商业体小剧场成为新趋势，越来越多的小剧场选择在商业中心或商业综合体中入驻，如北京达美艺术中心一层 Gallery 剧场、北京郎园 vintage 虞社、鱼与剧场等。这些商业体小剧场功能完善、灵活多变，能够满足不同观众的需要，再加上商业体带来的客流，形成了巨大的发展潜力。

（四）科技与演艺融合应用更加广泛

自诞生之日起，演艺就在不断拥抱新技术——从机械设备在16世纪意大利舞台场景布置中的使用，到电力、灯光的引进，再到计算机化智能控制的灯光、声效、场景转换……技术的发展为演艺带来了令人惊艳的观演体验。2019年，5G通信技术启用，VR、AR、MR技术的日常应用逐渐铺开……科技更迅猛的升级换代也带来了演艺产业与科技技术应用的更多交集，科技正在改变演艺的表达方式。如光影类的技术装置通过利用声、光、电的艺术创作，在强度、颜色、氛围三个方面发挥出与传统演艺与众不同的观演效果和艺术特性。互联网也倒逼演艺与观众发生更多的互动和直接接触。2019年，以实验戏剧著称的北京蜂巢剧场孟京辉导演的团队，便尝试了新技术在剧场中的实际应用。团队将8600平方米的场馆切分出168个演艺空间，融合了演艺、摄影艺术、多媒体影像、视觉艺术等多种形式的艺术内容。人工智能、增强现实、虚拟现实、影像技术、交互技术等前沿科技的应用，革新着人们的观演体验。

科技为演艺的未来打开了无限可能，但并不能替代演艺本身的情感、想象力，更不具备艺术象征性和批判性等重要的社会文化功能，因此演艺与科技的融合发展永远是建立在科技强大的技术基础之上的，科技可以为演艺的创作提供丰富的灵感。虽然当下科技的现实应用还在走向成熟化的道路上，但正是这样技术未定型的阶段给了演艺更多自由、主导发展的空间。

（五）文化产业立法为演艺业发展提供法律保障

2019年12月，文化和旅游部会同有关部门起草的《文化产业促进法（草案送审稿）》围绕"促进什么""怎么促进"两个核心问题，把行之有效的文化经济政策法定化。将近20年来,国家促进文化产业发展的基本经验和有效模式上升为法律,用法律的形式予以确定,标志着文化产业政策法治化,凸显了国家对文化产业的重视程度,说明了文化产业价值对于中国经济发展的重要贡献,意味着中国文化产业发展战略进入了新的阶段。《文化产业促进法(草案送审稿)》虽然没有针对演艺行业的专项条文,但其确定了从创作生产、文化企业、文化市场等3个关键环节支持文化产业发展,并在人才、科技、金融财税等方面对文化产业予以扶持保障,而且《文化产业促进法(草案送审稿)》中还专门提到,国家实施文化精品战略,举办文化精品展演活动,创作精品佳作;同时鼓励和支持科技在演艺娱乐等传统文化产业中的应用,促进传统文化产业转型升级。这些立法支持都将有效覆盖北京演艺行业,推动演艺市场的法治化建设。

二 2019年首都演艺业对外贸易发展特点

(一)演艺贸易标的不断多元化

随着演出形式、场所、媒介的不断创新,演艺贸易标的的变化也越来越走出传统的舞台形制的框架,演出的环境甚至观众都成为演出内容的一部分,开放式的演出走向和交互性的观演体验催生了"沉浸式演出",在北京演艺市场激起了巨大的消费需求,也吸引着国际知名的沉浸式演出剧目进入北京市场,演艺贸易的标的不再仅仅是内容本身,而是囊括了场景、动线甚至建筑,具备更强的定制化属性,目的在于将打动人心的体验带给国内观众。

仅2018年,全球沉浸式娱乐产业规模已有45亿美元,在过去的5年中,全球沉浸体验设计供应商数量以20%的速度迅速增长;① 中国沉浸式娱乐产业自2016年开始增热,据36氪统计,国内沉浸式娱乐相关IP的70%

---

① 《全球沉浸式设计产业年度报告2019 (2019 Immersive Design Industry Annua Report)》,https://immersivedesignsummit.com/2019industryreport.pdf。

在近两年诞生,从事沉浸式娱乐产业的企业数量也由2016年的20家增长到2018年的220家,其中属于演艺行业的企业数量占比高达20%。① 2019年全年"沉浸式体验"3800%的搜索增长量侧面反映了中国市场对沉浸式体验的关注度与消费欲求。

(二)演艺贸易的行业边界日趋模糊

1. 演艺概念越发难以界定

越来越多的演出难以用传统的"演艺"概念来界定,例如不需要演员参与、仅凭投影设备即可实现的光影秀,又如可以随观众的舞动呈现不同视觉效果的沉浸式展览,以及利用全息投影技术完成的虚拟艺人的表演。

2. 演艺创作门槛降低

互联网的介入将很大程度上改变演艺产品创作、生产、营销的方式,也让每一个人都有机会成为内容创作者、传播者(抖音)。在网络内容付费的大趋势下,人们也会愿意购买互联网平台上个人制作的具有创意、新奇的表演内容,而这样的内容可能来自世界任何一个角落。观众不仅表现出更强烈的演艺消费偏好,而且更多地影响演艺内容的创作甚至自身成为演艺内容的生产者。

3. 演艺跨界融合发展愈发明显

其他文化行业也越来越多地融入演艺的内容或形式,其中与演艺产业融合最紧密的要数旅游业。2019年,北京旅游演出共8391场,占整体演出场次的36.8%;吸引观众数量达304.7万人次,票房收入为2.26亿元。② 北京作为世界文化名城和国际一流旅游城市,游客基数庞大,旅游演艺凭借其在演出市场的快速增产增量成为促进文旅融合发展的重要增长点。2019年12月,北京市政府宣布出台《关于推进北京市文化和旅游融合发展的意

---

① 上海文广演艺集团、上海交大 - 南加州大学文化创意产业学院沉浸体验产业研究联合项目组:《中国沉浸式产业发展研究报告》。
② 《2019年北京演出市场票房超17亿,低票价惠民政策成效显著》,"道略演艺"微信公众号,2020年1月17日,https://mp.weixin.qq.com/s/bInSseG7kxWkI7CdXk - Ngw。

见》,以七个方面26条举措推动将北京文化和旅游资源优势转化为发展优势,开启首都文化和旅游建设发展的时代篇章。北京已经在通州台湖规划建设面向国际的演艺小镇与环球影城,以实现文旅联动,打造以演艺为核心的大型文旅项目。

(三)演艺对外贸易产业链进一步整合

在演艺产业向着规模化、产业闭环式缓慢发展的过程中,出现了多种产业链整合的方式,其中既有以IP为核心的跨影视、游戏、演艺等多行业的产业联动,也有从演艺经纪或票务端向产业上游创作端的整合,更有从互联网媒介端向演艺内容端的整合。

近年来演艺成为热门流行文化IP进一步开拓受众、重复开发IP商业价值的重要形式。从小说、电影到游戏,演艺都成为版权方深挖观众忠诚度、保持IP的热度与生命力的有力手段。游戏IP极高的升级迭代速度,是一把双刃剑,在迅速创造市场价值的同时也面临高频的淘汰风险。而游戏向演艺的跨越不仅提升了IP的故事性、艺术内涵,也相应地提高了游戏IP本身的文化附加价值,热门演出能够回拢用户、提高用户黏性和用户活跃度,好的演出更可以有效转化部分观众成为新的游戏用户,以至带动周边衍生品的销售。

网易游戏旗下热门游戏IP《阴阳师》便是IP多产业联动的典型。《阴阳师》是由网易游戏自主研发的3D日式和风回合制RPG(角色扮演游戏)手游,游戏以《源氏物语》中的日本平安时代为背景设计,讲述了日本民间的传奇人物阴阳师晴明在阴阳两界中,探寻自身记忆的故事。《阴阳师》唯美的画风与精致的游戏原声,给玩家以穿梭于平安古都的游戏体验,一直为玩家所称道,曾创造过超千万用户活跃量的峰值,是一款现象级的手机游戏。《阴阳师》在问世之后的两年同样面临用户量下滑的困境。面对现实情况,网易果断采取了从互联网游戏动漫"二次元"形象向线下"三次元"演出的迈进。2018年网易与日本金牌音乐剧制作公司奈尔可集团联合制作,委托中国具有丰富舞台剧运作经验的璞润国际团队负责全程运营，演员全部并采用日本专业的舞台剧演员，实现《阴阳师》音乐剧的落地。音乐剧版在游戏内容的基础上进行了二次创作，在高度还原游戏中的人物场景的同时拥有独立的原创故事，避免了原作游戏的单调复制。

2019年，《阴阳师》音乐剧第二季"大江山之章"在北京等9个城市巡演35场后又在北京连演5场，受到观众热烈追捧，巡演票房超过2500万元，上座率亦是高达90%，观众二次观演比例超过50%，更有部分观众连续多次"刷剧"。市场对音乐剧的认可也再次带热了游戏版的《阴阳师》——巡演期间《阴阳师》日均在线率同步增长了15%，衍生品销售额也高达4000万元，整个2019年下半年《阴阳师》则实现了27亿元的游戏产业收入。将IP从单一行业中释放出来，让演艺与其他产业发挥互补优势，实现市场的良性循环。

三 2019年首都演艺业对外贸易亟待破解的问题

（一）演艺贸易结构相对单一

受新冠肺炎疫情冲击，2020年上半年的大部分时间里，全球剧院悉数关停，北京剧院关闭更是持续数月，无论演艺剧目制作方、出品方还是剧院场地方营收几乎归零。演艺市场的传统惯例是，整个产业链上演出、场地、经纪、票务各个环节都由不同的公司参与其中，业务单一、互不干涉，极少有演艺企业具备能够打通多个产业环节的实力。即使是保利演出这样的老牌演艺企业目前也只涉足演出制作、院线运营、演艺经纪三大业务，被阿里收购后的大麦则站稳票务向线下演出内容深耕，像聚橙网这样布局演艺全产业发展的企业更是极少数。演艺企业业务板块的单一，反映在演艺贸易上就导致了对外贸易结构的单一，大多演艺企业以直接的剧目引进与出口为主，缺少多元的营收模式。而演艺产业的协同效益多是体现在演艺企业自身的演出剧目带动了周边商业的盈利或者关联企业的创收，演艺企业本身并没有直接受益，对剧目IP的开发力度不够，在国际市场中抗风险能力较弱。

(二）缺少务实的对外贸易实操指南

演艺政策每年都在更新，但种类繁多的政策总是没能很好地聚焦到演艺企业的应用之上，企业对政策不了解、不会用的现象比较普遍，对演艺政策缺少系统的汇编、归类，实操性强的演艺产业发展与对外贸易指南一直缺失。以金融方面的支持政策为例，本身文化产业就因为轻资产的特点存在无实物抵押或抵押资产难以评估的问题，演艺又是文化产业中最为典型的"轻资产"行业，存在孵化周期长、前期投入大、盈利周期长的特点，大部分演艺企业对金融工具又相当陌生，对其进行金融支持需要系统的操作指导和切实的风险监控措施。以演艺产品版权质押为例，其是银行直接设立演艺版权质押的贷款产品，是由政府基金担保、银行向演艺企业提供贷款，还是由第三方担保公司担保、银行向演艺企业提供贷款，抑或是采用财政补贴、银行、保险共同参与其中的综合模式，需要权威的文件予以解答。

（三）对演艺支持政策的评估、监督体系尚不完善

演艺政策的多样性、丰富性一方面体现了国家到地方各级对演艺产业与对外贸易发展的重视，另一方面也存在对政策有效性的评估问题。政策是否真正支持到了应当支持的演艺企业、机构，旧的演艺政策是否还适应不断变化的市场环境和企业现实需求，不适应的哪些要废止、哪些要更新，都需要对政策时效性、实用性进行及时追踪与评估，且只有量化的评估办法才能提高演艺政策的精细度。

（四）演艺企业国际化发展相对被动

2019年依然是北京演艺产业存在演艺贸易逆差的一年，具有国际竞争力的演艺剧目和演艺品牌依然是偶发个例，没有形成足够的市场规模。国际演艺品牌的树立不仅取决于演艺作品创作这一核心环节，还受管理、宣传推广、营销等诸多环节的影响，其中最重要的是对于市场定位的理解。市场定位不准确，则会难以实现优秀的演艺剧目与有观演需求的市场受众的有效对

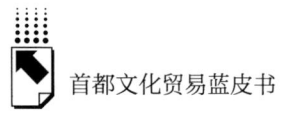

接,造成演艺供给与需求的错位。目前,北京演艺企业的国际化主要受引进的海外剧目带动,即在引进海外剧目过程中学习借鉴其成熟的运作经验,尤其是版权引进以及跨国联合制作的演艺剧目,使得北京演艺企业对国际经典剧目的创作、排演、推广营销都有了细致的认识,但是这种被动的国际化途径相较于企业主动参与国际演艺市场竞争显得有些滞后。

四 促进首都演艺业对外贸易的建议

结合2019年北京演艺对外贸易发展经验,综合考量新冠肺炎疫情对于演艺市场造成的持续影响,特此提出以下几个方面的建议。

(一)正确对待演艺贸易逆差

出口的前提是国内市场的规模化、饱和化,在当前国内市场消费潜力还没有充分释放的情况下,不仅国内演艺企业主要面向国内市场创作与经营演出,海外优秀剧目也被纷纷引进中国市场的现象在较长的一段时间内会继续存在。就目前情形来看,北京演艺出口条件并不成熟,文化体制改革后演艺院团转为民营,尚未产生持续、大额的正向营收,贸然进入国际演艺市场成本高、风险大,而且培养海外观众对中国演出的消费需求、观演习惯还需要相当长的时间。北京发展演艺对外贸易要以稳定的国内市场规模来支持演艺产品出口

(二)有效利用文化交流平台带动演艺贸易发展

演艺一直是文化交流活动的主要内容,不应盲目鼓励企业参与国际文化贸易,而是文化交流与文化贸易并举,充分利用好丰富的"文化交流"的政府平台,尤其是北京在文化交流方面有着政策便利、资金优势,能够为演艺企业建立信誉、试水市场,为演艺贸易的开展积极创造条件,逐步带动演艺对外贸易。党的十八大以来,围绕"一带一路"国际合作高峰论坛等重大外事活动,文化主管部门组织了一系列文艺演出活动,此外"欢乐春

节"、文化年（节）等品牌交流活动和海外中国文化中心的常态化，都为演艺对外贸易提供了良好的平台。

（三）重视国内消费需求的开发

国内演艺需求的培养和引导，不仅是演艺进口持续发展的保障，也是本土演艺企业、剧目具备国际竞争力的前提，在当前形势下，对国内演艺需求的刺激更是应对国际演艺市场动荡的最有效办法。疫情带来的空窗期，也给了北京演艺企业思考、研究、引导市场需求的时间。

文化产品或服务的消费人群往往有很强的消费偏好，演艺产业亦是如斯，儿童、年轻人群、老年人群的消费偏好差异非常明显，而且在各自喜好的演艺类型中又往往有较强的消费黏性，很少做消费偏好的改变。如何维持已经建立好消费习惯的人群的观演需求，以及如何激发低频观演人群的消费需求，需要对演艺市场深耕细作。从消费结构来看，中国观演人群呈现"低频次、高单价、稳输出"的消费特征。各个年轻群体、不同圈层观众的观演取向正逐渐清晰。"90后"至"00前"已成为演出消费的主力军，2019年占观演用户群体的比例超55%。其中，"95后"购买力持续增长，2018年、2019年占比分别为22%、31%。相较于剧场，"90后"群体用户更加偏爱演唱会，在演唱会用户群体分布中，"90后"人群占比为72%，而他们在剧场用户中的占比为50%。在演出花费方面，演唱会的人均投入最高，平均为1525元，其次则是音乐剧，人均支出1280元。在演出细分市场，"80后"至"85前"的人均消费金额最高，"90后"新晋父母则更愿意为孩子花钱，他们对儿童剧的人均消费金额最高。①

例如当下最火的儿童剧，背后也隐藏着剧目供给侧升级的压力。因为儿童剧观演都是以家庭为单位，剧目选择权往往在家长手中，新晋家长的受教育水平、文化素养正在不断提高，不会轻易盲从，反过来对于儿童剧的内容

---

① 《2019全年演出票房迈入200亿元大关，增速超电影市场》，"中国演出行业协会"微信号，2020年3月25日，https://mp.weixin.qq.com/s/rmrd0EBpLi4M90x4djPTbA。

品质提出了更高的要求，搞噱头式的儿童剧、缺少文化内涵或教育意义的儿童剧就会被慢慢淘汰。然而更高的标准也往往伴随着更强的黏性，对于优质演出内容有更强的消费惯性。借鉴引进儿童剧的经验，一方面对年龄段的划分更细致，让剧目能够吸引更适龄的儿童；另一方面对于演出的创新，如能在娱乐性的基础上，结合传统文化、地域特色，增加更多具有启蒙意义、提高亲子参与度的内容，那么不仅将点燃儿童的想象力，也能激活家长未泯的童心。

以白领为主要观演群体的都市题材剧目，在愈演愈烈的竞争压力中也应该采取类似的措施。另外随着中国老龄人口逐步增加，老年人将成为重要的演艺消费人群，而针对老年人创作的演艺剧目往往仅限于传统的戏曲演出。在现代剧目中抓住老年人群关注的话题、能引发共鸣的记忆点将是开辟新市场的优势所在。

年轻人一直是演艺消费的主力，而新生代的年轻消费群体的消费习惯也在不断更新。伴随互联网成长起来的当下年轻人，形成的是在社交媒体、短视频平台影响下注重个性表达的文化消费偏好。能让年轻人追捧的"现象级"演艺产品时代已经过去，演艺企业要学会深耕年轻人的细分市场，在体验场景设计、主题内容选择、空间氛围营造等方面更加贴近他们的需求，同时更多关注年轻群体的亚文化圈的流行趋势，关注年轻群体的社群特征。

（四）针对演艺政策应用加强引导

1. 系统梳理演艺产业发展及对外贸易支持政策

以企业实践为导向，按扶持条件、适用对象进行分门别类的整理，调研企业实际诉求，联合相关的研究机构、第三方服务企业为演艺企业提供更具实操性的指导手册。即使演艺产业与对外贸易的指导政策难以在短时间内形成体系，同样可以典型演艺企业甚至文化产业内其他行业的文化企业借助政策成功完成跨国合作的案例作为范例，为演艺企业提供参考。

2. 重视对海外市场需求的介绍

利用海外使领馆、文化中心、文旅办等驻外机构，以及北京海外友好城市合作关系，充分调研各国当地的演艺需求与消费偏好、习惯，让国际市场需求决定演艺对外贸易地理方向，而不是由演艺政策决定演艺企业国际经营方向，避免政策红利高于市场利润导致的企业过度依赖政策扶持而被政策牵着走的"倒挂"现象。北京演艺企业打开当地一方面要借助华人客群打开市场，另一方面要整合了解市场规则、了解政策规定、了解程序的当地合作伙伴，实现从演艺产品到交易、宣传、营销的本土化，克服文化差异，高效地融入当地市场。

3. 智库发挥政策评估、监测功能

充分发挥文化产业领域研究智库的作用，建立客观的政策评估、监测体系，加强政策应用的"事后监管"力度，避免政策使用上的"严进宽出"现象，政策使用不当甚至违规的行为要有应对处理方案，尤其在金融财政方面要严控资金在相关部门、企业、机构中的去向，保证政策透明度。

4. 为演艺企业给予适当税收减免

适当拓宽对演艺行业税收的减少或减免的政策，如放宽对演艺行业内各类公司获得减税或免税资格的要求，增长可减税或免税的时长，从而减少演艺企业的运营成本，增加企业现金流的弹性。

（五）创新演艺对外贸易盈利模式、渠道

1. 灵活运用新媒体平台

灵活运用新媒体平台，实现线上用户与线下观众的双向导流。其一利用互联网平台开展市场推广，抖音等社交媒体平台已经在全球布局，同时中国演出行业协会也设立了网络表演（直播）分会，并发起了"直播+艺术院团"的"艺播计划"，对演出的台前幕后和现场演出进行直播。演艺企业可以通过这些社交媒体平台将演艺信息传播到世界任何一个角落，完成海外推广，以线上话题带动线下观演，极大地扩展辐射范围。其二借助云播放、4K超清、5G、VR等技术，将演艺内容接入互联网，打造"云音乐节""云

演唱会""云剧场"等创新表演形式，为网络用户提供高品质的观演体验，直接带动一部分用户由线下转战线上观演，有望形成新的演出风口。目前海外成熟的演出直播模式已经进入中国，英国国家剧院的"国家剧院现场NTlive"已进入北京，将海外优质的剧目搬到鲜有机会现场观演的北京演艺市场放映。其三开设线上演艺专业课程、节目，以直播或专题栏目的形式分享剧目创作演出的台前幕后，普及艺术小知识，或推出"线上展览"，以360度立体呈现的方式，通过图文、模型、场景复原、音视频等展陈形式将演艺剧目、剧场呈现给广大观众。

2. 依剧目变化开展衍生品销售

文创衍生品不仅延续了演出的美好记忆，提升了观众忠诚度，增加了复购率，更是演艺企业深挖演艺IP的商业模式，如北京天桥艺术中心文创销售额年增长速度高达100%，近4年每年销售额都会翻番。在演艺IP创设的初期同步启动衍生品研发，或在剧目引进之初将衍生品经销权纳入谈判，取得合法授权，或为衍生品的设计制作预留资金与时间；在演艺衍生品销售中借鉴现代商业中流行的"快闪店"的模式，配合剧目档期，以场景化的临时展销区域集中呈现衍生品，并随着演出剧目的变化动态调整衍生产品品类以及布景。

3. 深挖档期经济

春节、情人节、国庆节、"双11"、圣诞节等时段，已经成为包括文化消费领域在内的市场旺季。档期经济的出现和现代生活节奏有关，是在特定时间段以特定的主题营造消费氛围，吸引并释放消费需求的情境消费模式，北京演艺企业也应当根据演艺剧目的内容类别有针对性地选取合适的"促销"档期，结合多种优惠措施举办特色营销活动，通过Vlog、短视频、图文等形式与潜在消费者进行更多的互动。

4. 剧场多功能开发

文化场馆多功能使用是产业发展的一大趋势，如博物馆在展览之余经常会举办沙龙讲座、论坛、艺术教育、电影放映、夜游活动甚至音乐会。北京剧院同样可尝试将剧场空间开放给更多元的艺术门类；充分利用室内空间，在空档期将剧院打造成承载沙龙讲座、艺术教育、电影放映、赛事转播等综合性的文化场馆；同时利用周边户外空间将剧院功能进行延展，举办演艺展览、艺术节活动、灯光秀，打造开放式演艺空间。此外还应重视公共艺术服务，多举办剧院开放日，让观众更多地了解演出台前幕后的故事，拉近剧院与观众的距离，更好地发挥剧院的社区、城市功能。有能力的剧院还可以孵化原创剧目，拥有自主演艺 IP，可以很好地平衡引进剧目的成本与非驻场演出带来的闲置风险。通过剧场多功能的开发，让演艺空间不仅是一个"观看"的地标，更成为集聚产业发展、助力夜间经济繁荣的艺术社区，聚拢行业资源，扩大艺术影响力，成为现代人文生活方式的核心。

参考文献

北京市文化和旅游局：《关于推进北京市文化和旅游融合发展的意见》，2019 年 12 月 11 日。

周小白：《灯塔研究院报告：2019 年演出票房迈入 200 亿大关 增速超电影》，TechWeb 网，2020 年 3 月 25 日，http：//www.techweb.com.cn/internet/2020-03-25/2782858.shtml。

幻境：《幻境·2020 中国沉浸产业发展白皮书》，幻境官网，2019 年 11 月 22 日，http：//illuthion.com/talks/ciid2020whitepaper/。

雒树刚：《新中国成立 70 年舞台艺术成就与经验》，中国社会科学网，2019 年 9 月 18 日，http：//www.cssn.cn/ysx/ysx_ttxw/201909/t20190918_4973839.shtml。

王润：《演出"热"带"火"周边文创衍生品》，中国文化传媒网，2019 年 12 月 12 日，http：//www.ccdy.cn/portal/detail？id=1510b52a-020c-47b3-9065-b3f1febd9d81&categoryid=10935-mssql&categoryname=%E4%BA%A7%E4%B8%9A。

B.3
首都广播影视对外贸易发展报告（2020）

李继东　潘　茜*

摘　要： 2019年北京市实施了《北京市提升广播电视网络视听业国际传播力奖励扶持专项资金管理办法（试行）》和《北京市提升广播电视网络视听业国际传播力奖励扶持专项资金评审办法（试行）》，通过扶持奖励，鼓励影视产业"走出去"；实施了《北京市智慧广电发展行动方案》《北京市超高清视频产业发展行动计划》，高新科技成为未来北京广播影视产业发展重点；制定了《关于推动北京影视业繁荣发展的实施意见》，为北京市影视文化对外贸易规划了发展框架。对外贸易成就上，2019年广播影视向产业文化对外贸易升级，对外贸易主体、内容、形式、机制更加多元化。未来伴随5G时代到来，北京市广播影视对外贸易应坚持以国家话语、文化传播为核心，立足技术高地，通过跨产业合作、打造影视园区，为高新技术产业与影视产业融合提供资金、场地等便利，促进北京广播影视业国际化发展，把北京打造成国际化影视之都。

关键词： 广播影视产业　智慧广电　超高清视频产业　北京

---

* 李继东，中国传媒大学传播研究院副院长、博士生导师，主要研究方向为国际传播、传播政策与制度等；潘茜，中国传媒大学传播研究院硕士研究生。

一 2019年北京广播影视对外贸易政策

（一）建立扶持专项资金，鼓励广播影视业"走出去"

2019年北京市继续依托《北京市国民经济和社会发展第十三个五年规划纲要》，持续扩大北京文化国际影响力。在"十三五"规划的基础上，2019年北京市广播电视局制定实施了《北京市提升广播电视网络视听业国际传播力奖励扶持专项资金管理办法（试行）》和《北京市提升广播电视网络视听业国际传播力奖励扶持专项资金评审办法（试行）》。这是对2018年北京市新闻出版广电局制定的《北京市提升广播影视业国际传播力奖励扶持专项资金管理办法（试行）》和《北京市提升广播影视业国际传播力奖励扶持专项资金评审办法（试行）》的发展，旨在完善"提升广播影视业国际传播力"的相关政策，鼓励广播电视视听产业用国际视角、国际表达形式，讲好中国故事。

根据2019年北京市广播电视局政策，北京市广播电视局奖励扶持对象为在北京注册的广播电视节目制作经营机构、网络视听节目服务机构开展的优秀广播电视和网络视听"走出去"项目。奖励扶持类型主要包括：国际传播平台建设，广播电视和网络视听节目对外传播译制、版权输出。对于成功输出并产生重大积极影响的优秀广播电视和网络视听节目版权项目，经审核认定，按照不超过该项目上一年度出口总额的30%进行奖励。组织评选优秀北京地区广播电视和网络视听机构国外传播平台，对入选平台按照不超过其上一年度服务出口总额的20%进行奖励。[①]

[①] 《北京市广播电视局关于印发〈北京市提升广播电视网络视听业国际传播力奖励扶持专项资金评审办法（试行）〉的通知》，北京市广播电视局官网，2019年4月29日，http://www.beijing.gov.cn/zhengce/zhengcefagui/201908/t20190805_102890.html。

(二)政策引导高新科技产业与广播影视产业融合

2019年北京市出台了三项政策措施,引领广播影视业与高新科技产业融合发展,通过技术升级、创新来增强国际竞争力。

第一,北京广电局与北京市经信局联合发布《北京市超高清视频产业发展行动计划(2019—2022年)》,助力北京市高清视频产业发展,鼓励打造示范点,培育超高清视频影视产业集群。

第二,2019年北京市广播电视局依据2018年国家广播电视总局颁布的《关于促进智慧广电发展的指导意见》,制定了《北京市智慧广电发展行动方案(2019年—2022年)》。① 鼓励广电媒体革新内容生产方式,引入智能媒体技术,综合建立"一体化资源配置、多媒体内容汇聚、共平台内容生产、多渠道内容分发、全流程智能协同"的智慧广电节目制播体系。加快智慧广电基础设施建设,建立面向未来的现代传播体系。

(三)合理规划北京市广播影视对外贸易发展

2019年北京市人民政府办公厅颁布了《关于推动北京影视业繁荣发展的实施意见》,把"打造具有国际影响力的影视园区品牌""提升北京影视业国际传播力""加强影视业文化科技深度融合"列入重点工作。② 这三者相互配合,为北京市广播影视对外贸易发展提供了全局性的合理规划。

二 2019年北京市广播影视产业的对外贸易成就

2019年北京市广播影视对外贸易持续发展、升级,广播影视产业向文

---

① 《北京市广播电视局关于印发〈北京市智慧广电发展行动方案(2019年—2022年)〉的通知》,北京市广播电视局官网,2019年8月6日,http://gdj.beijing.gov.cn/zwxx/tzgg2/201912/t20191226_1512446.html。
② 《中共北京市委办公厅、北京市人民政府办公厅印发〈关于推动北京影视业繁荣发展的实施意见〉的通知》,北京市人民政府官网,2019年2月1日,http://www.beijing.gov.cn/zhengce/zhengcefagui/201905/t20190522_61833.html。

化产业升级融合，参与主体、机制、形式多元化。同时，高新技术愈发成为北京市广播影视产业对外贸易发展的重要推动力量。

（一）2019年北京广播影视产业成绩

2019年北京市广播影视产业持续发展。影视作品对外出口数量增加、质量升级，17部电视剧入选国家广电总局百部片名单，15个广播电视节目、3部电视剧、26部纪录片、6部动画片、26部网络视听作品、48部公益广告获国家广电总局推优、表彰或扶持，数量均居各省市榜首。"北京模式"在文艺创作领域实现生动转化。电视剧《最美的青春》《大江大河》、广播剧《中共中央在香山》三部作品获得第十五届精神文明建设"五个一工程"奖。《早一分钟多一份可能》首获国家级公益广告优秀电视作品一类扶持。《大地震》《毛驴上树》等网络电影精品标志着网络视听文艺走上精品化道路。[1]

（二）通过外交活动展开国际合作交流

通过外交活动加强国际合作，鼓励合作拍片，加强影视文化交流，通过广播影视业推动北京市形成多元互动的人文交流格局。

2019年6月，北京市广播电视局与中国驻阿根廷大使馆共同主办的"视听中国·阿根廷·北京之夜"中阿网络视听及影视交流活动在阿根廷首都举行。随后，北京市委常委、宣传部部长杜飞进会见了阿根廷联邦公共传媒管理总局国务秘书隆巴尔迪。双方就北京与布宜诺斯艾利斯以及中阿两国文化交流、合作展开沟通，希望未来加强合作。[2]

（三）除主场外交外，行业协会积极组织行业对话

除政府主场外交，行业协会积极组织行业对话。行业协会是沟通政府与

---

[1]《北京市广播电视局2019年度绩效管理工作报告》，北京市广播电视局官网，2020年1月10日，http://gdj.beijing.gov.cn/zwxx/zdgz/202001/t20200110_1571035.html。

[2]《北京市委常委、宣传部部长杜飞进会见阿根廷联邦公共传媒管理总局国务秘书隆巴尔迪》，北京市广播电视局官网，2019年7月2日，http://gdj.beijing.gov.cn/zwxx/gzbgl/201912/t20191226_1514080.html。

行业的桥梁，也是北京广播影视业"走出去"的重要力量之一。2019年，在北京优秀影视剧海外展播季拉美行中，首都影视制作业协会与巴西影视视听协会签署了《中巴影视协会战略合作框架协议》，与布宜诺斯艾利斯市视听协会达成《中阿影视协会战略合作框架协议》。① 除此之外，北京CBD传媒产业商会与阿根廷导演和视听作者协会达成《影视合作框架协议》。

（四）科技成为促进对外传播和对外贸易发展的重要力量

2019年北京的对外贸易发展中，"科技"占据着重要一环，围绕智慧广电建设展开，以"高清视频技术""电视媒体与新媒体融合""5G"等相关技术为主题，积极参与或主办国际论坛、会展，展开交流合作。

第一，成立重点实验室。2019年北京市广播电视局实施智慧广电战略，共成立16个重点实验室。部市联动共建超高清电视应用创新实验室，开展核心技术自主研发，发布《中国4K超高清视频质量现状及分析白皮书》。

第二，2019年8月北京市成功组织全球首次5G+8K转播和国内首次5G+8K+5.1环绕声冰上赛事直播，为冬奥赛事8K超高清制播试播奠定坚实基础。奥运会作为政治传播中的重要事件，无疑是综合国力的展现。超高清技术在赛事中的应用，将彰显中国科技大国的新形象。

第三，举办展览会。2019年9月，中国（北京）广播电视科技创新展区在荷兰阿姆斯特丹RAI国际会展中心举办的IBC 2019展览会中亮相，共有11家北京优秀广电企业参加。这有利于推动北京广电企业积极与世界优秀广电企业展开对话，推动自身国际化发展。

第四，举办高峰论坛。2019年11月，北京举办了世界5G大会"5G+超高清视频高峰论坛"，论坛从国际化、专业化视角，讨论"5G+超高清视频"与人工智能、大数据、云计算、物联网等网络信息技术的融合发展。诺基亚贝尔、麦肯锡、飞利浦、沃尔沃、高通、富士康、日本DOCOMO、

---

① 牛梦笛、王卉：《影视为媒，海外观众领略中国文化》，今日中国，2019年8月7日，https://www.sohu.com/a/332054200_100122958。

西班牙电信、韩国 SK 电讯等众多国际企业的高层以及国际知名学者、国际组织代表参加了本次论坛。

第五，举办电视大会。2019 年 11 月，第五届"世界电视日"中国电视大会在北京举行，大会旨在聚焦热门话题，会聚国内外一线专家、学者、企业代表，共同探讨新传播格局下电视媒体未来发展的方向。

除了举办高峰论坛、大会、展览会外，22 家次广电科技企业参加美国 NAB、荷兰 IBC 展，大力开拓海外市场，加强与世界各国在广电领域的交流与合作。

（五）北京市对外贸易机制多元化

1. 举办公益广告大会，促进公益共赢理念传播

公益广告的目的是向世界传播公益共赢理念，推动世界对"人类命运共同体"概念的理解。2019 年 11 月，北京国际公益广告大会在北京举行，旨在将其打造成为首都文化活动的"新名片"和公益广告领域的"风向标"。同时集合国际公益广告人才，创建公益广告"创播"联盟，促进公益广告国际化发展。

2. 主办或参加影视节展，彰显时代特色

在新中国成立 70 周年之际，具有时代特色的以"庆祝新中国成立 70 周年"为主题的活动成为 2019 年的一大特色，活动旨在继续向世界讲好中国故事，传递中国精神。在举办活动的同时，积极鼓励北京市电视媒体和制作机构与境外机构加强合作交流，促进北京广播影视业国际化发展。

第一，举办北京优秀影视剧海外展播季。2019 年 4 月，北京市广播电视局举办的北京优秀影视剧海外展播季拉开序幕，相继在匈牙利、希腊、英国、巴西、加纳、芬兰等国举行。展播期间，由北京影视企业选送的优秀电视剧、纪录片、网络视听节目亮相他国。同时，北京影视企业代表与他国影视企业代表展开交流合作，中国政府推动与各国政府间签署影视合作协议。

第二，举办国际电影节展。2019 年 4 月，第九届北京国际电影节在北

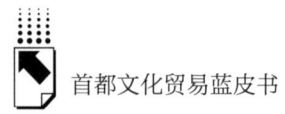

京举行,共有来自90多个国家和地区的1200多部影片报名参评参展。除了主竞赛单元外,在新中国成立70周年的历史节点上,组委会专门设立了"新中国成立70周年电影主题论坛",向世界呈现新中国的70年岁月变迁以及新中国电影取得的非凡艺术成就。

第三,参加国际电视片交易会。2019年4月,戛纳春季电视片交易会(MIPTV)在法国戛纳影节宫举行,由北京市广播电视局组织的北京影视代表团,携16家优秀的北京影视公司和50余部优秀作品参加了戛纳春季电视片交易会。北京影视代表团参展作品包含多部精品影视剧,如《启航》《最美的青春》《海洋之城》《归去来》《和平饭店》《陪读妈妈》,题材多样,内涵丰富。①

第四,举办电视节目展。2019年5月,"亚洲影视周"优秀电视节目展播活动在北京举行。本次节目展由32个国家的66家主流媒体机构携手合作,传统媒体和新媒体共同发力,其中爱奇艺、优酷、腾讯视频、芒果TV等网络视听媒体机构积极参与,促进了亚洲影视业的交流合作。

第五,举办纪录片影像周。2019年8月第三届北京纪实影像周在北京举行,活动全面呈现了新中国成立以来的经典纪录片。活动邀请了来自马来西亚、缅甸、罗马尼亚等共建"一带一路"国家及其他国家的40余位纪录片人才,推动了中外纪录片的沟通与合作;首都纪录片发展协会与德国金树国际纪录片节签署战略合作协议;诸多以国际视野讲述中国故事的优秀国产纪录片也在活动中亮相。

3. 举办多种博览会,展示北京最新发展成果

博览会是世界了解北京的一个窗口,通过博览会向世界展示北京最新发展成果,促进北京广播影视产业"走出去"。

一是文化创意产业。2019年5~6月,北京市举办了第十四届中国北京国际文化创意产业博览会,突出"文化+"融合态势,大力推动文化与科

---

① 刘欣:《北京影视代表团参加戛纳春季电视片交易会》,《中国广播影视》2019年第9期,第28~29页。

技、旅游、体育、金融等重点领域融合①,为创新创业注入不竭动力,向世界展示新中国成立 70 年来的文化产业成就。

二是图书出版业。2019 年 8 月,北京举办了第二十六届北京国际图书博览会暨第十七届北京国际图书节。来自 95 个国家和地区的 2600 多家展商参展,展出 30 多万种全球最新出版的图书,举办 1000 多场丰富的出版文化活动。本届图博会上,国际展商比例达 61.5%。1600 多家参展的海外出版机构中,亚洲展商有 858 家。此外,2019 年图博会新增 45 家海外品牌出版企业。备受关注的 5G 技术也首次亮相国际书展,重点展示 5G 时代"万书互联、人书互动、纸电融合、人人阅读"的未来新阅读应用场景。②

除了主办书展外,2019 年 10 月北京市广播电视局还组织北京出版单位参与了 2019 年法兰克福书展。书展吸引了 104 个国家和地区的 7400 多家参展商,其中中国出版商超过 100 家。③

三 北京广播影视对外贸易发展趋势

在全球化互联网发展的今天,影视文化产业已经成为引领一个城市甚至一个国家产业创新和发展的重要力量。北京作为中国的政治、文化中心,以国家话语、文化传播为核心,大力发展影视业。影视产业"走出去"是国家话语全球化建构和中国文化国际化传播大战略的重要组成部分,也是北京产业创新和国际化发展的重要力量。

2019 年 6 月 6 日,工信部发放 5G 商用牌照,中国正式进入 5G 商用时

---

① 林彬:《第十四届中国北京国际文化创意产业博览会新闻发布稿》,第十四届中国北京国际文化创意产业博览会官网,2019 年 5 月 23 日,http://www.iccie.cn/web/static/articles/catalog_ff8080813165bac4013165cbc9330012/article_ff80808169a5754b016ae25c5b040bac/ff80808169a5754b016ae25c5b040bac.html。
② 左文娟:《聚焦知识服务 助力出版创新——以第二十六届北京国际图书博览会为例》,《发展》2019 年第 10 期,第 74~76 页。
③ 向兵:《2019 法兰克福书展观察》,中国日报网,2019 年 11 月 21 日,https://baijiahao.baidu.com/s?id=1650773734913239949&wfr=spider&for=pc。

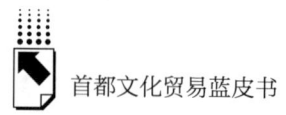

代。随着5G技术的发展，依托于5G的一批高新技术也将发展起来，未来影视领域国际化竞争的高地将是科技的竞争，而国际化城市的一个重要特征是文化传播的全球化。随着国际局势复杂化，北京广播影视对外贸易发展竞争将更加激烈。未来北京广播影视对外贸易发展，呈现以下几点趋势。

（一）以国家话语、文化传播为核心，优化广电影视价值链

未来北京要提升广播影视对外贸易份额，必须以国家话语、文化传播为核心，利用影视业开拓海外市场。同时，影视业"走出去"也是国家话语全球化建构和文化全球传播的重要组成部分。战略层面上，影视业应被当成影视文化产业发展，从体制创新、政策扶持、产业结构调整等方面进行布局调整。战术层面上，借鉴国际经验，提升影视产品制作、宣传、发行专业化水平，提高影视作品质量，促进北京影视产业国际化、现代化、集团化发展。

（二）依托5G技术，加强影视业与高新科技融合发展

2019年5G进入商用元年，国内三大运营商最早于北京正式发布5G商用套餐。依托5G技术，加强影视业与高新科技深度融合，这将成为未来北京影视业"走出去"，参与国际市场竞争的关键。

未来，基于5G网络的虚拟现实、增强现实、4K/8K超高清等关键技术，建设一批影视科技融合发展重点实验室，培育、发展新兴影视业态，努力构建影视业高精尖产业结构。同时，加强政策宣传、引导，鼓励条件成熟的影视企业申请认定高新技术企业、技术先进型服务企业，享受相关优惠政策；推动建立影视业高新技术企业培育库，帮助企业熟悉认定标准和条件，逐步将其培养成为高新技术企业。此外，鼓励文化科技融合企业利用高新科技开展影视领域的科研活动，加大科技成果转化力度。

（三）建立具有国际影响力的影视产业集群

在互联网全球化发展的今天，影视文化产业已经成为引领一个城市甚至一个国家产业创新和发展的重要力量。因此，想要提升北京广播影视对外贸

易竞争力，必须建立具有国际影响力的产业集群和文化协同发展机制。① 津冀整体影视文化实力和影响力是北京建设世界城市、参与国际竞争的重要基础，因此持续推动京津冀影视业协同发展，打造具有国际影响力的影视园区品牌成了未来必然的发展趋势。

1. 持续推动京津冀影视业协同发展

从 2014 年 2 月 26 日习近平总书记提出"京津冀协同发展"到 2019 年，三地产业联动协同发展已走过 5 周年。北京利用科技、人才、金融等资源优势发挥溢出效应，津冀两地承接北京的非首都功能，减轻北京资源、环境压力。影视产业方面，京津冀影视产业联动持续升级，北京影视产业加大对区域周边经济的带动作用，北京增加与津冀的项目合作，分工协作、优势互补，打造有效的产业链体系。津冀两地将承接更多的影视资源，建设发展新区，打造影视业创新高地。例如，不断完善以大厂影视小镇为代表的全球影视创新实践区，逐步将其建成国家级影视孵化摇篮与全球影视创新实践区。

2. 打造具有国际影响力的影视园区品牌

打造具有国际影响力的影视园区品牌是推动京津冀影视协同发展的重要一环。虽然北京地区的影视园区借助地理和政策优势，在国内处于行业翘楚地位，例如北京市拥有国内唯一的国家级电视节目制作基地——星光影视园。但是从国际层面看，相比于美国的好莱坞、印度的宝莱坞等国际知名的影视基地，北京影视园区品牌知名度有待提升。尤其是如今北京市政府旨在将大厂影视小镇打造成具有国际影响力的影视园区品牌。因此，北京市政府需要加大引导力度，完善相关政策，吸引更多的影视资源和高精尖项目向园区聚集。其中重点工作是提升审批服务效率，针对园区影视企业的项目备案、审查、审批建立绿色通道；规范企业入园标准，逐步完善人才引进、房租减免（补贴）、工作居住证办理、上市奖励等配套政策，加大园区公共服务力度。

---

① 谷军、杨雅琳：《北京建设世界城市与京津冀区域协同发展》，载《转变经济发展方式 奠定世界城市基础——2010 城市国际化论坛论文集》，2010 年 9 月，第 129~135 页。

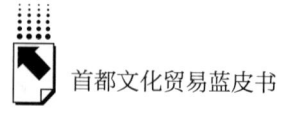

(四)推动影视业与相关产业合作,增强国际竞争力

北京作为全国政治文化中心,是众多产业的聚集地。要推动影视产业与互联网、金融、电子商务等产业融合发展,打破传统产业格局,延长产业链,打造具有国际竞争力的全新互动体系。在互联网全球化发展的潮流下,影视产业链"互联网+"发展模式是必然趋势,要鼓励北京的影视企业与互联网企业展开合作、优势互补,依据线上平台的特点、需求来推出影视产品,促进影视业与其他产业深入融合发展。

(五)发挥北京影视人才资源优势,加强影视人才培养引进

近年来,中国广播影视"走出去"面临"如何在获得国际市场认可的情况下讲好中国故事"的难题,解决问题的根本办法是国际人才的培养。一方面,北京市政府需要进一步深入开展"三会三课"(规划会、交易会、交流会,政策课、业务课、实践课),支持首都高校与国际一流教育机构在影视方面开展深度合作,加强青年影视人才培养。另一方面,通过完善优惠政策,鼓励国际知名影视人才在北京设立工作室、工作站,利用多元化的国际影视人才助力北京国际化建设,互惠互利。尤其是具有外国人身份的国际影视人才,他们同时是某一领域或地区具有号召力的意见领袖,通过外国人"他者"的视角向海外受众讲述中国故事,更有说服力。

总 结

2019年,北京市广播影视产业对外贸易成就突出。在政策方面,承上启下,配合国家大政方针,制定了《北京市提升广播电视网络视听业国际传播力奖励扶持专项资金管理办法(试行)》《北京市提升广播电视网络视听业国际传播力奖励扶持专项资金评审办法(试行)》《北京市智慧广电发展行动方案》《北京市超高清视频产业发展行动计划》《关于推动北京影视业繁荣发展的实施意见》,通过政策进一步鼓励广播影视业国际化发展,发

展智慧广电，以科技促进广播电视发展。

在内容上，广播影视对外贸易向广播影视文化对外贸易升级，对外贸易主体、内容、形式、机制更加多元化。响应"一带一路"的号召，讲中国故事，传播中国文化。尤其是在新中国成立70周年之际，利用主题展览、电视节目、大会等多样的形式，与世界共享新中国发展70周年的喜悦之情。

未来，广播影视业对外贸易发展仍然面临挑战，例如由措施向体系、由经验向机制的总结需要进一步深化，科技力向生产力、创新力向发展力发展需要进一步延伸转化。所以，未来广播影视业应该坚持以国家话语、文化传播为核心，立足技术高地，加快广播影视业与科技深度融合，加快智慧广电建设。同时，加强跨产业合作，打造具有国际影响力的影视园区，为发展科技、跨产业合作提供实体场地和政策优惠。最后，广播影视业最根本的竞争是人才的竞争，应加快人才培养，从多方面配合发力，把北京发展成国际知名的影视之城。

B.4 首都电影对外贸易发展报告（2020）*

罗立彬　宋晋冀　孙乾坤**

摘　要： 2019年，北京电影业继续保持领先地位，京产电影的国际影响力进一步提升，在"走出去"方面也呈现新特征，北美票房表现出色、主旋律电影海外票房获佳绩、多部京产电影在国际电影节上获奖、首都电影公司参与国际制作、在京视频网部国际化深化、京产翻拍电影获得票房和口碑双丰收。北京应继续发挥作为文化中心的多方面优势，推动国产优质电影"走出去"。

关键词： 电影贸易　京产电影　北京

一　2019年北京电影业保持全国领先地位

（一）中国电影产业稳中有进

2019年，中国电影市场整体呈现稳中有进的发展态势，票房增速继续

---

* 本文系北京市社会科学基金研究基地重点项目"'一带一路'倡议下北京文化影响力评价研究"（项目编号：19JDYJA006）的阶段性成果。
** 罗立彬，北京第二外国语学院首都对外文化贸易研究基地资深研究员，北京第二外国语学院经济学院副院长，副教授，经济学博士，主要研究方向为影视服务贸易、文化贸易与国际贸易；宋晋冀，北京第二外国语学院经济学院国际经济与贸易专业硕士研究生；孙乾坤，北京第二外国语学院首都对外文化贸易研究基地资深研究员，北京第二外国语学院经济学院国际贸易系主任，讲师，经济学博士，主要研究方向为文化贸易和国际贸易。

放缓，坚定内容创作的共识，为实现"电影强国"的目标砥砺前行。整体电影业发展状况主要包括以下五个方面。第一，全年电影票房增速放缓，国产电影崛起。2019年总票房达642.66亿元，同比增长5.4%，与北美电影票房同比下降5.2%相比，体现了中国稳固的电影产业基础；国产电影总票房达411.75亿元，同比增长8.65%，市场占比64.07%，其中，有10部国产电影票房超过10亿元，在票房排名前十的影片中，国产电影有8部，说明国产电影质量大幅提升。第二，全年影片产量有所下降，内容更加丰富。2019年影片总产量共计1037部，同比下降4.2%，其中有850部故事片、51部动画电影、74部科教电影、47部纪录电影和15部特种电影；一些主流大片如《我和我的祖国》《流浪地球》等，有深厚的文化内涵和强烈的情感表达。第三，2019年全国新增银幕9708块，共计69787块，其中新增银幕多来自三、四、五线城市，但单个影院盈利有所下降，全年观影人次整体下滑，院线人均观影人次也呈下降趋势，突出了目前影院基础建设与电影需求不匹配的矛盾。第四，以"新中国成立70周年"为契机举办各种电影节，推动中国文化"走出去"。如第9届北京国际电影节以"家·国"为主题，对外展映各个时期的经典电影，弘扬中华文化。第五，网络电影不断从数量型向质量型转化。2019年，上线的网络大电影共789部，同比下降约49%，但正片有效播放量达到598万，同比提升58%，表明了网络电影开始专注内容生产的态势。

（二）2019年北京电影产业保持全国领先地位

2019年，北京电影业在全国范围内仍处于领先地位，实现36.1亿元的票房收入，占全国票房比重为5.62%。

第一，影片产量在全国占比高。在猫眼统计的有票房数据的412部国产电影中，有300部电影的出品公司中包含北京的公司，有375部电影的联合出品公司中包含北京的公司①；虽然2019年北京影片产量同比有所下降，

---

① 资料来源：笔者根据猫眼专业版App上的电影数据统计获得。

但票房收入有所上升。2019年北京地区共制作电影310部，网络电影3397部，与2018年相比，少制作了100部电影，多制作了324部网络电影，但票房收入同比增加3.14%。①

第二，影院发展态势良好。在2019年票房收入排名前十的电影院中，位于北京的影院有7个，分别是北京耀莱成龙影城（五棵松店）、金逸北京大悦城IMAX店、首都电影院西单店、北京寰映合生汇店、UME影城（北京双井店）、北京市金泉港国际影城和金逸北京会聚IMAX店，而且前三名都是北京的影院。②另外，参与多个高票房电影的发行、出品或制作，导致有些北京公司的利润大幅提升，如北京光线传媒股份有限公司投资了《哪吒之魔童降世》等高品质作品，其2019年前三季度净利润达10.04亿元，同比增长463.33%，成为行业年度最大赢家。③

第三，成功举办多个国际电影节和影展，提升中国电影的国际影响力。特别是在2019年4月，第九届北京国际电影节共促成77家企业的40个项目达成签约合作，总金额达到309.028亿元人民币，同比增长18.48%，创造新纪录，签约额是第一届签约额的10倍。其中涉及多个中外合作项目，包括与法国AAA集团合作拍摄《金玲传奇》；保利影业投资有限公司与上海沅禾影视文化有限公司合作制作中泰合拍片《失恋先生》；北京博纳影业集团有限公司与索尼影视签署电影《烈火英雄》的海外发行合约，助力优秀的中国电影走出国门，走向世界。另外，华夏电影、创世星影业和印度公司Kabir Khan Films在北京国际电影节举办的"印度电影周"上达成共识，三方决定合作开发《阿辛哥的奇妙之旅》。除了北京国际电影节外，还举办了首届后山独立动画电影展映及交流活动、臆象宇宙——科幻电影系列展映和讨论、中国俄罗斯电影节、亚洲电影展、由法国电影联盟与法国驻华大使馆共同举办的电影展映活动、第十六届中国国际影视节目展、与俄罗斯联邦文化部共同举办的"2019俄罗斯电影展"、第十二届欧盟电影展和2019巴

---

① 刘汉文、陆佳佳：《2019年中国电影产业发展分析报告》，《当代电影》2020年第2期。
② 资料来源：艺恩数据App。
③ 刘汉文、陆佳佳：《2019年中国电影产业发展分析报告》，《当代电影》2020年第2期。

西电影展等，共展映24部优秀的独立动画电影、11部德中科幻影史上的代表作、15部俄罗斯影片、60余部亚洲影片和欧洲三大电影节所有的获奖作品，涉及德国、法国等欧盟国家，巴西和亚洲的多个国家。①

二 政策促进北京电影贸易

2019年，北京陆续制定实施了包括内容创作、影院建设和对外贸易等方面的一系列支持政策，许多措施是首创，对电影产业发展产生了深远影响。国务院在2019年1月31日通过了《全面推进北京市服务业扩大开放综合试点工作方案》，把"立足文化中心建设，提升文化软实力和国际影响力"作为主要任务之一。

2019年2月15日出台的《关于推动北京影视业繁荣发展的实施意见》提出，到2020年，"推动北京成为具有国际影响力和首都特色的影视之都"，为达到这个目标，市政府要积极培育影视消费市场，开展影视内容和企业"走出去"奖励扶持工作，并要做好北京市国际电影节展活动②。

首先，市政府给予影院和影片专项资金支持。根据《北京市国家电影事业发展专项资金征收使用管理办法》，在2019年9月23~27日组织影院申报专项资金，给予有优秀海外电影市场成绩的国产影片的影院申请资格，这是市政府通过给予补助，促使影院将电影更多地推向海外市场。此外，2019年5月18日起施行的《北京市提升广播影视业国际传播力奖励扶持专项资金管理办法》明确将网络视听（包括网络电影）"走出去"项目作为资金支持对象，其中，对于优秀作品"每部（集）按照每语种每分钟进行奖励，标准参考国家相关奖励规定"，另外"对于成功输出并产生重大积极影响的优秀广播电视和网络视听节目版权项目，经审核认定，按照不超过该项

---

① 关于电影节和影展的信息，系笔者根据各类电影节和影展的网站报道整理和计算而成。
② 《关于推动北京影视业繁荣发展的实施意见》，《北京日报》2019年2月15日，第4版，转引自人民网，http://media.people.com.cn/GB/n1/2019/0215/c40606-30676642.html?from=timeline，2020年4月29日访问。

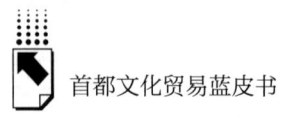

目上一年度版权出口总额的30%进行奖励"。

其次，市政府积极助推国际交流活动。在《北京市提升广播影视业国际传播力奖励扶持专项资金管理办法》中，政府支持在国外建设传播平台，拓展国际传播渠道，并对优秀传播平台进行奖励。另外，《全面推进北京市服务业扩大开放综合试点工作方案》明确要办好"'中华文化世界行·感知北京'、北京国际电影节"，深化与友好城市的文化交流活动，引进外国的优秀影片，提高国产影片的质量。

三 京产电影"走出去"呈现新特征

1. 北美票房表现出色

北美电影市场是世界上竞争最激烈的电影市场，因此一直被认为是全球电影市场的风向标，在北美市场获得好成绩就有可能影响到全球市场。近年来，国产电影在北美票房最高的是2016年周星驰导演的《美人鱼》（323万美元）。2018年只有两部国产电影的北美票房超过100万美元，分别是《唐人街探案2》（198万美元）和《红海行动》（154万美元）。

2019年国产电影北美票房实现突破，共有3部电影的北美票房超过200万美元，都有北京公司参与制作与发行。这3部电影分别是：北京京西文化旅游股份有限公司、郭帆文化传媒（北京）有限公司制作，中国电影股份有限公司和北京京西文化旅游股份有限公司、郭帆文化传媒（北京）有限公司出品的《流浪地球》（587万美元）；华夏电影发行有限公司和博纳影业集团股份有限公司出品的《我和我的祖国》（235.6万美元）；北京光线影业有限公司参与出品和发行的《哪吒之魔童降世》（369.5万美元）。①

2. 京产主旋律电影海外票房取得佳绩

值得一提的是，2019年京产主旋律电影《我和我的祖国》海外票房成绩突出，在北美、英国、澳大利亚、新西兰等地上映，海外总票房达到

---

① https://www.boxofficemojo.com/.

397.97万美元,其中北美票房235.6万美元。

3. 海外获奖扩大国际影响力

在国际电影节获奖一直是中国电影获得国际关注的最重要渠道之一,2019年又有若干北京制作出品的华语电影入围或获得国际知名电影节奖项。北京冬春文化传媒有限公司制作并出品的《地久天长》摘得第60届柏林电影节最佳男主角、最佳女主角两项银熊奖,和力辰光国际文化传媒(北京)制作并出品的《南方车站的聚会》入围第72届戛纳国际电影节主竞赛单元,北京见天地文化传播有限公司出品的《撞死了一只羊》得到第75届威尼斯电影节地平线单元最佳剧本奖和最佳影片提名、第13届亚洲电影大奖最佳电影、最佳导演、最佳摄影和最佳原创音乐四项提名。北京西河星汇影业有限公司等三家北京公司共同参与出品的《江湖儿女》获得第13届亚洲电影大奖,赵涛获最佳女主角提名,贾樟柯获得最佳编剧奖,同时也获得第22届英国独立电影奖最佳外国独立电影提名。腾讯影业参与出品的电影《第一次的离别》获得第69届柏林国际电影节新生代儿童单元最佳影片和评审团大奖。

4. 北京电影公司参与国际电影制作,深入渗透国际电影市场

2019年北京电影企业"走出去"拍摄英语电影的现象继续出现,很多人们印象中的"好莱坞大片"或者"外国电影"中都出现北京企业的身影,这样的电影至少有12部。表1列举了2019年北京公司参与合拍的英语电影相关情况。

表1 2019年北京公司参与合拍的英语电影情况

	英文名	中文名	北京公司	合拍地	全球票房	上映地区数
1	Us	《我们》	完美世界影视	美国、日本	2.55亿美元	52
2	Once Upon a Time... in Hollywood	《好莱坞往事》	博纳影业	美国、英国	3.74亿美元	73
3	Glass	《玻璃先生》	完美世界影视	美国	2.47亿美元	54

续表

	英文名	中文名	北京公司	合拍地	全球票房	上映地区数
4	Men in Black: International	《黑衣人：全球追缉》	腾讯影业	美国	2.54亿美元	57
5	Yesterday	《昨日奇迹》	完美世界影视	英国、俄罗斯、美国、日本	1.54亿美元	53
6	Terminator: Dark Fate	《终结者：黑暗命运》	腾讯影业	西班牙、匈牙利、美国	2.61亿美元	61
7	A Beautiful Day in the Neighborhood	《邻里美好的一天》	腾讯影业	美国	6776万美元	25
8	A Dog's Way Home	《一条狗的回家路》	博纳影业	美国	8071万美元	43
9	Ad Astra	《星际探索》	博纳影业	美国	1.33亿美元	57
10	Abominable	《雪人奇缘》	北京聚合影联文化传媒公司	美国、日本	1.90亿美元	50
11	Gemini Man	《双子杀手》	复星影业	美国	1.73亿美元	54
12	UglyDolls	《丑娃娃》	华夏电影发行公司	加拿大、美国、泰国	3245万美元	48

资料来源：笔者根据 http://www.imdb.com/ 上的数据整理。

5. 在京视频网站推出国际版，推动网络大电影出海

网络大电影海外发行在 2018 年曾经成为热点话题。在京视频网站爱奇艺出品网络大电影《黄飞鸿之南北英雄》拿下包括东南亚、日韩、北美等 14 个地区的海外播出权；此外，网络大电影《蜀山降魔传》也拿下 20 多个地区的播放权；爱奇异和索尼影视联播打造的网络大电影《杀无赦》翻拍自美剧 Chosen，并被网飞买下。2019 年，爱奇艺网络电影登陆国际版 App，网络电影的发行范围不仅限于中国大陆，而是覆盖到全球 100 多个国家和地区，并重点在东南亚、北美、中国港澳台等 15 个国家和地区运营，扩大了网络大电影的发行范围和国际影响力。

6. 京产翻拍电影获得票房和口碑双丰收

2019 年，由北京恒业牧马人影视文化传媒有限公司参与制作，万达影视传媒有限公司和中国电影股份有限公司参与出品的电影《误杀》获得了8.3亿元的票房成绩，同时也获得观众和业界好评，豆瓣评分高达7.7分。值得注意的是，这部国产电影翻拍自印度电影《瞒天误杀记》，将故事背景设置为泰国。《误杀》被认为是近年来华语电影翻拍的一部佳作，将印度电影中比较常见的一种电影类型翻拍成为华语电影中并不多见的一种类型，可以说是一种高效率提升华语电影类型丰富度和口碑的做法。

四 发挥北京优势，促进中国电影"走出去"

北京既是全国文化中心，又是全国的电影制作与发行中心，具备电影融资、制作和发行等长链条多层面的巨大优势，应在推动国产电影"走出去"、扩大国产电影以及中华文化国际影响力、提升中华文化软实力方面发挥重要的作用。但电影又是一个规模经济效应非常明显，出口的"本地市场效应"非常突出的产品，再考虑到中国有一个规模非常巨大的国内市场，因此，推动京产电影"走出去"并形成国际影响力，在很大程度上要先发展北京的电影产业，"讲好中国故事"，再促使京产电影在满足国内大市场的同时自然"溢出"并形成国际影响力。应该围绕北京"四个中心"的城市定位，结合北京作为全国服务业扩大开放综合试点城市等一系列政策优势，切实落实《关于推动北京影视业繁荣发展的实施意见》，将北京建设成具备国际影响力的有首都特色的影视之都，以北京为基地，推动国产优质电影"走出去"，提升国产电影以及中华文化的国际影响力。

1. 夯实京产电影"走出去"的产业基础

依托北京电影产业现有的基础和优势，在供给侧层面继续优化营商环境，促进电影内容创作、拍摄制作、后期效果、宣传发行、资本运营、版权交易等领域的各种资源在北京集聚，同时继续培育北京电影市场，继续强化北京在全国电影产业的领先和龙头地位，保证京产电影在不断提高质量的基础上，提升其国际影响力。

2. 努力吸收全国乃至全球优势资源

凭借北京作为全国文化中心和影视之都的基础地位，以及中国作为全球第二大电影市场以及全球电影市场主要增长点的地位，吸收全国乃至全球优势资源来为北京以及中国市场制作并发行电影，促进北京成为世界上区域性乃至全球的电影产业中心之一。

中国目前已经或者正在成为全亚洲乃至全世界电影市场的增长中心，而北京又是全国文化中心，应当发挥北京电影产业包容性强的优势、结合北京作为服务业扩大开放综合试点城市的政策优势，大力引进人才以及其他各种资源。以中国电影市场的规模以及北京在中国文化产业中的地位，北京有能力做到"以我为主"，吸收全国乃至全球优势资源来生产以中国市场为主要目标市场甚至是全球目标市场定位的、投资额较大的电影产品，利用全球优势资源"讲好中国故事"，并提升国际影响力。

3. 与多个国家开展多形式的合作

与一些国家电影产业进行多种形式合作，共同生产符合两国文化偏好的电影作品，通过合拍、引进国外演职人员、引进国外电影版权并翻拍为中国版等方式来进行合作，在满足他们开拓中国市场的同时，也帮助其母国关注中国的电影。与好莱坞合作可以加强中国文化元素在全世界的传播，而与其他相关国家合作则有助于加强中国文化元素在当地传播。另外，可以采用联合制片和联合制作等方式，与一些国家合作制作电影。比如前两年在日本引起反响的京产电影《妖猫传》，就是中日合拍讲述中国的故事，但是里面有日本比较有影响力的演员，2018年这部电影在日本上映，最终在日本获得了1279.58万美元的票房①。据此来看，应该拓展此类渠道，尤其是顺应国家当前战略。比如开拓共建"一带一路"国家市场，就可以考虑与文化产业较发达的共建"一带一路"国家进行合作，如印度、巴基斯坦和土耳其等，这些国家有比较发达的本土电影市场，其好莱坞电影份额较低；同时也需要海外市场，对他们而言，中国市场是增长最快的一个"海外市场"，可

---

① https://www.boxofficemojo.com/.

以与这些国家进行联合制片，甚至运用国际通行的模式来生产反映两国文化的文化产品。这样既可以让各国分别了解对方的文化，也可以促进中国文化出口。

4. 继续鼓励探索引进国外电影版权进行再创作来讲述中国故事的方式

虽然这种方式近年来有诸多尝试，有成功也有失败，但仍然是一种可以比较高效率地进行引进、消化、吸收、再创新的方式。事实证明，这种方式经过一段时间的探索，以及随着中国电影市场进入高质量发展阶段的环境变化，依然是高效率地提升影片质量且为市场增加多样性的重要途径，而且由于是引进版权，有可能比较迅速引起原版国的关注，如2019年京产电影《误杀》就是翻拍电影中的杰作，笔者认为这部电影最大的特点之一，就是原作是印度电影中比较多见的题材和类型，然而翻拍成华语电影并加入一些新的元素之后，就成为华语电影中较为稀缺的一种新类型。当前中国电影市场进入高质量发展阶段，这种通过版权贸易来高效率实现类型创新并增加供给多样性的方式是非常值得鼓励的。不仅如此，版权的引进和交易工作也有利于培育国内电影版权交易环境，有利于促进电影产业继续健康发展。未来几年可以说是中国电影市场高质量发展的非常关键的一段时间，迅速形成一种有利于充分发挥各种资源最大效能的营商环境，是至关重要的，北京市作为全国电影产业的龙头地区，在关于这方面的理念和工作机制上应当走在前面。

5. 继续做好留学生接收和培养工作

配合汉语国际传播迅速发展的趋势，做好留学生接收和培养的工作，使留学生教育成为培育国际人群对于中华文化偏好以及中国电影偏好的重要途径。北京是全国留学生最为集中的地区，《首都教育现代化2035》中明确指出，到2035年要"使北京成为全球主要留学中心和世界杰出青年向往的留学目的地"[①]，这一目标的实现将有助于提高中国文化以及国产电影在国外

[①] 《北京市发布〈首都教育现代化2035〉对教育发展提出明确要求》，人民网，转引自学习强国平台，https://www.xuexi.cn/lgpage/detail/index.html?id=17895166263028583932，2020年4月29日访问。

人群中的影响力；另外，可以将北京所生产影视剧等制作成汉语教学节目，推荐给孔子学院或者北京各高校作为留学生教材、教学资料或参考资料，这可以降低国外人群对于中国电影消费的需求弹性，帮助他们更好地了解中国电影，培育欣赏中国电影的习惯。

6. 加强知识产权保护的执法力度

强化知识产权保护，可以促进电影与其他行业融合，拓展电影IP产业链空间，在增加收入前景的前提下提高预期投资，以提升作品的国际影响力。中国电影市场进入高质量发展阶段之后，需要进一步拓展领域，使得电影收入来源突破票房限制，挖掘IP价值在出版、动漫、游戏、在线教育、体育赛事以及有形衍生品等领域深度融合后产生的新增价值。这需要加强知识产权保护执法，加大线上、线下电影作品版权的保护和侵权惩戒力度。只有通过更加完善的知识产权保护体系才能进一步拓展电影的预期收入来源，进而提升电影投资额，为提升中国电影的国际影响力带来更大的可能性。2019年，几部京产的在北美以及其他海外市场上取得较好票房成绩的电影，都是在国内收获10亿元以上票房的大投资电影。为了提升国产电影的未来国际影响力，必须要走电影工业化和商业化的道路，应首先利用国内市场的大电影来"溢出"国际竞争力，还应继续拓展电影的国内收入来源，继续挖掘国内市场规模。而北京在全国电影业处于领先地位，应该在这方面走在前列。

7. 重视互联网平台对于京产或者国产电影的国际推广的作用

有研究表明，互联网是国外了解中国电影的最主要平台。全球化的视频互联网平台为了追求范围经济效应，与现有电影巨头相竞争，会广泛引进世界各地的电影作品，近年来中国有不少电影作品被网飞购入全球版权在全球放映。与此同时，北京的视频网站也开始开拓国际市场，陆续推出国际版，这对于培育国外观众对于国产乃至京产电影的偏好有重要作用。建议政府应在信息沟通、政策协调等企业需要的方面给予支持，甚至对于国际化开拓比较成功的网站给予奖励，补偿其在国外的网站推广费用或者电影翻译费用等。

8. 继续办好在京的电影国际交流活动

继续办好北京国际电影节等大型活动，北京优秀影视剧海外展播等品牌活动以及各类影展，并鼓励京产电影参加国际电影节来提升其国际影响力。京产电影在国际电影节上提名或者获奖，既是在竞争日益激烈的中国电影市场中竞争的需要，又是长期以来国产电影提升国际影响力的重要途径，应当得到鼓励。

9. 协助推动春节档期京产电影的全球同步上映

春节档期既是中国独有的电影档期，也是中国最重要的电影档期。能够进入春节档期的京产电影都是有质量保证和票房号召力的电影，近年来也越来越引起国外市场的关注，应该协助春节档期的京产电影实现全球同步上映，既满足国外观众对春节电影的观影需求，也减少由于错期放映导致的海外票房损失，同时收获"同步上映"带来的票房放大效应。政府可以在必要的时候，根据企业的需求，在协调京产电影的国际发行方面给予一定的帮助与协调。

参考文献

黄会林、朱政、方彬等：《中国电影在"一带一路"战略区域的传播与接受效果——2015 年度中国电影国际传播调研报告》，《现代传播（中国传媒大学学报）》2016 年第 2 期。

刘汉文、陆佳佳：《2019 年中国电影产业发展分析报告》，《当代电影》2020 年第 2 期。

罗立彬、郁佩芳：《中国电影票房规模影响因素及预测——兼论新阶段中国电影产业发展战略》，《文化产业研究》2018 年第 1 期。

罗立彬、王牧馨：《中国电影市场高质量发展阶段：新特征与发展战略》，《经济研究参考》2019 年第 10 期。

B.5 首都图书版权对外贸易发展报告（2020）*

孙俊新　王雪飞**

摘　要： 2019年，首都图书出版行业不断开拓创新，既积极利用国内外图书展会契机主动参与国际市场，又通过举办国际图书展会助力首都文化中心建设；既紧抓数字化机遇拓展版权贸易形式，又积极推广运用数字技术促进版权保护；既不断开拓对外贸易模式，又升级开拓海外投资模式。通过梳理2019年首都图书版权对外贸易活动，本文认为首都图书版权对外贸易在学术图书的平台建设、图书的选题策划、出版企业的市场化等方面仍有改进的空间，建议重视挖掘首都学术资源，通过国际编辑部模式促进选题策划工作的开展，并继续推动首都出版企业市场化改革进程。

关键词： 图书版权　版权贸易　对外贸易　北京

一　2019年首都图书版权对外贸易发展现状

作为中国图书出版业"走出去"的前沿阵地，2019年，首都图书出版

---

* 本文得到教育部人文社会科学研究青年基金"文化距离对中国OFDI的影响：基于文化'走出去'的调节效应分析"（项目编号：17YJC790133）和2018年北京市属高校高水平教师队伍建设支持计划青年拔尖人才培育计划项目"文化'走出去'影响对外直接投资的机理研究"（项目编号：CIT&TCD201804061）的资助。
** 孙俊新，北京第二外国语学院经济学院文化贸易系主任、副教授，首都对外文化贸易研究基地研究员，博士，研究方向为国际贸易与投资、国际文化贸易与投资；王雪飞，北京第二外国语学院经济学院国际文化贸易专业2019级硕士研究生。

业在中央和北京市的多项政策支持下，积极开展图书版权对外贸易。下面对2019年首都图书版权对外贸易的发展情况进行论述。

（一）政策引领发展方向

中央部委和北京市在2019年相继出台多项出版业相关政策，助力首都出版业对外贸易。2019年1月1日，中宣部出台的《图书出版单位社会效益评价考核试行办法》正式施行，引导出版企业在开展版权贸易获取经济利益的同时，关注出版行业对社会产生的价值引领作用，提高企业社会效益。2019年1月31日，国务院批复了《全面推进北京市服务业扩大开放综合试点工作方案》，再次强调北京市要立足首都文化中心建设，服务"一带一路"建设布局，支持出版企业海外投资，促进图书版权海外布局，进一步开拓海外市场。此外，还有《中央宣传部办公厅关于做好2019年主题出版工作的通知》《报刊出版单位社会效益评价考核试行办法》《关于强化知识产权保护的意见》等政策相继出台。

（二）优秀图书推荐译介

在新中国成立70周年的节点上，首都图书出版业积极选送了反映习近平新时代中国特色社会主义思想，中国主流价值观，中国社会、科技、文化发展成果的图书。2019年8月，在"新中国70年百种推荐译介图书评选"活动中，外文出版社选送了《习近平谈治国理政》（两卷本），中国社会科学出版社选送了《中国经济体制改革的模式研究》，社会科学文献出版社选送了《超越人口红利》，化学工业出版社选送了《高等药物化学》，科学出版社选送了《工程控制论》（第三版）……首都图书出版业积极支持这些反映习近平新时代中国特色社会主义思想、新中国成立70年社会文化和科学技术进步发展图书的翻译推广，并和全国其他优秀图书推荐译介形成"新中国70年百种译介图书推荐目录"[①]，

[①] 刘宇阳：《"新中国70年百种译介图书推荐目录"诞生始末——专访中国新闻出版研究院院长魏玉山》，《出版参考》2019年第9期。

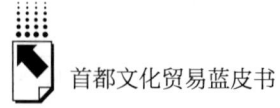

这些图书在"走出去"进行版权贸易的过程中发挥了引领作用,成为国外读者感受和借鉴中国发展良策的优质读本。

(三)行业培训经验共享

从2014年北京举办首届出版物出口(版权贸易)培训班开始,首都出版业的行业培训对全国其他地区出版业同行发展对外贸易起到了促进作用。

2019年5月,在中宣部指导下,由中国人民大学出版社承办的版权贸易培训班给全国出版业上了一堂精彩的实践课。在如何推动中国的主题图书版权对外输出话题方面,外文出版社社长介绍了《习近平谈治国理政》的翻译、出版、印制、推广各个方面的经验以及进行海外营销的"1+6"模式①,通过讲述《习近平讲故事》《平易近人——习近平的语言力量》等主题图书给国外读者带来借鉴和参考的故事,帮助国内出版业同行更好地学习主题出版走出国门进行版权贸易的路径。

北京语言大学出版社总编辑郭风岚从策划出版与语言学习以及留学生相关的话题策划角度给学员们带来了经验分享。《70年的70个关键词》和《70个走进英文的中文词》这样的图书在帮助外国学生学会汉语的同时又使其感受新中国70年奋斗历程的文化魅力。《在华生活锦囊101——留学生话中国》以及《吃穿住行游乐购——新中国70年》这些贴近出版社图书出版特色的图书策划经验也给学员们留下很深的印象。

这样的培训班将首都出版业先进经验和发展模式带到了全国各地,促进了全国出版业对版权贸易经验的学习和吸收,专业的业界互助发挥了北京作为文化中心的引领作用。

---

① 范燕莹:《2019年出版物出口(版权贸易)培训班聚焦主题图书走出去——为版贸人才上一堂"四力"实践课》,中国新闻出版广电网,2019年5月7日,https://www.chinaxwcb.com/info/552447.html。

（四）图书展会成果丰富

作为中国出版行业改革发展的前沿阵地和排头兵，北京地区举办的一系列讲座和会展所展现的出版业风向辐射全国。2019年8月，北京举办了第二十六届北京国际图书博览会（下面简称为"图博会"）。图博会吸引了95个国家和地区的上千家知名出版机构参展。国外知名版权贸易机构如德国的施普林格·自然公司、全球性信息分析公司爱思唯尔、全球性出版集团约翰·威利父子出版公司、韩国最大的出版集团熊津出版集团、法国知名出版社伽利玛出版社，学术性的大学出版社如牛津大学出版社和剑桥大学出版社等。这些出版机构纷纷在图博会上寻求优质中国图书版权。本次图博会共达成中外版权贸易协议5996项，相比2018年增长了5.60%，其中输出与合作出版意向和协议达成3840项，相比2018年增长了6.37%；引进意向和协议2156项，相比2018年增长了4.26%。引进输出比达到1∶1.78，相比2018年有所增加。举办文化活动场次达到1186场，相比2018年增长了18.60%（见表1），充分发挥了北京作为中国文化中心、国际版权交易中心的强大作用。其中，主宾国罗马尼亚的20多家出版单位、作家代表、艺术家代表在罗马尼亚文化中心、中国油画院美术馆等地举行20余场文学、艺术等文化交流活动。① 中国作家常怡的《故宫里的大怪兽》也举行了罗马尼亚文新书发布会。另外，本届图博会吸引专业观众17.5万人次，总参观人数达到了32万人次（见表1），极大地提高了首都图书版权对外贸易的影响力。

表1 2018年和2019年北京国际图书博览会指标对比

指标名称	2019年（第二十六届）	2018年（第二十五届）	增长率（%）
达成中外版权贸易协议数（项）	5996	5678	5.60
输出与合作出版意向和协议数（项）	3840	3610	6.37
引进意向和协议数（项）	2156	2068	4.26

---

① 吴凤鸣：《全球版权贸易和全民阅读的盛宴——中国国际展览中心三大行业盛会侧记》，《新阅读》2019年第9期。

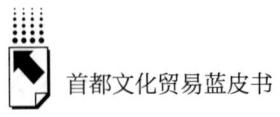

续表

指标名称	2019年(第二十六届)	2018年(第二十五届)	增长率(%)
引进输出比	1∶1.78	1∶1.74	
参展国家和地区(个)	95	93	2.15
举办文化活动(场)	1186	1000	18.60
吸引专业观众(万人次)	17.5	15	16.67
总参观人数(万人次)	32	30	6.67
展览总面积(万平方米)	10.86	9.77	11.16

资料来源：根据第二十五届、第二十六届北京国际图书博览会公开信息整理。

2019年10月，100多家中国展商参加在德国法兰克福会展中心举行的全球规模最大的国际出版行业展会——法兰克福书展。中国展商在法兰克福书展的中国区主展位举行了包括图书首发式以及中外出版机构合作签约仪式在内的多项活动。展现中国传统文化的《清·孙温绘全本红楼梦》多语言限量珍藏版在该次书展上举行了全球首发仪式。中国图书进出口（集团）总公司举办了包括中国主题、文化经纬等六个板块的"译介中国——中国国际出版70年"专题展览，并与多家国外出版社签署了"中国故事"系列图书版权合作协议。①

（五）数字技术大显身手

在人工智能、5G、区块链、大数据等新技术背景下，首都出版业面临新的发展机遇与挑战。这些新技术助力首都出版业的版权保护，并拓展了首都版权贸易形式。

2019年11月8日，中国人民大学国家版权贸易基地举行了"区块链技术与版权保护"研讨会，探讨了如何将具有去中心化、不可篡改特点的区块链技术运用到版权保护和交易管理中的问题，逐步探索把区块链技术运用到解决版权

---

① 花放、李强：《第七十一届法兰克福书展搭建交流平台，国外出版商期待加强同中方合作》，中国出版集团公司网站，2019年10月30日，http://www.cnpubg.com/export/2019/1030/44739.shtml。

确权存证、维权溯源、互联网平台版权监管、司法审判证据保存等方面。

2019年12月，国家版权局利用数字技术，加大中国版权保护力度，强化版权管理，全面启用国家版权监管平台，并决定在中国移动咪咕公司设立"网络版权保护研究基地"，加强版权服务和价值挖掘。

数字技术还拓宽了单一的纸质版图书出版合作模式，以纸质书和数据库形式在融媒体国际合作方面不断创新。[1] 如运用多种数字技术的数字影像产品《穿越时空的大运河》充分展现了中国古代大运河的繁荣景象，英国DK公司与中国大百科全书出版社签约出版同名图书，多语种图书也将在全球出版发行，实现了以数字技术促进图书版权对外贸易。

（六）企业参与融入国际版权贸易

参与全球出版市场需要企业发挥主体作用，企业应主动参与和融入国际版权贸易，并积极开展合作与交流。

2019年3月，中国出版传媒股份有限公司参观访问了希腊、突尼斯、阿尔及利亚的出版发行机构、实体书店，与当地的出版商开展图书版权贸易合作商谈，推动中国图书开拓希腊语国家和阿拉伯语国家的市场。

2019年7月，首都出版企业利用澳门回归20周年的契机主动邀请中国澳门地区及葡语国家进行出版交流与合作。

2019年8月，世界图书出版有限公司北京分公司与国际知名的出版机构以及国际版权代理机构进行了版权洽谈，对理工科教材、科普读物、实用心理学图书、外语学习用书、出国留学考试用书、动漫读物、期刊等七大类图书进行了深入探讨和沟通，达成近20种图书签约，30多种图书有引进意向。[2] 中国大百科全书出版社的《中国儿童太空百科全书》《中国儿童百科

---

[1] 孙海悦：《中国出版企业加快国际化步伐》，中国新闻出版广电网，2019年12月30日，http://data.chinaxwcb.com/epaper2019/epaper/d7148/d5b/201912/103586.html。

[2] 世界图书出版有限公司北京分公司：《加大购权，加强储备，加快发展，世图北京公司2019 BIBF 取得丰硕版权贸易成果》，搜狐网，2019年8月30日，http://www.sohu.com/a/337706543_795855.html。

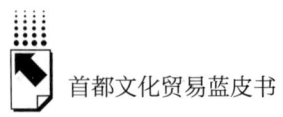

全书》《故宫里的大怪兽》等优秀图书得到了许多共建"一带一路"国家版权合作伙伴的青睐，出版社还与越南、中国香港的版权机构签订了版权贸易协议。

2019年11月，中国大百科全书出版社与俄罗斯的东方图书出版社展开了版权合作，用百科词条的形式把中国的传统文化通过数字化载体展示给俄罗斯人民，促进多项版权输出成功落地，大大拓宽了中国版权输出的广度。

（七）海外投资模式创新

相比传统出版业海外投资的建立海外分社，以项目合作为核心的国际编辑部模式在首都出版业得到了良好实践。

2019年8月，英国里德出版社、印度三森出版社、泰国盛道出版社、斯里兰卡海王星出版社、俄罗斯东方图书出版社、韩国民俗苑出版社、突尼斯东方知识出版社的国际编辑部纷纷与中国出版集团开启国际编辑部合作进程。

中译出版社和突尼斯东方知识出版社国际编辑部签署了《给孩子讲的双语故事》图书的阿拉伯语版权输出合同①，与英国里德出版社合作出版了《中国著名企业家与企业》第一辑共5册图书，15种其他语种图书也与外方取得了版权合作。

2019年，以中国出版集团为代表的首都出版机构努力探索海外投资的新模式，以期降低中国图书"出海"风险和投资成本。

二 2019年首都图书版权对外贸易发展特点

从2019年首都图书版权对外贸易现状中，我们可以总结出如下特点。

---

① 中译出版社：《中国出版集团2019国际编辑部年会在京召开》，中国出版集团公司网站，2019年8月22日，http://www.cnpubg.com/news/2019/0822/43979.shtml。

（一）凸显中国发展建设成果

在 2019 年这一新中国成立 70 周年、澳门回归 20 周年的重大历史节点，首都出版业以高度的使命感和责任感，将一大批特色鲜明的中国主题图书集中译介，带向国际图书市场。如外文出版社推荐译介的《习近平谈治国理政》（两卷本）展示了中国领导人治理国家的经验智慧，外语教学与研究出版社推荐译介的《中国经济改革发展之路》展示了中国在社会科学领域的研究成果，化学工业出版社推荐译介的诺贝尔奖得主屠呦呦的《青蒿及青蒿素类药物》显示了中国自然科学领域的显著成就。首都地区出版企业紧跟国家政策要求，积极梳理选送译介中国图书走出国门，将中国主流价值观和中国发展成果输送到国外，给世界带来了"中国方案"。

（二）助力与共建"一带一路"国家进行文化交流

首都出版界在中央和北京市领导下，积极发挥出版业促进与共建"一带一路"国家进行文化交流的作用。罗马尼亚是首批与中国签订"一带一路"合作协议的国家之一，也是世界上第三个和中国建交的国家。在 2019 年的首都版权对外贸易中，共建"一带一路"国家开展的以版权贸易带动文化交流的活动，更能体现出首都地区在与共建"一带一路"国家进行文化交流时所起到的主要窗口作用。在开展中国和共建"一带一路"国家版权贸易的同时，许多共建"一带一路"国家的作家、艺术家举行与中国读者的文化交流活动，大大拉近了中国与共建"一带一路"国家的文化距离，带动文化交流和文明互鉴，起到了跨越语言障碍、增强文化理解等方面的作用，实现了从中外版权交流互动到促进中外文化互相理解，再到打破中外文化壁垒的目的。

（三）服务首都"文化中心"建设

据不完全统计，2019 年北京举办的涉外图书展会包括 2019 北京图书订货会、第十四届中国北京国际文化创意产业博览会、第二十六届北京国际图书博览会、第十七届北京国际图书节、第九届中国数字出版博览会等，这些展会在不同领域和层次促进了首都地区的图书版权对外贸易活动，提升了北京作为中国文化中心的国际影响力。

首都地区将数字技术融入版权保护中，持续推动图书版权对外贸易与5G、人工智能、区块链、大数据等新技术的融合发展。首都地区重视历史传统文化的输出，如中国大百科全书出版社出版的儿童文学图书《故宫里的大怪兽》通过开展多语种版权贸易，引发了读者对故宫和中国文化的探索兴趣。

首都地区出版业通过先行一步进行探索和试点，整合了积累的国内外版权贸易客户、渠道等资源，通过图书版权对外贸易培训班等形式引导全国图书版权对外贸易稳健发展，减少盲目推进图书版权对外贸易的损失，增加"走出去"的成功率。由此可以实现首都图书版权对外贸易助力首都"文化中心"建设的目的。

（四）对外文化投资促进文化增值

首都出版业作为中国进行图书版权对外贸易和版权交流的排头兵，以中国出版集团为代表，近年来"走出去"投资建立出版社海外分社，还采用国际编辑部模式开展了图书版权贸易项目合作，与英国、印度、斯里兰卡、罗马尼亚的国际编辑部合作就成功将中国多项图书版权带到了海外市场。出版社进行跨国文化投资的根本目标是实现文化增值①，首都出版业通过创新海外投资模式，显著降低投资风险，促进出版业实现文化增值，直接增加了图书项目"走出去"的成功率。

三 2019年首都图书版权对外贸易发展问题

（一）学术图书版权贸易平台建设有待发展

首都地区的学术版权贸易的专业平台还需要继续搭建发展。目前首

---

① 王育红、孙俊新：《跨国文化投融资》，高等教育出版社，2015，第11～12页。

都地区以社会科学文献出版社、北京大学出版社、清华大学出版社、中国人民大学出版社为代表的图书版权贸易机构，对首都乃至中国学术的图书"走出去"起到了引领和导向作用。但是首都地区距离形成世界知名学术版权代理平台仍有差距。首都地区学术资源丰富，众多知名学者的学术作品可以说不计其数，这些好的学术作品需要通过首都图书版权贸易平台有计划有目的地出版发行到全世界，提高首都学术国际影响力。因此首都地区的学术出版社在图书出版、版权贸易方面还需要继续巩固加强。另外，相比出版强国，中国学术著作在论证、注释、引用等学术规范方面还需要弥补差距，以符合国际学术通用的标准规范。同时注重发掘适当的学术出版翻译人才和版权贸易人才，逐步增加与国际知名版权代理商的合作，搭建首都版权贸易平台，让中国学术图书在世界市场绽放光彩。

（二）图书选题策划还需更加丰富

中国主题图书在海外市场取得了显著的成果，《习近平谈治国理政》等多种主题图书得到了许多海外读者的喜爱。因此，中国主题图书经过良好的选题策划和运营，是大有可为的。但中国想成为世界版权强国仍然任重道远，进行版权贸易交流的选题应从多角度、多层次去讲述中国人民奋斗的故事，为世界提供"中国方案"。应以共建"一带一路"国家为主要抓手，不断开拓全球市场，提升中华文化影响力。比如在图书出版品种的选择上，可以继续挖掘优秀中华文化作品，从社会科学到自然科学，从平常百姓日常生活到国家发展大势。如北京语言大学出版社从海外留学生的角度反映新中国成立以来取得的伟大进展，吸引到了不同层次和需求的海外读者群体，让世界更好地了解中国。

（三）市场化改革仍需推进

自2018年2月26日财政部、中宣部出台《中央文化企业公司制改制工作实施方案》，国家部委出版企业改制开始推进。2019年作家出版社等一大批部委出版社相继挂牌成立有限责任公司。① 然而国家部委出版企业改制仅仅是完善现代企业制度，形成企业法人治理结构的第一步。出版行业快速变革，出版企业仍需要提高企业内部活力，引入竞争，解放内部生产力，保持发现市场需求的敏锐度，按照市场逻辑深耕于内容建设，兼顾社会效益和经济效益，满足不断变化的国际版权贸易市场需求。

四 2019年首都图书版权对外贸易发展建议

（一）挖掘整合首都学术资源，共享版权贸易渠道

促进中国学术版权贸易是中国学术自信的体现。在首都推进图书版权对外贸易的过程中，我们更能看到与国际学术出版机构的差异和差距，更能修正自身发展方向，取长补短。首都地区高校学术资源丰富，要促进首都高校学术出版"走出去"，就需要从合理利用版权合作渠道和整合首都学术资源两方面入手，充分发挥首都出版业的积极性和能动性。

首先，从图书版权对外贸易营销推广方面来说，要维护和扩大"一带一路"学术出版共同体，促进首都出版机构和共建"一带一路"国家出版业渠道互联互通，促进首都优秀学术成果合作发行。

其次，从整合首都学术资源方面来说，要明确发展目标，统筹首都学术出版资源优势和工作机制，布局出清晰的发展思路。针对不同高校学术特点，大出版社带动小出版社，共同分享学术出版内容建设经验，努力挖掘首都学术出版精品；首都不同类型的高校要善于从自身学科优势出发，挖掘自身出版优势和渠道优势。

最后，从切实推进首都高校学术合作出发，辐射全国知名高校出版社，以首都高校出版社为基础搭建起全国学术图书版权对外贸易平台。从布局共

---

① 魏玉山：《政策红利、主题出版、融合发展：2019年度中国出版业发展报告》，《中华读书报》2020年1月22日，第6版。

建"一带一路"国家市场出发，布局全球，构建首都多语种、多层次、多领域的学术出版格局，努力推动首都学术成功"走出去"。

（二）创新版权贸易海外投资模式，"引进来"与"走出去"并重

版权贸易涉及的一个重要环节就是国际文化投融资。应该创新海外投资模式，降低贸易壁垒，提高海外投资效益，促进首都图书版权对外贸易的发展。

第一，中国出版集团的国际编辑部模式助力旗下多家出版社"走出去"。分析中国出版集团成功的原因，可以发现，在首都出版企业进行中外版权贸易过程中，既要促进图书"走出去"，又要促进图书真正"走进去"。利用国内外编辑对海外市场的把握，精准选题，选出来受众多、国际化程度高，既能反映新中国成立以来发展新面貌又能给国外读者带来启示的题材，进而翻译出版，发行推广。在此过程中，逐步重视和加强出版社内部的国际编辑以及版权贸易人才的培养。

第二，要改变版权贸易观念，版权的"走出去"与"引进来"并重。在当今中国图书版权对外贸易逆差局面下，首都出版业既要积极发掘中国优秀图书，也要注意学习国外出版业的经验，在"引进来"的过程中，学习世界先进国家的出版经验和版权代理经验，建立版权合作。世界图书出版有限公司北京分公司与国际知名版权企业合作扩大了选题储备，增强了自身实力。因此，在版权贸易合作中，要注意学习国外版权贸易机构开展版权项目合作的流程和经验，学习其如何以商业逻辑为核心进行全球知识产品和服务的贸易。针对不同语种、种族、信仰的国家，开展区域研究，分区域进行版权贸易务实合作，在长期发展中提高首都出版业图书出版质量。

（三）促进现代企业制度改革完善多元化融资渠道

中国的出版业经历了多年发展变革，良好应对了改革开放带来的机遇和挑战，自身实力有了很大的提升。但是首都出版业与市场化程度较高的国际先进的出版集团相比仍有差距。中信出版社于2008年改制为中信出版股份有限公司，2015年11月正式挂牌新三板，2016年11月开始接受中信建投

的上市辅导，拟通过 IPO（首次公开募股）在创业板上市。2019 年 6 月，在深交所上市。作为一家大众出版公司，中信出版社的成功经验给首都出版企业的改制提供了参考。通过企业改革在资本市场直接融资，不仅可以以较低成本筹集发展资金，还可以在上市过程中建立健全规范的现代企业制度，提高企业知名度。首都出版企业作为全国出版业的风向标，更应积极研究欧美等出版业发达地区的国际出版企业制度，完善多元化的融资渠道，促进中国出版业企业改革，最后形成以企业为主体，不同出版领域和市场共同发展的首都版权对外贸易新局面。

参考文献

姜汉忠：《版权贸易十一讲》，外文出版社，2010。

北京第二外国语学院国际文化贸易研究中心编著《首都文化贸易发展报告（2009）》，中国人民大学出版社，2009。

向勇：《中国对外文化贸易年度报告（2015）》，北京大学出版社，2016。

尹章池：《国际图书与版权贸易》，武汉大学出版社，2011。

张养志、吴亮：《首都文化创意产业发展中的版权贸易研究》，华东师范大学出版社，2009。

郑成思：《版权公约、版权保护与版权贸易》，中国人民大学出版社，1992。

B.6
首都动漫产业对外贸易发展报告（2020）*

林建勇　蔺天祺**

摘　要： 2019年北京市动漫产业对外贸易存在产业贸易基础得到进一步夯实、多措并举推动产业和贸易发展、重视动漫与旅游融合发展等特点。与此同时，北京市动漫产业对外贸易发展中仍面临着未将动漫与游戏进行有效区分、盈利模式相对单一、动漫人才结构性短缺、品牌培育能力有待提升等困境。为推动北京市动漫产业对外贸易的进一步发展，本报告提出了区隔划分动漫和游戏、构建完整动漫产业链、引进人才与培养人才并举、打造北京动漫品牌等相关建议。

关键词： 动漫产业　文化贸易　动漫品牌　动漫人才

近年来，在数字化信息技术与资本的双重推动下，动漫产业迎来了快速发展的时期，成为中国文化产业中的"朝阳产业"。2019年中国动漫产业总产值达到1941亿元，较上一年同比增长13.4%。① 而北京市作为全国文化

---

* 本报告为北京市教委社科计划一般项目"外资进入对中国目标企业进出口行为以及海外市场选择的影响研究：基于并购的视角"（项目编号：SM202010031002）的部分成果。
** 林建勇，博士，北京第二外国语学院经济学院讲师、首都对外文化贸易研究基地研究员，主要研究方向为国际文化贸易、跨国公司与对外直接投资等；蔺天祺，北京第二外国语学院国际商务专业硕士研究生，主要研究方向为文化贸易。
① 前瞻经济研究院：《2019年中国动漫产业发展现状分析　中国动漫产值规模已接近两千亿　投融资日趋理性》，2020年2月26日，https://www.qianzhan.com/analyst/detail/220/200225-1c0b7b3b.html。

中心，凭借着人力资源充足、发展机会多样、创意氛围浓厚、产业链条完整、政策环境良好等优势，吸引了众多动漫企业在此设立项目运营基地，为北京市动漫产业的迅速发展奠定了坚实基础。北京市也成为引领中国动漫产业走出国门的主要城市之一。

一 首都动漫产业对外贸易的发展概况

（一）产业贸易基础得到进一步夯实

从产业规模来看，根据北京市文化和旅游局公布的统计数据，2019年北京市动漫游戏产业总产值同比增长约14%，达到806亿元。① 结合历年来公布的统计数据来看，北京市动漫游戏产业自2013年来保持持续快速发展态势，总产值年增长率始终保持在13%以上（见图1）。快速发展的动漫产业不仅成为首都经济新的亮点，也为北京市动漫产业对外贸易发展奠定了坚实的国内基础。

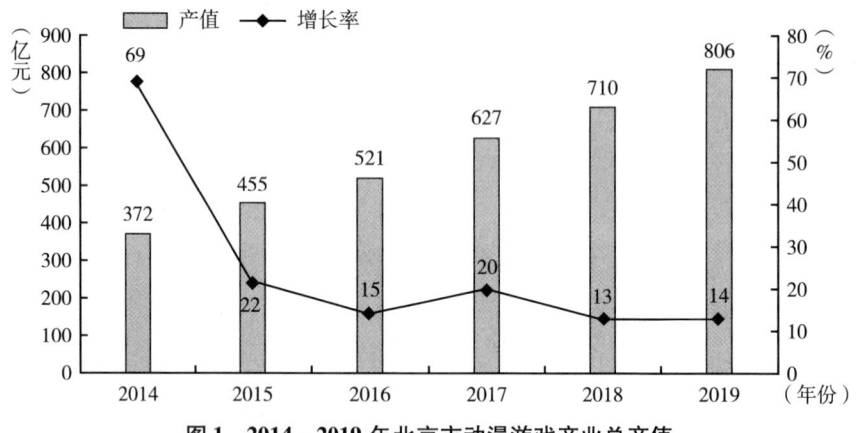

图1　2014~2019年北京市动漫游戏产业总产值

资料来源：根据北京市文化和旅游局、北京动漫游戏产业协会历年公布数据整理。

---

① 北京市文化和旅游局：《2019年北京市文化和旅游局工作总结》，2020年2月17日，http：//whlyj. beijing. gov. cn/cycj/ghjy/202002/t20200225_ 1668548. html。

在重视产业规模持续扩大的同时,在产业质量方面,北京市也紧跟中国动漫产业的发展步伐,不断创作出优秀的动漫作品。2020年3月,国家广播电视总局公布了2019年第四季度推荐播出优秀国产动画片目录,结合前三季度公布的目录可知,2019年推荐播出优秀国产动画片合计有49部,其中北京市(含中直企业)有12部,以24.5%的占比位居全国第一。[1] 在2019年优秀国产动画片目录中,央视动画有限公司共有《百鸟朝凤》、《篮球旋风》、《棉花糖和云朵妈妈》系列、《新大头儿子和小头爸爸》系列等六部作品入选;北京爱奇艺科技有限公司有《狐狸之声》和《无敌小鹿之安全成长》(第三季)两部作品入选。此外,北京电视台的《大运河奇缘》、北京梦之城文化股份有限公司的《小鹿杏仁儿》、北京空速动漫文化有限公司的《毛毛镇》、首都图书馆与北京华创视通文化传媒有限公司联合出品的《幸福四合院之京味儿趣玩4》也分别入选。2013~2019年全国合计有347部国产动画片被推荐全国播出,其中北京市合计有56部国产动画片获得推荐,占全国总数的16.1%。由图2可知,不论是推荐播出的优秀国产动画片数目抑或是在全国占比,北京市从2015年至今都表现出明显的增长趋势,可见北京市的动漫产业正处于快速发展阶段,并已跻身全国动漫产业发展前列。

除此之外,北京市动漫企业不断涌现,2019年7月文化和旅游部公布的结果显示,2018年全国共有45家动漫企业通过文化和旅游部等三部委的认定。北京市有梦东方电影有限公司、北京徒子文化有限公司等8家动漫企业通过认定,占总数的17.8%,位列全国第二。[2] 其中,北京市梦东方电影有限公司的《鹿精灵》系列作品被评为2019~2020年度国家文化出口重点项目。上述数据的分析结果表明,北京市动漫行业处于全国领先的地位,且发展潜力巨大。

---

[1] 国家广播电视总局:《2019年第四季度优秀国产动画片目录》,2020年3月9日,http://www.nrta.gov.cn/module/download/downfile.jsp?classid=0&filename=93621bcb59334e078fe9964508d76d47.pdf。

[2] 中华人民共和国文化和旅游部:《文化和旅游部 财政部 税务总局关于公布2018年通过认定动漫企业名单的通知》,2019年7月20日,http://zwgk.mct.gov.cn/auto255/201907/t20190730_845419.html?keywords=。

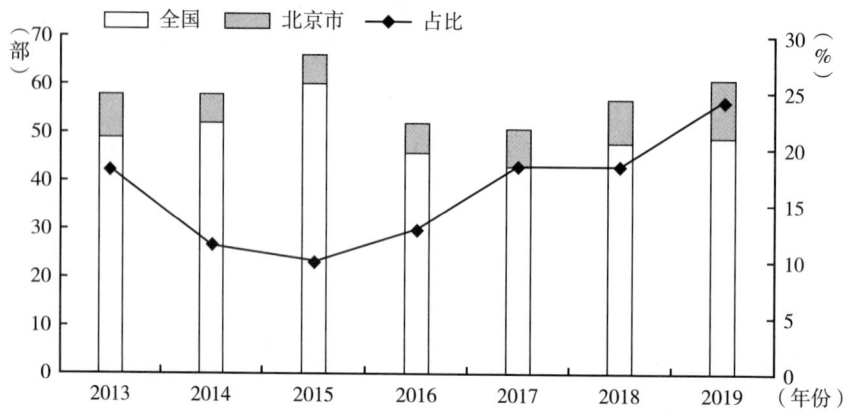

图 2　2013～2019 年全国和北京市推荐播出优秀国产动画片数目及占比

资料来源：根据国家广播电视总局历年公布的推荐播出优秀国产动画片目录整理。

与此同时，2019 年北京市凭借全国文化平台的优势，举办了多场诸如"动漫北京""北京国际动漫展"等具有国际影响力的动漫文化活动。这些活动不仅面向动漫、电竞及二次元文化爱好者，还邀请国内外动漫游戏产业领域的专家学者及企业家前来参会讨论。丰富多彩的动漫文化活动不仅促进了国内外业界人士的交流与合作，充分发挥了北京作为全国"四个中心"的城市战略定位作用，还为中国动漫产业国际化发展营造了良好的宣传氛围。

（二）多措并举推动产业和贸易发展

1. 提供资金信贷支持

文化企业具有轻资产、缺乏抵押物的特点，因此企业在发展过程中经常会遇到融资难问题。为解决文化企业融资难问题，北京市各级政府部门相继推出了相关政策措施支持文化企业发展。如 2008 年北京市政府出台《北京市文化创意产业贷款贴息管理办法（试行）》，对文化创意企业进行贷款利息补贴。次年又出台了《北京市文化创意产业担保资金管理办法（试行）》，通过对担保机构的担保业务进行补贴等方式鼓励担保机构为动漫企业等文化创意企业的贷款进行担保。2010年和2012年原北京市文化局和原北京市旅游发展委员会分别与北京银行签订了战略合作协议。北京银行承诺为以动漫、艺术品交易、文艺演出为核心的文化企业提供100亿元的专项授信。另外，针对文化创意企业融资难问题，北京银行先后推出智权贷、成长贷等采用知识产权、股权质押等创新担保的融资产品，同时创新推出500万元以下"文创普惠贷"标准化产品；结合文化创意企业的核心IP，创新推出"文化IP通"文旅全产业链综合服务方案。2017年北京市文化改革和发展领导小组办公室制定了《加快全国文化中心建设实施文化创意产业"投贷奖"联动推动文化金融融合管理办法》，通过贷款贴息、发债融资奖励、股权融资奖励等方式缓解文化创意企业融资难问题。

为推动北京市文化和旅游产业融合发展，2019年7月，北京市文化和旅游局与北京银行签订了《支持文化和旅游产业高质量发展全面战略合作协议》，同时发布了"文旅贷"金融服务行动计划。协议提出，北京银行将在未来5年内为北京市文化和旅游企业提供200亿元意向性表内外授信额度；北京银行将对原创动漫、艺术品、演艺娱乐等重点类型加大信贷支持力度，助力打造文化品牌。[1]

2. 进一步规范行业标准

俗话说"产业要发展，标准需先行"。2019年11月，北京动漫游戏产业协会会同相关企业共同推出6项动漫游戏行业技术标准，具体包括：《数字漫画图片处理应用规范》、《三维动画镜头预演制作流程规范》、《三维动画模型制作流程规范》、《影视动画三维模型制作》、《虚拟形象3D重建的CG标准》和《HTML5游戏引擎平台对接接口标准》。6项动漫游戏行业技术标准体现了动漫游戏产业与数字化技术的紧密结合，不仅为动漫游戏企业的科学管理提供了指标、准则和依据，而且有利于全面提升动漫

---

[1] 郑洁：《"文旅贷"：200亿元助力文旅融合发展》，人民网，2019年7月27日，http://culture.people.com.cn/n1/2019/0727/c1013-31259171.html。

游戏产业的产品质量和综合效益,从而促进中国动漫游戏产业对外贸易的发展。①

(三)"旅游+动漫"推动北京动漫产业对外贸易创新发展

随着经济的发展,人们对于精神文化生活的追求越发明显,"文化+旅游"成为人们丰富日常生活的主要选择之一。文化与旅游相辅相成,文化依靠旅游的形式来传播,旅游又需要当地的文化底蕴来吸引。作为文化产业的重要组成部分,动漫产业与旅游的渊源甚至可以追溯到古代的山水画——通过画笔刻画美景,吸引人们亲自前往,可见动漫产业与旅游产业具有天然的联系。在数字化技术引领发展的背景下,人们越来越重视"旅游+动漫"的跨界融合,这也成为中国动漫产业新的发展方向。

迪士尼作为"动漫+旅游"的最成功典范,率先突破了动漫与旅游行业之间的边界,以视觉艺术和创新科技的手段将其原有的文化产业链进一步延伸,在赢得消费者喜爱的同时创造了巨额的利润。以上海迪士尼乐园为例,2017年6月开业,首年入园游客数量突破了1100万人次,门票收入超过40亿元。与迪士尼相似的是,好莱坞环球影城的哈利波特主题区在首个运营年中游客增长了近100万人次。在2019年5月的第六届北京市文化融合发展项目合作推介会上,中国动漫集团与漫说(北京)旅游开发有限公司合作的"漫说北京文化乐园"成为会议一大亮点,② 该项目拟打造综合性文旅梦幻乐园,朝着动漫与旅游融合的方向迈进。2020年北京市"文旅惠民"重要举措之一是以文旅融合为契机丰富产品供给。为此,北京市将聚焦城市公共空间及文化旅游资源,实施漫步北京计划、畅游京郊计划和点亮

---

① 文旅北京:《动漫游戏产业六项团体标准发布》,2019年11月15日,https://baijiahao.baidu.com/s?id=1650262642357720178&wfr=spider&for=pc。
② 中国动漫集团:《文化融合,创新发展——第六届北京市文化融合发展项目合作推介会成功举办》,2019年5月31日,http://www.acgnet.cn/code111/jtxw/201905/9366614808e04c9ab3a808264bd5734a.shtml。

北京计划。① 在文化与旅游融合发展的背景下，北京市动漫产业也在不断突破固有思维模式，依靠数字化技术创新发展，打造"动漫 + VR + 主题公园 + 旅游 + ……"等多种模式，从而促进北京市动漫产业对外贸易创新发展。

（四）出口规模继续保持全国第一

近年来，北京市动漫游戏产业出口规模保持迅猛增长趋势，2017 年同比 2016 年增长 93%，达到 116.09 亿元；2018 年增长率虽有所下降，但仍达到 57%，全年出口额达到 182.47 亿元。2019 年北京市动漫游戏产业出口额为 352.52 亿元，同比增长约 93%，增幅巨大。2014~2019 年，北京市动漫游戏产业出口规模始终位居全国第一，从 2014 年的 42.30 亿元到 2019 年的 352.52 亿元，6 年间出口规模增长了 733%（见图 3）。

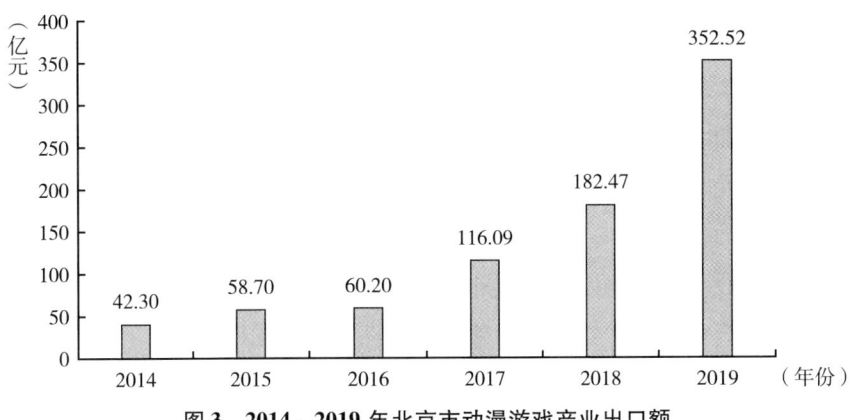

图 3 2014~2019 年北京市动漫游戏产业出口额

资料来源：根据北京市文化和旅游局（原北京市文化局）、北京动漫游戏产业协会历年公布数据整理得到。

为提升中国文化出口企业的国际竞争力，推动中国文化贸易实现跨越式发展，自 2007 年起，商务部等四部委设立了国家文化出口重点企业和重点项目，旨在鼓励和支持文化企业积极开拓国际文化市场，培育一批中国文化

---

① 中华人民共和国文化和旅游部：《2020 年，北京市文旅融合要干这几件大事》，2020 年 1 月 13 日，https://www.mct.gov.cn/whzx/qgwhxxlb/bj/202001/t20200113_850282.htm。

出口品牌企业和品牌项目，增强中华文化的国际影响力。2019年9月，商务部服务贸易和商贸服务业司发布了《2019—2020年度国家文化出口重点项目目录》，全国共有129个项目入选国家文化出口重点项目，包括上海特神文化传播有限公司的《蒸汽世界》漫画、浙江中南卡通股份有限公司的动画片《天眼归来》等15个动漫项目。

其中，北京市有梦东方电影有限公司的《鹿精灵》系列作品成功入围，① 成为北京市唯一的动漫类出口重点项目。

二 首都动漫产业对外贸易发展面临的困境

（一）未将动漫与游戏进行有效区分

动漫与游戏虽然有联系，但也有较大区别。动漫即动画和漫画的合称，而游戏则指依托于电子设备平台而运行的交互游戏。一般来说，动漫企业多是文化类企业，而游戏企业则多为互联网科技企业。与北京同为动漫大省的广东和江苏在动漫与游戏的区分上很清晰，相关部门会分别统计动漫产业和游戏产业的数据，广东甚至将游戏产业再细分为移动游戏、客户端游戏、网页游戏、游戏游艺机这四类。此外，广东与江苏在行业协会上也分别设立了动漫产业协会和游戏产业协会，做到不同部门各司其职。

然而，目前北京市仅有一个"北京动漫游戏产业协会"，在数据统计方面，无论是北京市统计局、北京市文化和旅游局，还是北京动漫游戏产业协会，都未将动漫和游戏进行有效区分，而是统计动漫游戏产业的相关数据。因此，我们很难得知动漫或游戏单个产业的产业发展情况和对外贸易发展情况。基于动漫游戏产业的统计数据不仅不能为北京市各级政府出台动漫产业和贸易发展扶持政策提供数据参考，也无法为其评估相关政策效果提供科学依据。

---

① 中华人民共和国商务部服务贸易和商贸服务业司：《关于公示2019—2020年度国家文化出口重点企业和重点项目名单的通知》，2019年8月9日，http://fms.mofcom.gov.cn/article/jingjidongtai/201908/20190802889576.shtml。

（二）盈利模式相对单一

从中国动漫产业链来看，播出环节、衍生品环节以及综合开发环节是其营业收入来源的主要环节。其中，衍生品环节是指通过动漫衍生品来赢利，主要包括书籍、玩具、音像制品、服饰等；综合开发环节则为对现有动漫资源的全面整合与综合利用，例如，开发与目前中国"文旅融合"政策相匹配的动漫主题公园、酒店、度假村等。

就北京市动漫产业而言，其盈利主要是通过播出环节，而在衍生品环节和综合开发环节并无明确的规划。以《哪吒之魔童降世》为例，电影上映仅仅一周票房就已经突破10亿元，但其背后的动漫企业未提前计划接下来的衍生品环节，导致与电影配套的手办及周边产品未能及时供应市场，错过了观众购买动漫衍生品热情最高涨的时期。手握优质IP，却往往无法实现有价值的商业变现，不仅仅是北京市动漫产业和贸易发展亟须解决的一大问题，也是中国动漫产业的一大通病。

（三）动漫人才结构性短缺

动漫产业的整体发展水平与动漫人才息息相关。虽然北京市动漫游戏产业经济数据良好，始终位于全国前列，但动漫游戏人才结构性短缺的情况依然存在，人才困局的背后是产业发展模式的不合理，一个普遍的现象是：懂技术的人不懂管理，懂管理的人不懂技术。这直接影响了动漫企业的盈利能力，从而影响员工的薪资水平。动漫游戏产业人才重合度较高，因此很多动漫企业的人才选择跳槽到薪水丰厚的游戏公司。[1] 中国电子信息产业发展研究院、赛迪顾问股份有限公司联合公布的一项最新专项调查指出，北京市的动漫行业缺少创新型人才、管理人才和经营人才，当前的动漫人才结构无法满足北京市动漫产业的迅速发展。动漫人才结构性短缺在一定程度上限制了北京市动漫产业的国际化发展。

---

[1] 刘佳璇：《谁是"动漫之都"》，新华社客户端，2019年7月18日，https：//baijiahao.baidu.com/s？id＝1639355443336145514&wfr＝spider&for＝pc。

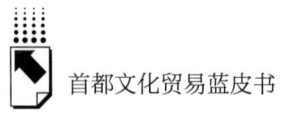

（四）品牌培育能力有待提升

作为元、明、清三朝古都和中国的政治、文化、经济中心，北京市有着丰富的文化底蕴，但北京市大多数动漫企业并未能汲取文化底蕴的精髓，从而创作出具有一定影响力的原创动漫品牌。总体来看，除了北京若森数字科技股份有限公司凭借扣人心弦的故事情节以及后续的品牌维护与强化，从而打造了《侠岚》和《画江湖》系列原创动画品牌之外，北京市核心动漫品牌极为缺乏。2019年中国涌现了一批评分高、票房好的国产动画电影。据统计，总票房排名前四的动画电影分别是：《哪吒之魔童降世》，总票房50.70亿元；《熊出没·原始时代》，总票房7.12亿元；《白蛇：缘起》，总票房4.48亿元；《罗小黑战记》，总票房3.11亿元。其余的国产动画电影票房均在1亿元以下。其中，电影《哪吒之魔童降世》的制作公司共有三家，除了可可豆动画影视有限公司来自成都，霍尔果斯彩条屋影业有限公司、十月文化传媒有限公司均位于北京；电影《熊出没·原始时代》共有10家出品公司，其中4家公司来自北京，分别是北京耳朵听听技术有限公司、大地时代文化传播（北京）有限公司、北京金逸嘉逸电影发行有限公司、北京耀莱影视文化传媒有限公司；电影《白蛇：缘起》的制作公司是华纳兄弟和来自北京的追光动画；《罗小黑战记》的制作公司同样是来自北京的北京寒木春华动画技术有限公司。可见，2019年票房排名前列的动画电影大部分都跟北京市动漫企业相关，如何在这些动漫作品基础上推陈出新，创造出更加优秀的作品，从而打造一批动漫品牌，成为影响北京市动漫产业和贸易未来发展的关键因素。

三 促进首都动漫产业对外贸易发展的相关建议

（一）区隔划分动漫和游戏，落实落细扶持政策

如前分析，与广东、江苏等其他动漫大省不同，北京市未将动漫产业和游戏产业进行区隔划分，基于动漫游戏产业的统计数据无法为北京市针对动

漫产业的相关分析以及政策制定与评估提供有效的数据支撑。而且，总体来看，当前北京市动漫游戏产业市场表现为重游戏轻动漫，如相关扶持政策措施更多针对游戏，这样的环境不利于北京市动漫产业的发展。为此，北京市需要对动漫游戏产业进行细分，分别制定相关产业的发展规划，从而做到有的放矢地引导和监管动漫企业，培育北京市动漫骨干企业。

在动漫产业与游戏产业未进行区分的阶段，相关部门不仅要将政策落实到对应行业，也要落实到对应企业，防止恶性竞争，确保优惠政策与扶持政策用在实处。同时，优惠政策也要"点到为止"，注重企业的自主经营，鼓励企业有效进行资本运作，在不断学习的过程中成长为国际市场上具有生命力和竞争力的优质动漫企业。

（二）构建完整动漫产业链，促进动漫与旅游融合发展

完整的动漫产业链应包括动画或漫画作品的创作、动漫作品的播出以及动漫衍生品的开发。为此，北京市动漫企业可通过加强动漫创新型人才培养、加强与国内外动漫公司合作等方式提升动漫创作水平，从而打造有影响力的动漫作品。在这些口碑较好的动画电视或动画电影的基础上，北京市动漫企业应进一步进行诸如游戏、服饰、书籍、玩具、家具等衍生品的开发。通过衍生品的开发拓展其盈利渠道，同时维护与强化品牌的价值与影响力。特别地，在文化与旅游融合发展的背景下，北京市动漫企业也应关注开发动漫主题公园、酒店、度假村等动漫与旅游相融合的产品，从而实现对现有动漫资源的全面整合与综合利用，拓宽企业的盈利空间。

（三）引进与培养并举，缓解动漫人才结构性短缺

对于动漫企业而言，创新型人才代表着企业的核心竞争力，其核心地位不可撼动；管理型人才与经营人才属于复合型人才，对于动漫企业而言具有战略意义，是动漫企业营销创意、流量变现所需要的关键人才。根据中国电视艺术家协会卡通艺术委员会的统计，中国动漫产业专业人才的需求量约为

15万人，而实际从业人员仅在1万人左右。①动漫人才供不应求是制约中国动漫产业发展的重要因素之一。与全国动漫产业面临的人才困境类似，北京市动漫产业的人才结构性短缺情况依然存在。为缓解动漫人才结构性短缺问题，北京市可通过税收优惠、奖励补贴、住房补贴、解决子女教育等"优惠"政策引进国内外动漫产业领域优秀的复合型、创新型人才。另外，北京市高校云集，有部分高校开设动漫相关专业，例如，北京电影学院、中国传媒大学等。北京市可依托这些高校，建立企业、高校产学合作的培养模式，培养动漫产业相关人才。相关高校应贯彻因材施教原则，实行不同特色的人才培养计划，为北京市动漫产业培养创意人才、制作设计人才、营销推广人才和管理培训人才等。在培养环节，除了注重培养学生的理论基础外，还应重点关注培养学生的创新能力和实践能力，使学生朝着复合型人才的方向发展。

（四）打造北京动漫品牌，注重知识产权保护

近年来，北京市动漫产业发展迅速，产业规模大幅扩大，并已跻身全国动漫产业发展前列。从当前北京市动漫产业市场来看，市场规模和作品数量激增非常明显，但是仍然缺乏品牌明星产品。长期以来，市场上并没有出现北京市创作的经典动漫产品。2019年《白蛇：缘起》《哪吒之魔童降世》《罗小黑战记》等一批北京市动漫企业制作的动画电影成为国产动画市场的"拐点""爆点"，这也象征着北京市动漫企业原创性动漫作品制作能力的跨越式发展。后续，北京市相关动漫企业应在这些有一定市场影响力动漫作品的基础上推陈出新，创造出更加优秀的作品，从而打造一批北京市动漫品牌。对于动漫企业而言，当品牌被市场接受后，知识产权保护尤为重要。为此，北京市应重视知识产权保护，从而维护北京市浓厚的动漫文化氛围，为动漫产品的创作提供良好的动漫产业环境。

---

① 中国产业信息网：《2015年中国动漫行业发展现状及存在问题与发展对策分析》，2015年9月22日，http://www.chyxx.com/industry/201509/345647.html。

B.7
首都游戏产业对外贸易发展报告（2020）

孙 静*

摘　要： 2019年，首都地区作为中国游戏出口重镇，其游戏对外贸易总额依然大幅度增长，但机遇与挑战并存。本报告从海外市场现状、游戏企业及游戏产品出发，呈现了2019年首都游戏文化国际贸易的现状，并指出当前首都游戏对外贸易存在类型单一、缺少精品、素养不高等主要问题。最后，从游戏素养、产品创新以及国际合作等方面提出了可行性建议，以提升首都游戏对外贸易的国际竞争力。

关键词： 游戏产业　对外文化贸易　北京

一　2019年首都游戏产业现状

（一）首都海外游戏市场现状

根据Newzoo发布的《2019年全球游戏市场报告》，2019年，中国游戏市场总收入为365亿美元（见图1），位居全球第二位，被美国超越。其中，中国自主研发的网络游戏海外市场实际销售收入增长至115.9亿美元，增长率为21%（见图2）。

---

* 孙静，完美世界游戏研究中心主任，游戏学者，文学博士，主要研究方向为游戏文化、新媒体与社会批判理论。

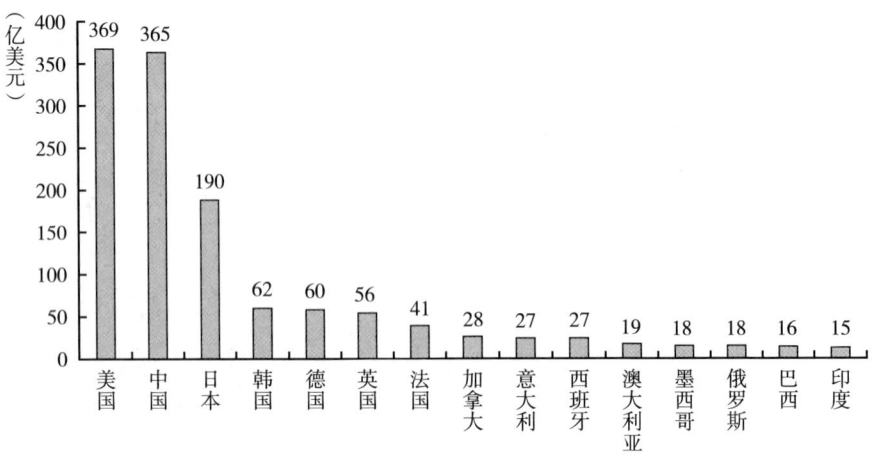

图 1　2019 年全球游戏市场收入概览

资料来源：*2019 Global Games Market Report（Free Version）*，Newzoo，2019，pp.29-31。

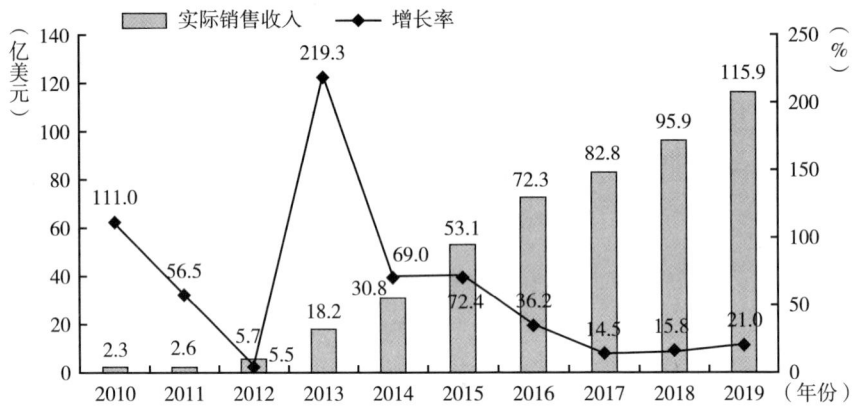

图 2　2010~2019 年中国自主研发网络游戏海外市场实际销售收入

资料来源：中国音数协游戏工委（GPC）、CNG 中新游戏研究（伽马数据）、国际数据公司（IDC）《2018 年中国游戏产业报告（摘要版）》，中国书籍出版社，2018，第 8 页、第 46 页。

相比国外市场，中国自主研发游戏在国内的实际销售收入增长率一直呈下行趋势，从 2015 年的 35.8% 下降到 2019 年的 15.3%。在海外，中国自主研发游戏的实际销售收入增长率从 2015 年的 72.4% 骤减到

2016年的36.2%，于2017年再跌至14.5%后逐渐回暖，2019年为21%（见图3）。

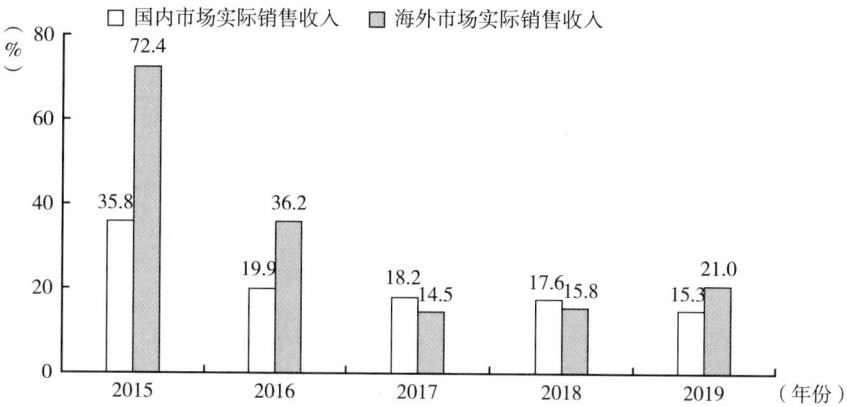

图3　2015～2019年中国自主研发游戏国内外市场实际销售收入增长率对比

资料来源：中国音数协游戏工委（GPC）、国际数据公司（IDC）《2019年中国游戏产业报告（摘要版）》，中国书籍出版社，2019，第10页。

就首都地区而言，北京动漫游戏产业发展依然呈增长态势，2019年总产值为806亿元。其中，出口游戏产值涨势更为迅猛，2019年攀升至352.52亿元，占年度总产值的43.7%，较2018年同比增长约93%，是2014年出口产值的8倍多（见图4）。可见，对外贸易是2019年首都游戏产业整体增长的核心驱动力。

（二）首都主要游戏公司及产品

据统计，2019年首都地区游戏企业数量为425家，位于上海和广东之后，居全国第三位（见图5）。根据国内游戏产业媒体"游戏新知"对中国游戏上市（不含新三板上市）公司市值的统计，在72家主要游戏上市公司中，首都地区占13个名额，位居全国第二（见图6），有3家企业位列前十（见表1）。在该榜单中，有22家企业来自广东，腾讯在2019年市值为32400亿元，位于全国首位，是其余71家企业总和的2.8倍。从增长幅度

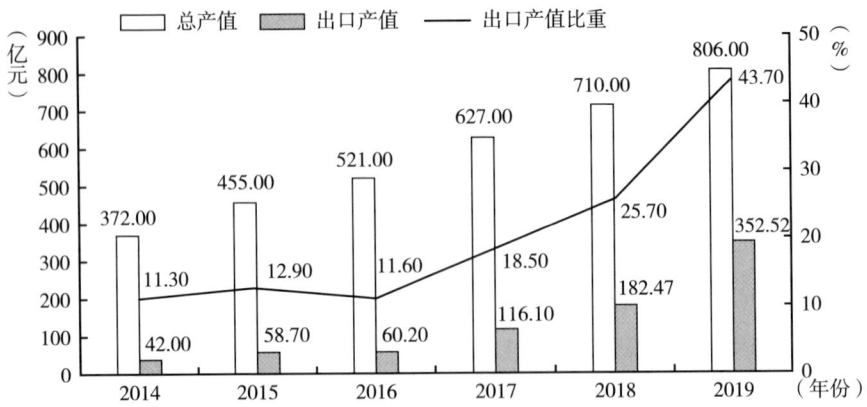

图 4　2014~2019 年北京动漫游戏产业发展态势

资料来源：2019 年数据来自北京文化和旅游局《2019 年北京市文化和旅游局工作总结》，http://whlyj.beijing.gov.cn/zfxxgkpt/zdgk/ghjh/202002/t20200217_1647523.html，2020 年 2 月 17 日。往年数据及图表引自李嘉珊主编《首都文化贸易发展报告（2019）》，社会科学文献出版社，2019，第 54 页。

来看，2019 年公司市值涨幅前十名的上市游戏企业中，首都地区企业占据两个席位，分别是掌趣科技和金山软件（见表 2）。

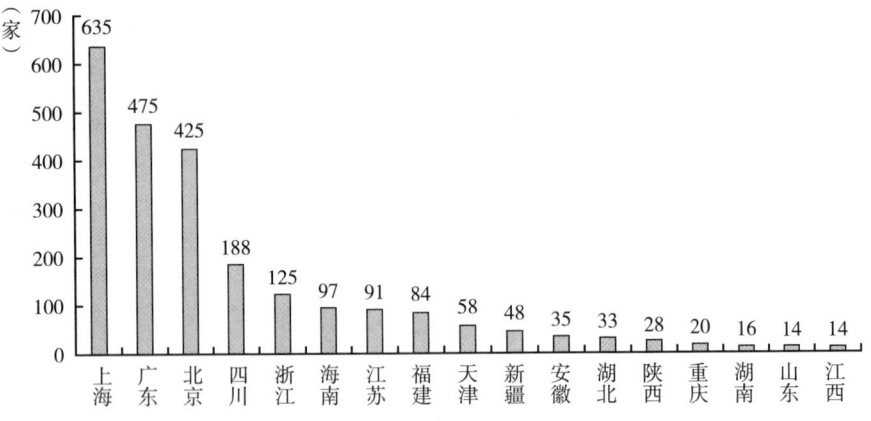

图 5　2019 年中国主要地区游戏企业数量分布

资料来源：《北京的游戏公司 2019 年制作了 700 多款游戏　广东 2000 多款》，新浪网，http://games.sina.com.cn/y/n/2019-10-29/icezuev5675433.shtml，2019 年 10 月 29 日。

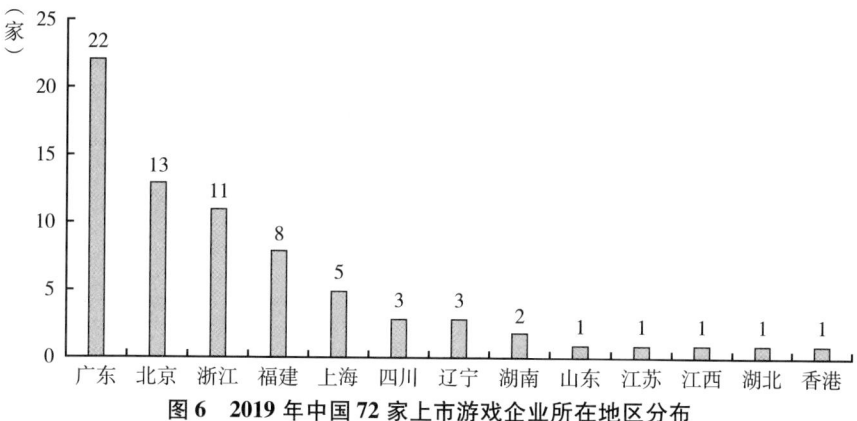

图 6 2019 年中国 72 家上市游戏企业所在地区分布

资料来源：《2019 年，72 家上市游戏公司市值涨了多少？》，新浪网，http://games.sina.com.cn/y/n/2020-01-06/ihnzhha0655355.shtml，2020 年 1 月 6 日。

表 1 2019 年公司市值前十名的上市游戏企业

单位：亿元，%

排名	上市公司	2018 年市值	2019 年市值(12 月 24 日)	涨幅	所在地区
1	腾讯	26910.00	32400.00	20.40	广东
2	网易	2132.53	2743.18	28.64	广东
3	奇虎360	1377.84	1455.48	4.91	北京
4	世纪华通	482.13	711.20	47.51	浙江
5	三七互娱	200.59	560.80	179.58	广东
6	完美世界	366.17	540.61	47.64	北京
7	哔哩哔哩	284.37	402.16	41.42	上海
8	万达电影	384.52	367.88	-4.33	北京
9	巨人网络	392.12	361.76	-7.74	上海
10	欢聚时代	265.96	318.52	19.76	广东

注：本表已参考原文的汇率标准，将原表中的外币统一换算为人民币。

资料来源：《2019 年，72 家上市游戏公司市值涨了多少？》，新浪网，http://games.sina.com.cn/y/n/2020-01-06/ihnzhha0655355.shtml，2020 年 1 月 6 日。

表 2 2019 年公司市值涨幅前十名的上市游戏企业

单位：亿元，%

排名	上市公司	2018 年市值	2019 年市值(12 月 24 日)	涨幅	所在地区
1	三七互娱	200.59	560.80	179.58	广东
2	姚记科技	29.87	78.36	162.34	上海
3	吉比特	106.39	222.26	108.91	福建

续表

排名	上市公司	2018年市值	2019年市值(12月24日)	涨幅	所在地区
4	顺网科技	88.24	183.57	108.03	浙江
5	掌趣科技	97.34	181.72	86.69	北京
6	百奥家庭互动	11.38	21.20	86.39	广东
7	第七大道	35.04	62.95	79.66	广东
8	拓维信息	46.45	82.01	7.56	广东
9	金山软件	139.36	237.20	70.21	北京
10	盛天网络	23.90	40.13	67.91	湖北

注：本表已参考原文的汇率标准，将原表中的外币统一换算为人民币。
资料来源：《2019年，72家上市游戏公司市值涨了多少？》，新浪网，http：//games.sina.com.cn/y/n/2020-01-06/ihnzhha0655355.shtml，2020年1月6日。

根据2019年的统计数据，在北京的425家游戏企业中，有133家游戏企业申请了共计742份游戏软著（见图7）。其中，无论是从企业数量看，还是从游戏软著数量看，海淀区都名列前茅，超过了北京市其他区的总和。朝阳区、石景山区、昌平区和东城区亦有出色表现。

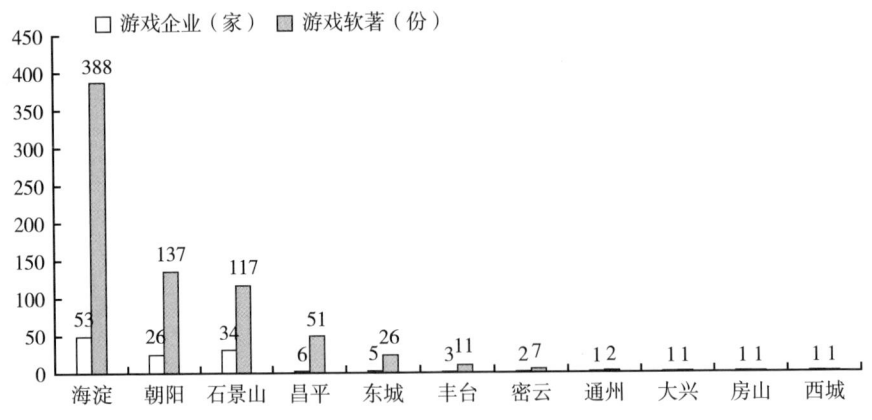

图7 2019年北京各区游戏企业及其游戏软著数量分布

资料来源：《2019年，72家上市游戏公司市值涨了多少？》，新浪网，http：//games.sina.com.cn/y/n/2020-01-06/ihnzhha0655355.shtml，2020年1月6日。

在一年一度的中国游戏产业年会上，中国游戏工委等机构评选出了2019年度的优秀游戏企业及优秀游戏作品。作为首都游戏企业的代表，完美世界表现优异，获得"2019年度中国十大游戏研发企业"奖和"2019年度中国十大游戏出版运营企业"奖。更值得关注的是，在2019年度中国十大海外拓展游戏企业中，首都游戏企业占据4席，分别是完美世界、智明星通、龙创悦动、猎豹网络（见表3）。

表3 2019年中国游戏产业年会获奖游戏企业（北京地区）

奖项	企业
2019年度中国十大游戏研发企业	完美世界股份有限公司
2019年度中国十大游戏出版运营企业	完美世界（北京）软件科技发展有限公司
2019年度中国十大海外拓展游戏企业	完美世界股份有限公司
	北京智明星通科技股份有限公司
	北京龙创悦动网络科技有限公司
	北京猎豹网络科技有限公司

资料来源：《2019年度中国游戏十强获奖名单》，游戏工委网，http://2019gametop.cgigc.com.cn/。

根据伽马数据和Newzoo联合发布的报告，有5家首都游戏企业位列全球移动游戏市场前20强，分别是完美世界、乐元素、中文传媒（智明星通）、紫龙游戏和掌趣科技（见表4）。

表4 2019年全球移动游戏市场中国企业竞争力20强中的北京企业

排名	企业
5	完美世界
9	乐元素
10	中文传媒（智明星通）
11	紫龙游戏
18	掌趣科技

资料来源：《伽马数据和Newzoo联合发布中国企业全球游戏市场20强&竞争力报告》，新浪VR，http://vr.sina.com.cn/news/hot/2019-11-11/doc-iicezzrr8665792.shtml。

从产品类型看，2019年中国自主研发的游戏主要是角色扮演类、策略类和MOBA类（见图8）。在一年一度的中国游戏产业年会上，有三款首都地区的对外贸易游戏产品获得"2019年度十大最受海外欢迎游戏"奖,分别是《列王的纷争》《梦幻模拟战》《守望黎明》(见表5)。

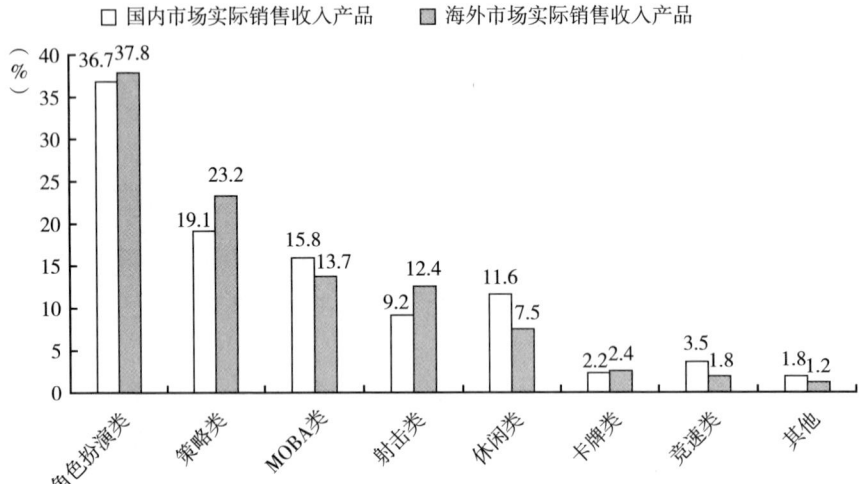

图8　2019年中国自主研发游戏产品类型分布

资料来源:中国音数协游戏工委(GPC)、国际数据公司(IDC)《2019年中国游戏产业报告(摘要版)》,中国书籍出版社,2019,第12页。

表5　2019年度十大最受海外欢迎游戏

产品名称	开发商	是否北京厂商
荒野行动	网易	否
万国觉醒	莉莉丝	否
列王的纷争	小米游戏	是
崩坏3	米哈游	否
放置奇兵	Idle-Games	否
梦幻模拟战	紫龙游戏	是
碧蓝航线	哔哩哔哩游戏	否
守望黎明	龙创悦动	是
永恒纪元	37GAMES	否
不休的乌拉拉	心动网络	否

资料来源:《2019年度中国游戏十强获奖名单》,游戏工委网,http://2019gametop.cgigc.com.cn/。

二 首都游戏产业的主要问题

(一)游戏类型单一,无法满足海外玩家的多样化需求

近年来国产游戏产品存在严重的同质化倾向,产品类型较为单一。如图 8 所示,2019 年中国自主研发的网络游戏出口产品主要集中在角色扮演、策略和 MOBA 三类。根据 App Annie 和谷歌联合发布的《2019 中国移动游戏出海深度洞察报告》,鉴于海外市场的区域文化差异,海外游戏用户的游戏类型偏好也存在不同程度的地域差异,但中国游戏出口产品却依然集中在角色扮演类、策略类、动作类(见表 6)。就首都游戏产品而言,在 2017~2019 年,获得过"年度十大最受海外欢迎游戏"奖的首都地区游戏产品类型也极为有限,很少出现更具创新性的游戏新作(见表 7)。如此一来,过于同质化的游戏产品会极大限制首都游戏出口产品的国际竞争力。

表 6　2019 年中国移动游戏在主要海外市场的类型分布

国家	该地区排名前三位的游戏类型	中国游戏企业擅长的前三位游戏类型
日本	角色扮演类、动作类、益智类	冒险类、策略类、角色扮演类
韩国	角色扮演类、策略类、动作类	角色扮演类、策略类、动作类
美国	策略类、休闲类、博弈类	策略类、角色扮演类、动作类
英国	休闲类、策略类、益智类	策略类、角色扮演类、动作类
德国	策略类、休闲类、角色扮演类	策略类、角色扮演类、动作类
巴西	动作类、策略类、角色扮演类	策略类、动作类、角色扮演类
印度	动作类、策略类、休闲类	动作类、策略类、角色扮演类
俄罗斯	动作类、策略类、角色扮演类	动作类、策略类、角色扮演类
印度尼西亚	动作类、角色扮演类、策略类	动作类、角色扮演类、策略类

资料来源:《2019 中国移动游戏出海深度洞察报告》,https://s3.amazonaws.com/files.appannie.com/reports/1906_E3+Gaming+Report_CN.pdf,2019,第 15~23 页。

表7　2017～2019年十大最受海外欢迎游戏（北京部分）

2017年	2018年	2019年
列王的纷争	列王的纷争	列王的纷争
拳皇98终极之战OL	拳皇98终极之战OL	梦幻模拟战
诛仙手游	仙境传说:守护永恒的爱	守望黎明
阿瓦隆之王		

资料来源：《2017年度中国游戏十强获奖名单》，游戏工委网，http://2017gametop.cgigc.com.cn/。《2018年度中国游戏十强获奖名单》，游戏工委网，http://2018gametop.cgigc.com.cn/。《2019年度中国游戏十强获奖名单》，游戏工委网，http://2019gametop.cgigc.com.cn/。

（二）缺少游戏精品，缺少受国际市场肯定的旗舰产品

虽然首都游戏文化对外贸易额呈明显增长态势，但在更大程度上得益于海外游戏市场的人口红利，尤其是东南亚、南美等新兴游戏市场。反观美国、日本等成熟游戏市场，虽然中国出口游戏作品的市场表现值得肯定，但缺少叫好又叫座的国际化精品。最明显的表现是，在历年的国际游戏大奖中，鲜能见到中国游戏厂商研发的作品。

在"游戏大奖"（The Game Award）、游戏开发者大会的游戏开发者选择奖（Game Developers Choice Awards）、互动艺术与科学协会（Academy of Interactive Arts & Sciences, A.I.A.S.）的设计创新沟通娱乐奖（Design Innovate Communicate Entertain, D.I.C.E.）三个国际游戏大奖中，评委会分别代表着海外的游戏企业、游戏开发者、游戏学者三个群体，获奖团队往往来自日本、美国、欧洲等国家和地区，中国首都地区的游戏研发团队没有获得过任何奖项（见表8、表9、表10），这将严重影响首都游戏产品在海外市场的竞争力。

表8　2019年全球游戏大奖获奖名单

奖项	获奖作品/获奖者	地区
年度最佳游戏	只狼:影逝二度	日本
最佳游戏指导	死亡搁浅	日本
最佳游戏叙事	极乐迪斯科	爱沙尼亚

续表

奖项	获奖作品/获奖者	地区
最佳艺术指导	控制	芬兰
最佳游戏音乐	死亡搁浅	日本
最佳音效设计	使命召唤:现代战争	美国
最佳表演奖	Mads Mikkelsen（饰演《死亡搁浅》中的Cliff）	丹麦
最佳社会影响力游戏	GRIS	西班牙
最佳持续运营奖	堡垒之夜	美国
最佳独立游戏	极乐迪斯科	爱沙尼亚
最佳移动端游戏	使命召唤移动版	美国
最佳VR/AR游戏	节奏光剑	捷克
最佳动作/冒险游戏	只狼:影逝二度	日本
最佳角色扮演游戏	极乐迪斯科	爱沙尼亚
最佳家庭游戏	路易吉洋楼3	日本
最佳策略游戏	火焰纹章:风花雪月	日本
最佳体育/竞速游戏	古惑狼赛车重制版	加拿大
最佳格斗游戏	任天堂明星大乱斗	日本
最佳多人游戏	Apex英雄	美国
最佳电竞游戏	英雄联盟	美国
最佳电竞选手	Kyle Bugha Giersdorf	美国
最佳电竞战队	G2 Esports	西班牙
最佳电竞教练	Danny Zonic Sorensen	丹麦
最佳电竞赛事	《英雄联盟》世界赛2019	美国
最佳电竞主持/解说	Eefje Sjokz Depoortere	比利时
年度最佳主播/视频创作者	Shroud	加拿大
最佳动作游戏	鬼泣5	日本
最佳社区支持	命运2	美国

注：地区划分以游戏开发商所在地区为标准。
资料来源：https：//thegameawards.com/winners。

表9　2019年全球游戏开发者大会获奖名单

奖项	获奖作品/获奖者	地区
游戏大使奖	Kate Edwards	美国
游戏先锋奖	Roberta Williams	美国
观众奖	光·遇	美国
最佳音效	控制	芬兰

续表

奖项	获奖作品/获奖者	地区
最佳亮相	极乐迪斯科	爱沙尼亚
最佳设计	巴巴是你	芬兰
最佳创新	巴巴是你	芬兰
最佳移动游戏	这啥高尔夫？	丹麦
最佳叙事	极乐迪斯科	爱沙尼亚
最佳技术	控制	芬兰
最佳视觉艺术	控制	芬兰
最佳VR/AR游戏	维达不朽	美国
年度大奖	鹅作剧	澳大利亚

注：地区划分以游戏开发商所在地区为标准。
资料来源：Djordje Stanisavljevic，"20th Annual Game Developers Choice Awards Recap"，TechAcute.com，March 20，2020，https：//techacute.com/gdc-awards-2020/。

表10　第23届D.I.C.E.获奖游戏名单

奖项	获奖作品	地区
独立游戏杰出成就奖	鹅作剧	澳大利亚
杰出音效设计奖	死亡搁浅	日本
年度动作游戏	控制	芬兰
年度冒险游戏	星球大战绝地：陨落的武士团	美国
年度家庭游戏	超级马里奥制造2	日本
年度格斗游戏	真人快打11	美国
年度游戏	鹅作剧	澳大利亚
年度沉浸现实游戏	节奏手枪	加拿大
沉浸现实技术成就奖	鲜血与真理	英国
年度网络游戏	Apex英雄	美国
动画杰出成就奖	路易吉洋楼3	日本
艺术指导杰出成就奖	控制	芬兰
角色杰出成就奖	鹅作剧	澳大利亚
游戏设计杰出成就奖	巴巴是你	芬兰
原创音乐作品杰出成就奖	控制	芬兰
故事杰出成就奖	极乐迪斯科	爱沙尼亚
技术杰出成就奖	死亡搁浅	日本
年度竞速游戏	马里奥赛车巡回赛	日本
年度角色扮演游戏	天外世界	美国

续表

奖项	获奖作品	地区
年度体育游戏	FIFA20	加拿大,罗马尼亚
年度策略/模拟游戏	火焰纹章:风花雪月	日本
游戏指导杰出成就奖	控制	芬兰
年度便携游戏	再见狂野之心	瑞典

注：地区划分以游戏开发商所在地区为标准。
资料来源：https://www.interactive.org/awards/2020_23rd_annual_dice_awards.asp#a_categories。

（三）游戏素养不高，欠缺对海外游戏文化的深度理解

2019年，国内以首都游戏为主题的学术出版物依然极为匮乏。在知网中，以"首都"、"北京"和"游戏"为文献篇名关键词检索，只有4条记录，分别为《北京大学生参与网络游戏行为方式及学业影响分析》《北京远郊流动儿童的游戏文化研究——基于城镇化背景下的延庆区S村的田野调查》《北京花园路街道社区：儿童游戏场所存量更新模式研究》《基于专利的北京网络游戏产业现状及对策研究》。其中，没有任何以首都游戏对外贸易为主题的学术成果。

就图书出版而言，2019年出版的游戏类图书依然有限。在当当网，以"游戏"为关键词检索，按照学术研究标准进一步筛选，仅有不足15本于2019年出版的游戏类译著和原创专著，出版单位主要集中在北京和上海。其中，中国青年出版社等7家位于北京的出版单位出版了50%的译著和75%的原创图书，从侧面反映了首都在全国的文化引领地位（见表11）。然而上述图书还是以教育学为主，仅有一本讨论中国游戏对外贸易的专著，即《网络游戏出海合规指南》，该书从法律角度出发，讨论韩国、泰国、马来西亚、印度等地的游戏政策。

由此可见，2019年国内依然缺乏专门研究首都游戏文化和首都游戏出口的研究成果，尤其缺乏高水平学术专著，在海外市场人口红利消失后，将会严重影响首都游戏产品的效能。

表11　2019年国内出版的主要游戏类图书

书名	类型	出版社
《游戏世界：虚拟媒介与儿童日常玩耍》	译著	上海文艺出版社
《戏剧游戏：儿童戏剧游戏》	译著	上海文化出版社
《人：游戏者》	译著	贵州人民出版社
《沙盘游戏与讲故事》	译著	北京师范大学出版社
《朴在哲的场景设计教程》	译著	中国青年出版社
《走出教育游戏的迷思》	译著	教育科学出版社
《游戏课程论》	原创	上海交通大学出版社
《创新教育：电子游戏助力孩子学习之道》	原创	四川大学出版社
《青少年网络游戏情感互动研究》	原创	中国社会科学出版社
《世界动漫游戏产业发展历程研究》	原创	中国社会科学出版社
《游戏化教学法》	原创	高等教育出版社
《"文化创意+"动漫游戏融合发展》	原创	知识产权出版社
《网络游戏出海合规指南》	原创	知识产权出版社
《游戏文化学》	原创	首都经济贸易大学出版社

注：数据采集日期为2020年4月28日。
资料来源：当当网。

游戏研究成果的匮乏，也会进一步影响游戏人才的培养。根据教育部于2019年公布的《普通高等学校本科专业目录（2020年版）》，[①] 目前全国都没有设立名称包含"游戏"的四年制本科专业，只有少量本科层次的游戏课程集中在数字媒体艺术、动画、教育技术、视觉传达、软件工程等专业，其中首都地区只有4个本科专业和5个专科专业（见表12）。因此，虽然首都地区的游戏教育项目有所增加，但游戏教育体系依然不成熟，缺乏高质量的游戏教学课程。

表12　北京开设的游戏相关专业及院校

学校名称	专业名称	专业层次
中国传媒大学	数字媒体技术（游戏设计技术方向）	本科
中国传媒大学	动画（游戏艺术方向）	本科
北京电影学院	动画（动画艺术方向、电脑动画方向、游戏设计方向）	本科
北京现代软件学院	游戏动漫	本科

---

① 《普通高等学校本科专业目录（2020年版）》，教育部网站，http：//www.moe.gov.cn/srcsite/A08/s7056/202003/W020200303365403079451.pdf，2020年3月3日。

续表

学校名称	专业名称	专业层次
北京信息职业技术学院	数字媒体应用技术（游戏设计）	专科
北京青年政治学院	游戏设计	专科
北京经济技术职业学院	软件技术（Java 大数据、游戏开发方向）	专科
北京汇佳职业学院	动画与游戏制作	专科
北京科技职业学院	软件技术（游戏美术）	专科

注：数据采集日期为 2020 年 4 月 22 日。
资料来源：中国教育在线，https://gkcx.eol.cn/specials/school? argschtype = &province = &recomschprop = &argsspecialtyname = % E6% B8% B8% E6% 88% 8F。

反观国外，根据美国游戏高等教育协会的调查结果，在 2015 年，有 34% 的受访者具有本科学历，有 49% 的受访者拥有硕士及博士学位，专业涵盖科学、艺术、计算机等专业。在 2019 年的同类调查中，受访人数由 149 人上升至 382 人，本科学历的受访者所占比例上升至 56%，有 91% 的受访者具有学士、硕士或博士学位（见图 9）。由此可见，国内外游戏教育和游戏从业者的竞争力还有极大差距。

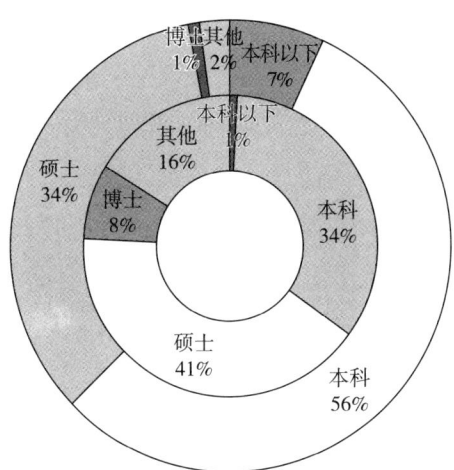

图 9　2015 年（内环）与 2019 年（外环）国外游戏从业者教育背景对比

资料来源：Higher Education Video Game Alliance. 2019 Survey Of Program Graduates，2019，p25，https://hevga.org/wp – content/uploads/2019/03/HEVGA_ 2019_ Survey_ of_ Program_ Graduates.pdf。

如此一来，游戏研究和游戏教育的匮乏，进一步导致游戏素养不高。美国著名学者詹姆斯·保罗·吉（James Paul Gee）在其专著《游戏改变学习》（What Video Games Could Teach Us About Learning And Literacy）中指出，电子游戏是一种涵盖多种媒介符号的互动语言，而游戏素养就是运用这种语言进行"阅读"和"写作"的能力。① 阅读游戏，意味着深度理解游戏文化，其途径是严谨深入的游戏研究；用游戏进行写作/创作，也就是使用游戏语言进行社会化表达，其途径是游戏开发制作。两种能力相辅相成，相互促进。换句话说，缺乏阅读游戏的能力，就无法理解游戏的文化逻辑，无法把握具体社会历史语境下的玩家需求，最终也没有能力生产出高品质的游戏精品。

三 促进首都游戏文化对外贸易发展的建议

2019年12月14日，北京市委宣传部发布了《关于推动北京游戏产业健康发展的若干意见》，提出要以游戏文化健康发展为核心，将北京建设为精品游戏研发中心、网络新技术应用中心、游戏社会应用推进中心、游戏理论研究中心、电子竞技产业品牌中心，并设定了到2025年北京市游戏产业年产值达到1500亿元的目标。在13条推动游戏产业发展的举措中，该意见明确提出了"推动游戏'走出去'"的举措，倡导"通过游戏讲好中国故事。一是推进游戏行业国际传播能力建设，鼓励面向海外发行优秀原创游戏产品。二是支持北京游戏企业开拓海外市场。三是定期组织本市游戏企业赴境外参加海外展会，深化中外游戏文化交流"。② 为了顺利完成上述目标，切实推动政策落地，相关部门和游戏企业还需从游戏素养、产品和国际合作三个方面做出努力。

---

① 〔美〕詹姆斯·保罗·吉：《游戏改变学习：游戏素养、批判性思维与未来教育》，孙静译，华东师范大学出版社，2020，第23页。
② 《〈关于推动北京游戏产业健康发展的若干意见〉新闻发布会》，北京市人民政府网，2019年12月31日，http：//www.beijing.gov.cn/shipin/Interviewlive/100.html。

（一）提升游戏素养，切实推动高水平的游戏研究

近年来，游戏研究早已成为海外高校的重要科研领域之一，麻省理工学院、纽约大学等多个学校都设立了专门的游戏研究院系，为来自不同学科的学者提供科研支持，并致力于推动游戏教育，培养未来的游戏从业人才（见表13）。

表13　开设游戏研究专业的部分海外高校

学校名称	所在国家
麻省理工学院	美国
纽约大学	美国
南加州大学	美国
乔治亚理工学院	美国
卡内基梅隆大学	美国
康考迪亚大学	加拿大
多伦多大学	加拿大
滑铁卢大学	加拿大
哥本哈根信息技术大学	丹麦
阿伯泰大学	英国
皇家墨尔本理工大学	澳大利亚
南洋理工学院	新加坡
舍夫德大学	瑞典
立命馆大学	日本

与此同时，国外多个学术出版机构也推出了一系列高水平的游戏研究图书，如麻省理工学院出版社的游戏思维（Playful Thinking）书系和游戏历史（Game Histories）书系。前者倡导透过艺术家、哲学家、游戏学者或产业专家的视角来深度理解游戏，包括《游戏的功能：游戏美学与艺术》（*Works of Game：On the Aesthetics of Games and Art*，2015）、《情感设计：游戏如何打动我们》（*How Games Move Us*，2016）、《智慧游戏：游戏与人工智能》（*Playing Smart：On Games, Intelligence, and Artificial Intelligence*，2019）等；后者聚焦电子游戏，通过理论与案例结合的方式来勾勒电子游戏的发展脉络

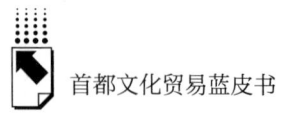

及不同阶段的特点，包括《控制的地带：战争游戏研究》（Zones of Control：Perspectives on Wargaming，2016）、《重述游戏史》（Debugging Game History，2016）等。

2019年，首都地区的科研机构及媒体也在探索中国语境下的游戏研究。自1月起，完美世界游戏研究中心开展了一系列国际化"游戏研究学术沙龙"，邀请来自立命馆大学、舍夫德大学、皇家墨尔本理工大学、汕头大学等高校的国际知名专家进行主题演讲，研讲主题包括"中美日游戏产业发展及比较""严肃游戏设计与案例""全球化与本土化：游戏出海与中国游戏美术风格""电子竞技与跨机构的互动参与"等。此外，该中心还基于自身的国际化游戏研究平台，推出了"完美世界创新教育科研项目"，首个电竞研究重大课题已结项，课题成果《电竞概论》将于2020年由华东师范大学出版。同时，该中心还通过译介国外游戏研究著作，如《严肃游戏导论》《游戏批评导论》等，为国内游戏高校师生及产业从业者提供优质中文读物。

以上述努力为基础，首都相关机构及部门应切实推动对游戏研究的科研支持。第一，将游戏研究纳入首都科研基金项目体系，支持有学术研究能力的游戏企业科研机构申报研究课题，针对游戏理论、游戏产业、游戏产品、玩家社群进行深度研究，尤其要鼓励游戏文化出口的相关研究。第二，设立图书出版专项基金，建设游戏研究书库，加强译介国外高水平的游戏研究专著，并鼓励游戏学者基于科研课题推出高水平原创成果。第三，设立中文游戏研究学术期刊，支持有关游戏研究的学术会议，创建国际化的中文游戏研究学术平台，为对游戏感兴趣的本土学者提供支持。第四，借鉴国外经验，推动首都游戏高等教育，注重游戏教育中的人文素养，开设游戏评论、游戏文化研究等通识课程，让优质的游戏研究成果涵养未来的游戏人才。

（二）推动产品创新，从多维度提升首都游戏产品的多样性

综观2019年，海外的游戏技术不断发展，游戏玩家的品位也迅速提升，日本、美国、欧洲等成熟市场尤其明显。在此情况下，首都的出口游戏若想在国外知名游戏研发企业中突围，亟须从技术、内容和应用场景三个维度实现创新。

首先是通过产业和高校合作，推动技术创新。当前，云服务、VR/AR游戏、电竞已成为海外游戏市场的最新趋势，备受全球游戏生产者和消费者的关注，具有极大的市场潜力。因此，首都相关部门应整合高校及企业的科研资源，从硬件和软件两个维度推动云游戏、沉浸现实游戏和电竞产品的技术创新。

其次是支持独立游戏发展，推动内容创新。如表8至表10所示，各大国际游戏组织都专门设立了独立游戏奖项，以促进全球游戏内容开发的多样性和创新性。根据国内知名独立游戏社区 Indienova 的最新统计报告，截止到2019年底，该网站用户提交的游戏总数为4000款，涉及角色扮演类、休闲类、动作类、冒险解谜类、策略类、模拟类、沙盒类等多种类型，面向电脑、主机、手机等多种游戏平台。就开发团队规模而言，一人团队占41.64%，5人以下团队占86.36%；开发工具也较为多样化，如 Unity、虚幻引擎、RPG Maker、GameMaker 和 Cosos2d 等。[①]

因此，独立游戏也能够丰富中国游戏产品的多样性，是解决中国游戏出口产品同质化问题的有效途径，首都相关机构应切实为独立游戏提供支持：制定独立游戏扶持政策，提供独立游戏专项基金，设立高效便捷的独立游戏版号审核通道；设立独立游戏评选机制，鼓励国内大型游戏企业与独立游戏开发者合作，为独立游戏提供研发及运营平台；鼓励首都高校游戏专业学生参与独立游戏开发，积极参与国际独立游戏节，吸引游戏专业留学生回国创业，并提供相应支持。

最后是鼓励严肃游戏研发，拓展游戏产品的应用场景。根据 Newzoo 发布的《2019年全球游戏市场报告》，亚太、欧洲、拉美、中东非等地区的玩家人数呈上升趋势，游戏用户总数达到25.1亿人。[②] 其中，大多数是在游

---

① Indienova：《Indienova 国内独立游戏开发者报告 2019》，2020 年 1 月 8 日，https://indienova.com/indie-game-news/chinese-indie-game-report-2019/。

② *2019 Global Games Market Report*（*Free Version*），Newzoo，2019，pp. 29-31.

戏的陪伴中成长的"游戏原住民",具有极强的游戏思维,不仅将电子游戏视作一种娱乐方式,更是将其视作一种理解世界和自我表达的方式。因此,未来的首都游戏对外贸易产品需要进一步探索游戏在娱乐之外的应用场景,尤其是适合不同年龄层次的严肃游戏产品。例如,早在20世纪90年代,日本游戏公司南梦宫(Namco)就开发了一系列"老年人游戏",而且在1999年开设了游戏式养老院业务。2001年,科乐美(Konami)收购了一个健身中心品牌,与科乐美运动俱乐部(Konami Sports Club)和自我健身俱乐部(Self Fitness Club)结合,共同推出了集健身和娱乐于一体的服务。[1] 2019年末风靡全球的任天堂Switch游戏《健身环大冒险》也是此类健身游戏的代表。因此,支持此类游戏产品的研究和开发,能够极大提升首都出口游戏的多样性和效能。

(三)推动国际合作,提升首都游戏出口效能

从全球游戏市场来看,游戏产品带有极强的地域文化属性。实际上,首都游戏产品并非简单的娱乐消费品,而是中国文化出口的重要媒介,发挥着国际文化交流的职能。在游戏对外贸易中,首都游戏企业可以通过国际合作,将中国文化与各地区海外游戏用户受众的需求有效融合,具体措施包括:整合国际优质资源,设立专项文化交流计划,让国外优秀的开发团队和开发者了解中国文化,从而成为国内外文化沟通的桥梁;组建中外合作的国际化团队,例如《非常英雄》在中法团队合作下,获得了第47届安妮奖(Annie Awards)的最佳动画角色(游戏类)奖;鼓励中国教育机构与海外游戏教育强校之间的合作,如完美世界教育与英国阿伯泰大学合作的游戏设计硕士项目等,通过交换项目和海外实习项目培养兼具国际视野和本土观照的游戏产业人才,孵化适合海外市场的优秀游戏作品。

从总体上看,2019年首都游戏的海外市场收入呈快速上升趋势,但依

---

[1] David Michael and Sande Chen, *Serious Games: Games That Educate, Train, and Inform.* Boston(MA: Course Technology PTR, 2005), pp. 179–202.

然存在产品类型单一、国际化精品少等问题，其根本原因在于，首都地区的游戏素养无法满足海外游戏用户日益增长的需求。如此一来，一旦海外市场人口红利减退，首都游戏对外贸易将受到极大的负面影响。未来，首都地区亟须推动严谨扎实的游戏学术研究，促进游戏技术、游戏内容和游戏应用场景方面的创新，有效整合国际资源，为海外游戏玩家提供兼具多样性和文化认同度的精品游戏，让首都游戏产品成为中国文化海外传播的桥梁。

B.8 首都文化旅游服务贸易发展报告（2020）[*]

王海文 卢晨妍[**]

摘 要： 2019年，首都文化旅游国际消费有所回落，但北京市政府积极颁布文化旅游相关政策指引产业发展与对外开放，文化旅游投资有所增加。当前首都文化旅游发展尚存在科技应用欠缺、区域协同效果欠佳、文化活动吸引力有待提升及文化旅游风险防范措施缺失等问题。对此，首都文化旅游发展需要强化科技与文化旅游的产业融合，提升与"京津冀"地区、共建"一带一路"国家的合作水平，强化国际性文化活动品牌建设并构建全面有效的文化旅游风险防范体系。

关键词： 文化旅游 旅游服务贸易 北京

一 首都文化旅游服务贸易发展现状

（一）文化旅游国际消费有所回落

2019年，北京市旅游总收入为6224.6亿元，同比增长5.1%；接待游客总人数为3.2亿人次，同比增长3.6%；旅游餐饮和购物总额为3281.9亿元，占全

---

[*] 本文得到北京第二外国语学院研究生科学研究项目"北京文旅融合状况调研及发展路径分析"（项目编号：2019GS14ZD01）的资助。
[**] 王海文，教授，北京第二外国语学院经济学院副院长，主要研究方向为国际文化贸易、服务贸易等；卢晨妍，北京第二外国语学院国际文化贸易专业硕士研究生。

市社会消费品零售额的比重为27%，与2018年持平。然而，国际旅游收入为51.9亿美元，下降5.9%（折合人民币358.4亿元，下降1.8%）。人均消费1378美元/人次，与2018年持平。纵观2019年北京文化旅游国际市场，可以看出入境市场消费均有所下降。2019年，北京市累计接待入境游客376.9万人次，同比下降5.9%。接待外国游客320.7万人次，同比下降5.6%，占接待入境游客总数的85.1%；接待中国港澳台地区游客56.2万人次，同比下降7.3%。即2018年北京旅游入境游人数增长率首次达到正值后，2019年的增长率又回归负值，这也是北京入境旅游游客自2014年以来下降最多的一年。

从主要客源国（地区）来看，2019年，北京市累计接待美国游客62.9万人次，同比下降12.6%；接待日本游客24.7万人次，同比下降0.8%；接待韩国游客24.2万人次，同比下降2.1%；接待德国游客19.8万人次，同比增长1.9%；接待英国游客15.3万人次，同比下降4.2%。从洲际客源市场情况看，2019年，北京市累计接待亚洲游客（含中国港澳台地区）112.5万人次，同比下降1.6%；接待欧洲游客99.6万人次，同比下降1.6%；接待美洲游客83.0万人次，同比下降14.4%；接待大洋洲游客16.6万人次，同比下降4.5%；接待非洲游客7.4万人次，同比下降12.5%（见表1）。

表1 2019年部分国家和地区来京旅游人数统计

单位：人次，%

主要客源国(地区)	来京旅游人数	同比增长
合计	3768958	-5.9
中国台湾	221802	-8.3
中国澳门	17652	8.7
中国香港	322432	-7.4
外国人	3207072	-5.6
亚洲小计	1125226	-1.6
日本	246675	-0.8
韩国	242365	-2.1
新加坡	126815	3.2
欧洲小计	996123	-1.6
英国	152722	-4.2

续表

主要客源国(地区)	来京旅游人数	同比增长
法国	119959	-5.2
德国	197940	1.9
美洲小计	830186	-14.4
美国	629287	-12.6
加拿大	99822	-34.1
大洋洲小计	165922	-4.5
澳大利亚	141090	-5.9
新西兰	21903	10.6
非洲小计	73789	-12.5
其他小计	15828	6.4

资料来源：北京市文化和旅游局。

2019年来京的入境游客人数较2018年减少23.5万人次。其中，美国游客减少9.1万人次，占总减少人数的38.7%。来京游客人数减少最多的五个客源地依次为美国、加拿大、中国香港、中国台湾、澳大利亚，这五个客源地合计减少人数超过总减少人数的83.8%，也是导致首都入境旅游总人数大幅下降的主要原因（见表2）。

表2 2018~2019年部分国家和地区来京旅游人数对比

单位：万人次，%

地区	2018年		2019年	
	来京旅游人数	同比增长	来京旅游人数	同比增长
总计	400.4	2	376.8958	-5.9
中国港澳台地区	60.6	0.1	56.1886	-7.28
日本	24.8569	2.7	24.6675	-0.8
韩国	24.7528	5.2	24.2365	-2.1
新加坡	12.2864	10.2	12.6815	3.2
英国	15.9341	-3.3	15.2722	-4.2
法国	12.6598	3.2	11.9959	-5.2
德国	19.4299	0.3	19.794	1.9
美国	71.9898	7	62.9287	-12.6
加拿大	15.1553	-1	9.9822	-34.1

资料来源：北京市文化和旅游局。

从2019年入境游客的花费构成来看（见图1），长途交通占比仍旧最高，达28.43%，其次是购物和住宿，占比分别为24.51%和19.02%，餐饮占比为9.37%，景点游览占比为4.52%，市内交通和娱乐占比分别为4.03%和1.38%，邮电通信占比最低，为0.42%。与2018年相比，在游览上的支出有一定提升，说明国际游客对北京文化更感兴趣，因此通过景区游览来了解北京的历史故事与文化传承；入境游客在娱乐上的支出有所下降，表明北京文化活动对入境游客的吸引力仍有待提升。

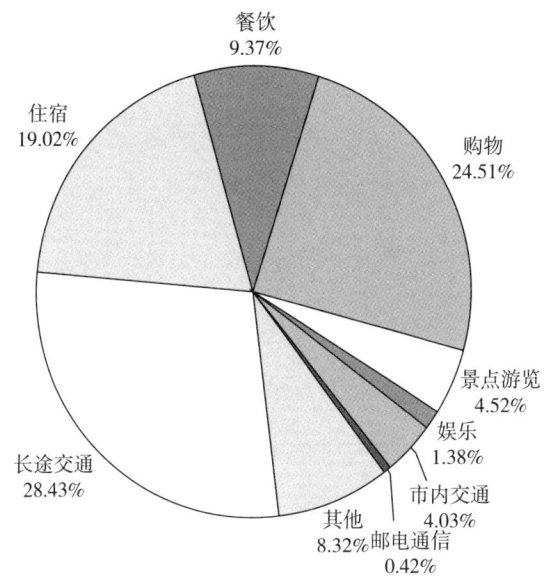

图1 2019年来京游客花费构成

资料来源：北京市文化和旅游局。

从旅行社组织的出境旅游情况可以看出，2019年全年经北京市旅行社组织出境的旅游人数为484.5万人次，同比下降5.2%。其中，出境游排名前五的国家分别是：日本95.6万人次，同比增长16.3%；泰国50.8万人次，同比下降31.2%；韩国20.7万人次，同比增长2.0%；法国19.3万人次，同比增长15.1%；意大利17.6万人次，同比增长10.5%（见表3）。

表3　2019年旅行社组织的出境游客情况

单位：万人次，%

项　目	出境旅游人数	同比增长
总计	484.5	-5.2
按主要前往地分	—	—
中国香港	10.5	-13.0
中国澳门	11.4	6.9
中国台湾	4.9	7.8
日本	95.6	16.3
泰国	50.8	-31.2
澳大利亚	15.6	74.2
法国	19.3	15.1
意大利	17.6	10.5
德国	15.4	15.1
瑞士	15.8	16.6
韩国	20.7	2.0
新加坡	13.1	26.8
美国	14.9	-5.5
马来西亚	11.9	1.7

资料来源：北京市文化和旅游局。

前往中国港澳台地区旅游的人数依然呈现下降趋势。前往中国香港旅游的人数为10.5万人次，同比下降13.0%；前往中国澳门旅游的人数为11.4万人次，同比增长6.9%；前往中国台湾旅游的人数为4.9万人次，同比增长7.8%。互联网的飞速发展，促使越来越多的国内游客选择性价比更高的自由行作为其出行方式。

（二）"四个中心"核心功能推动文化旅游发展

在"四个中心"城市定位的推动下，北京文化旅游在文化内容的挖掘与整合上以及国际交往中都取得了一定的成效。

在文化内容上，北京大力发展演艺市场，促进演艺品牌的建立，通过演艺旅游的形式促进文化旅游服务贸易的发展。根据北京文化和旅游局以及北京市演出行业协会公布的数据来看，2019年北京演出市场共演出22823场，观众人数达1040万人次，票房收入为17.44亿元。话剧、儿童剧、舞蹈演出、演唱会等大中小型剧场演出丰富多样，展现了北京的文化魅力。作为全国唯一的服务业扩大开放综合试点城市，北京在2019年8月出台《北京市服务业扩大开放综合试点文化旅游领域开放改革三年行动计划》，计划进一步放宽外资文化演艺的准入门槛，允许外资在特定区域设立独资的演出经纪机构、演出场所、娱乐场所，同时允许外商投资音像制品制作业务。这一举措为北京演艺旅游与国际接轨提供了一个坚实的平台。

作为"国际交往中心"，北京充分发挥了文化交流对旅游服务贸易的带动作用。数据显示，2019年北京市文化和旅游局共受理出访国外及港澳台地区文化交流项目123批次2976人次；引进国外及港澳台地区共45批次2488人次。2019年是中国与波兰、中国与匈牙利建交70周年，是北京与东京缔结友好城市40周年、北京与华盛顿缔结友好城市35周年、北京与柏林缔结友好城市25周年，北京分别于日本、美国、德国举办了文化旅游的交流推广活动。同时，北京通过举办国际性会议进一步扩大文化旅游的国际影响力。2019世界旅游城市联合会赫尔辛基香山旅游峰会、第二届"一带一路"国际合作高峰论坛民心相通分论坛、第二届"中国-中东欧国家文化艺术嘉年华"、首届"拉美及加勒比文化艺术嘉年华"、驻华使节艺术沙龙等会议与沙龙的举办使北京与世界的联系愈加紧密。

（三）文化旅游服务贸易政策体系不断完善

2019年北京在文化旅游领域推出一系列政策，在促进文化旅游消费、扩大文化旅游领域开放以及提升旅游与产业融合等各个方面发挥作用，推动了文化旅游服务贸易政策体系的完善。尤其是《全面推进北京市服务业扩大开放综合试点工作方案》以及依据方案颁布的《北京市服务业扩大开放综合试点文化旅游领域开放改革三年行动计划》，重点在市场开放许可、政策扶持、重点项目支持以及市场监管创新上为北京的文化旅游提供了新的发展机会（见表4）。

表4 2019年文化旅游政策颁布情况

序号	政策名称	颁布日期
1	《北京市非物质文化遗产条例》	2019年1月20日
2	《全面推进北京市服务业扩大开放综合试点工作方案》	2019年2月22日
3	《文化和旅游部关于促进旅游演艺发展的指导意见》	2019年3月15日
4	《2019年北京市文化和旅游促消费措施十二条》	2019年5月6日
5	《北京市服务业扩大开放综合试点文化旅游领域开放改革三年行动计划》	2019年8月27日
6	《关于推进北京市文化和旅游融合发展的意见》	2019年12月11日
7	《关于促进乡村民宿发展的指导意见》	2019年12月26日

资料来源：根据公开发布的资料整理。

《北京市服务业扩大开放综合试点文化旅游领域开放改革三年行动计划》在开放审批许可部分进一步扩大了外商投资许可，丰富了北京文化内容并提升了国内企业竞争意识。在文化娱乐方面允许外商投资设立娱乐场所、演出场所经营单位，不设投资比例限制；在演艺音乐方面允许设立外商独资演出经纪机构，并在全国范围内提供服务且允许外商投资音像制品制作业务；在旅游方面允许在京设立的外商独资经营旅行社试点经营出境旅游业务（赴台湾地区除外）。政策方面在免税退税以及过境免签上下功夫，为入境游客的旅游消费提供了很大程度的便利。在重点项目上，推动一批精品文化旅游项目发展，提升北京国际旅游博览会、北京国际商务及会展旅游展览会、北京国际旅游商品及旅游装备博览会、"动漫北京"等文化和旅游会展的国际影响力，重视数字技术与国际性平台的发展。该计划最后提出提升市场监管的意识，通过"五种监管手段、一个审慎监管"建立新的文旅市场监管理念和综合监管机制。

（四）文化旅游投融资促进乡村旅游发展

2019年北京在促进旅游投融资方面不断加强创新探索，在全国率先建立旅游产业基金、旅游资源交易、旅游融资担保和旅游政策性保险四个旅游金融服务平台，为京郊旅游企业和项目提供招商、融资、流转、推介及风险防范等专业化服务，有力推动了京郊旅游发展。目前北京市共有乡村旅游特色业态710家、乡村精品民宿500余家、星级民俗旅游户5595户、星级民俗旅游村263个、特色旅游村镇100个，并涌现出古北水镇、乐多港、世园人家、山楂小院、长城公社等一批新兴旅游品牌，京郊旅游呈现蓬勃发展的良好态势。同时为了深化推进京郊旅游投融资体系建设，北京市文化和旅游局与北京产权交易所专门建立了以京郊高端民宿、精品酒店等旅游新业态为重点的"京郊旅游投融资服务平台"。① 此外，2019年国家旅游局颁布的《关于鼓励和引导民间资本投资旅游业的实施意见》促进了民间资本进入文化旅游业，使民间资本在旅游投资中的比重不断增加，综合效益不断提高；《北京市服务业扩大开放综合试点文化旅游领域开放改革三年行动计划》的颁布也极大地拓宽了外商在文化旅游领域的投资项目。

二 北京市文化旅游服务贸易发展面临的问题

（一）文化旅游服务贸易科技应用亟须提升

信息化时代，科技成为产业发展的一大助力。对文化旅游而言，新科技革命不仅有助于减少文旅企业的人工成本、提升游客支付效率和结算模式，更能改变传统文化旅游固有的消费模式，提升旅游体验感。《中

---

① 《投资拉动 合作共赢 引资引智 共促发展》，北京市文化和旅游局官网，http：//whlyj.beijing.gov.cn/xwzx/xwyl/201912/t20191204_845665.html，最后访问日期：2019年12月4日。

国旅游业创新和 IP 发展报告（2018）》也指出，从创新路径来看，新技术、资本、企业家能力、市场需求和制度因素构成了旅游业创新驱动的"新钻石模型"。然而作为科技创新中心的北京，对于科技在旅游中的运用依旧乏善可陈。这具体表现在：传统的技术运用仍旧较多，对于大数据、云计算、人工智能、区块链、VR、AR 等新技术、新产品的运用较少。目前已知的对于新技术运用最多的旅游主体当属故宫，但除此之外，很少有更为知名的与科技相结合的旅游景点出现。同时，虽然科技为游客带来了更加快捷便利的信息化沟通手段，但主要仍是通过平台或旅游主体向游客提供各种旅游路线和特色推荐，游客能够充分了解旅游目的地的信息，但反过来游客能够提出需求的渠道较少，旅游信息的"供给—需求互动"模式还未充分建立起来，旅游者的利益诉求无法较好的传递给供给方，造成供需错位。同时，在市场准入方面，对互联网经济的新业态，需要进一步探索创新。

（二）文化旅游服务贸易区域协同效果欠佳

北京文化旅游服务贸易在进行区域合作的过程中仍旧存在"京津冀"文化旅游协同发展机制尚未完善、文化资源分布松散的问题。京津冀三地拥有丰富的自然与文化遗产和非物质文化遗产，其中北京的非物质文化遗产数量处在全国领先地位，而河北在非物质文化遗产与传承人上也具有一定的优势。截至 2019 年，北京市拥有国家级非遗代表性项目 102 个、市级代表性项目 273 个、区级代表性项目 909 个，京剧、皮影戏等项目被列入联合国教科文组织人类非物质文化遗产代表作名录，共有国家级代表性传承人 104 人、市级代表性传承人 254 人、区级代表性传承人 731 人；河北省拥有国家级非遗代表性项目 148 个，拥有国家级代表性传承人 149 人。然而，这些文化遗产资源并未对三地的文化旅游起到明显的带动作用，当前这些国家级文化遗产分布较为分散且开发程度较低，难以对游客产生吸引力。

表5　2014～2019年部分共建"一带一路"国家来京旅游人数对比

单位：人次，%

客源国	2014年 来京人数	2014年 同比增长	2015年 来京人数	2015年 同比增长	2016年 来京人数	2016年 同比增长	2017年 来京人数	2017年 同比增长	2018年 来京人数	2018年 同比增长	2019年 来京人数	2019年 同比增长
蒙古国	54957	-13.1	44008	-19.9	34567	-21.5	32528	-5.9	31123	-4.3	28518	-8.4
印度尼西亚	54416	-12.2	48925	-10.1	43510	-11.1	44949	3.3	49729	10.6	44555	-10.4
马来西亚	81484	-39.3	78024	-4.2	80773	3.5	89663	11	87105	-2.9	81815	-6.1
菲律宾	19277	-17.2	23198	20.3	20892	-9.9	23512	12.5	26317	11.9	31383	19.3
新加坡	116459	-10.2	110214	-5.4	119199	8.2	111522	-6.4	122864	10.2	126815	3.2
泰国	52706	-9.1	49840	-5.4	53686	7.7	62588	16.6	74577	19.2	56726	-23.9
越南	9708	-36.0	11015	13.5	6907	-37.3	13287	92.4	13455	1.3	19726	46.6
缅甸	4072	15.4	4072	0	4253	4.4	3877	-8.8	3723	-4.0	4607	23.8
巴基斯坦	10295	-21.7	11360	10.3	13223	16.4	12312	-6.9	11135	-9.6	10784	-3.1
俄罗斯	136794	-18.0	102682	-24.9	94878	-7.6	93076	-1.9	87419	-6.1	95858	9.7

资料来源：北京市文化和旅游局。

《标准联通共建"一带一路"行动计划（2018～2020年）》的颁布为首都加强与共建"一带一路"国家之间的区域协同提供了良好的政策环境与行动支持，并针对当前在"一带一路"各领域缺乏标准化和信息服务能力的短板做出一定部署，为首都与"一带一路"沿线国家的深入合作打下基础。然而从近年来共建"一带一路"国家来京旅游的数据来看，区域合作的效果并不明显。表5数据为部分共建"一带一路"国家入境北京旅游人数的统计，可以看到自2014年"一带一路"倡议提出以来，部分国家来京人数有较为明显的增长，然而蒙古国和俄罗斯一直处于负增长状态。2019年，半数国家来京人数增长为正，高于世界平均水平。然而纵观2014～2019年的数据可以看出，各国来京人数增长不够稳定，起伏波动较大，说明北京在共建"一带一路"国家还未有稳定的文化旅游市场。

（三）首都文化活动的国际吸引力有待提升

文化活动既能提升城市吸引力、促进文化消费，也可通过宣传提升举办城市居民的文化自信，是一种有效吸引国际游客、提升城市国际竞争力的方式。然而目前北京文化活动的内容还较为缺乏吸引力，质量依旧有待提升。虽然北京在文化活动的举办上已收获一定成果，如成功举办第二十二届北京国际音乐节、第二届北京入境旅游全球战略合作伙伴会议、北京国际旅游节、北京国际旅游博览会、北京国际青年旅游季活动、第十四届北京国际商务及会奖旅游展、第八届北京国际旅游商品暨旅游装备博览会、第八届中国北京国际美术双年展等，且在推动市民参与文化活动上取得一定成就，但是从入境游客量上来看，2019年与2018年相比依旧有较为明显的下降。北京文化活动形式较为固定，大多为会展类活动，难以满足入境游客需求，易造成审美疲劳；活动宣传与品牌塑造匮乏，一般没有专门为某一种文化活动来北京进行旅游的国际游客，无法为北京带来稳定的文化旅游消费；一些文化活动缺少体验感，大多以讲解、教育为主，无法激发游客的兴趣。

（四）文化旅游风险防范体系构建缺乏

具有社会性、聚集性的文化旅游产业在以旅游企业和游客为核心的风险防范体系的构建上依然有所欠缺。当前北京市尚未有完全针对文化旅游风险的政策出台，与第一产业、第二产业不同，文化旅游业是需要服务者与消费者密切接触的产业，而城市空间也使文化旅游极易产生人群聚集。同时文化旅游及其周边产业收入的增长大部分依赖于客流量的增加，其经营模式也决定了它难以根据现实情况做出快速有效的反应。因此对于突发事件的防范意识与法律准则就成了未来保证文化旅游平稳发展的关键。从政府角度看，构建风险防范体系能够帮助政府在突发事件中有效率地采取准确措施，避免因反应不及时造成的经济损失与负面社会影响。从景区角度来看，风险意识的缺乏很容易导致由于防范不足对景区造成的破坏，此外，聚集性加大了景区内冲突发生以及各种疾病传播的可能性。从文化旅游企业的角度来看，大多数文旅企业为中小型企业，现金流较少且资产负债率偏高，难以承受突发性风险所带来的危机，且在全球型风险来临时，由于长途旅行在旅游消费中占比较大且路程较远,国际性业务占比较大的文旅企业在缺乏风险防范的情形下更加难以在短期内快速恢复。而从游客角度看,提升风险防范意识也是确保自身安全的关键因素。

三 促进北京市文化旅游服务贸易发展对策建议

(一)大力强化科技与文化旅游产业融合

文化旅游产业生产与消费的同步性决定了它与一般产品供给效率的差异。在数字化的时代,将文化旅游产业与数字化相结合,将大大提升旅游行业的供给效率以及信息传递的速度。新型旅游企业如携程、去哪儿网、途牛等的快速发展,证实了旅游与科技融合的重要性。北京部分传统的文化旅游企业衰落的原因为专业性人才的缺失、旅游产品日益增加所造成的竞争力下降以及对于消费者需求反映的不及时性,而科学技术的参与恰恰可以解决这些问题。例如传统的酒店行业为应对基层工作人员缺乏的问题,引入一些在线旅行社(OTA,Online Travel Agency),通过网上交易的方式可以实现自助的酒店预订或相关服务的功能,景区通过扫描二维码入园提高了游客的参观效率,减少了相关人员的需求。因此,在面对传统旅游业发展受限以及消费者需求无法得到满足的情况下,助力科技与旅游产业进一步融合将有效提高传统旅游业的服务效率。通过云计算、区块链、大数据等信息技术搭建全域智慧旅游平台,对旅游活动、旅游资源与需求进行主动的感知,有效提升酒店库存管理效率、数字化的身份管理,通过数字化的信息深研国际消费者旅游偏好与规律,及时了解、安排、更改旅游计划与旅游产品,通过与科技结合增加游客的旅游体验,进一步推动文化旅游产业的国际化发展。此外,促进对新能源、物联网在文化旅游中的应用有助于提升北京"五大发展理念"的实施与推进,为促进节能、环保、旅游的生态保护提供高效的智能手段,通过文化旅游环境的提升吸引更多入境游客。

（二）进一步提升文化旅游区域合作

从区域协同的角度看，北京在"京津冀"旅游发展中应更加重视三地的均衡发展，推动三地交通体系的建设，使游客在往来中更加便捷，解决旅游中"最后一公里"的问题。深入挖掘京津冀区域内文化遗产的实际价值，加强文化遗产的保护，实现文化资源的活化与旅游化。"一带一路"倡议为北京吸引了更多的国际游客，针对这些游客，可开发具有不同特色的旅游路线，打造北京旅游精品项目，促进中华文化的对外传播。此外加强在共建"一带一路"国家的首都文化宣传，通过文化活动、文化产品输出中国文化理念，同时通过加强共建"一带一路"国家基础设施建设，采取数字化的方式化简签证办理、海关检查、进出口退税等步骤，促进游客入京便利化。

（三）强化国际性文化活动品牌建设

在建设具有国际性的文化活动品牌的过程中，首先要使活动本土化，本土市场是最能够反映一个文化活动是否成功的因素，为满足人们的需求，文化活动在建设中要着力于本土民众对传统文化的认知，同时也要注重对本土文化的创新，以人们的需求为出发点，使文化更贴合大众口味，运用旧元素发展新玩法。其次应当细化领域，找准文化特色。北京具有多种特色文化，每种文化都有着浓厚的历史积淀，如果没有一个具有特色的品质代表，只是一味地将所有元素糅合在一起，就很难得到均衡的发展。因此在发展文化活动时，要深入挖掘该文化的特色，不能只顾及扩大规模，还要在活动的举办中成功展现独属自己的品牌与优势，并且经过多次的沉淀规划形成北京城市本身的文化品质。最后，除了文化活动的品牌化，更要打造北京特色，提炼北京城市文化魅力，如同提到"浪漫之都"就想到巴黎、提到"音乐之都"就想到维也纳，将北京也打造为具有独特魅力的世界性城市。

（四）构建全面文化旅游风险防范体系

北京作为中国的首都，在经济、政治、文化上的发展起到带头模范作用,在文化旅游服务贸易的发展上也具有一定优势,然而在大力发展文化旅游贸易的同时,北京也应当加强文化旅游对外风险的防范性与对抗性。首先应当建立完善、严格的风险防范体制,大力提高执行力,在风险来临时及时反映并有效控制风险。其次,在全球化的时代,风险的波及范围更广,造成的损失更大,尤其是文化旅游服务贸易,聚集性强且大量依赖于出入境游客,因此要更加注重区域间的协同配合与部门联动,加强数字技术的运用,实现数据共享,展开部门联合培训,统筹各地各部门的资源,建立可统一调度的应急管理指挥体系。最后,除了提高政府的行动效率以外,文化旅游企业也应当做好自身风险防范措施,制定风险应急预案。当前文化旅游企业大多为轻资产的中小企业且业务范围大多固定,最易受到社会风险的冲击,因此文化旅游企业应当借助北京"科技创新中心"的优势加快与科技的融合,强化联合,增强应对风险的整体合力。

参考文献

陈怡宁、唐元、范梦余:《京津冀文化旅游协同发展探索》,《前线》2018年第9期。

温志强、李永俊:《大数据环境下社会冲突的风险感知与预警》,《上海行政学院学报》2019年第5期。

B.9
首都艺术品对外贸易发展报告（2020）

程相宾　王昕蕊*

摘　要： 2019年首都艺术品贸易取得了快速发展，全年贸易额接近9000万美元，对中国艺术品市场发展起到了良好的示范作用。当前首都艺术品贸易整体处于稳中向好的发展阶段，但仍存在税负过高、贸易结构单一、市场结构倒挂、艺术品创意产业开发程度低等显著问题，因此若想继续推动首都艺术品贸易更高效发展，达到世界领先水平，需要对当前问题进行归纳总结以及不断创新艺术品贸易的发展路径。

关键词： 艺术品市场　文化贸易　艺术品贸易

文化部印发的《文化部"十三五"时期文化产业发展规划》指出，要加快发展文化产业、推动文化产业成为国民经济支柱性产业。文化产业的不断蓬勃发展，使具有唯一性、社会性和历史性的艺术品行业逐渐受到社会各界的关注。自艺术品行业进入中国文化产业市场以来，其具有的丰富的文化价值以及独特的文化魅力迅速受到了青睐，加上其升值空间大以及投资回报高等特点，艺术品行业逐渐成为中国文化产业发展的重要支柱。首都作为中国的文化中心和国际交往中心，同时又是现当代艺术家的主要聚居地，拥有

---

* 程相宾，北京第二外国语学院经济学院讲师，硕士生导师，北京第二外国语学院中国服务贸易研究院研究员，主要研究方向为文化贸易、文化品牌；王昕蕊，北京第二外国语学院经济学院国际商务专业硕士研究生。

着深厚的历史文化底蕴和艺术氛围，加上北京798等著名艺术区以及具有较大影响力的拍卖行如北京保利、中国嘉德、北京匡时的集聚，北京已经成为当前中国艺术品行业的领头地区，对中国艺术品市场乃至国际艺术品贸易的发展有着重要的作用。

一　首都艺术品市场宏观政策

（一）国家层面政策

文化产业又称文化创意产业，是以生产和提供精神产品为主要活动，以满足人们的文化需求为主要目标，按照工业标准生产、储存文化产品和提供服务的产业，具有难复制、价值保持久，创造社会需求、附加值高，对生产环境、基础设施要求较低的特点。为实现中国贸易结构从劳动密集型向资本密集型的转移，文化贸易逐渐成为中国贸易结构优化的重要推手。2010年开始，中国为加快文化产业的高速度、高质量的对外发展，先后印发了《关于加快发展对外文化贸易的意见》、《国家"十三五"时期文化发展改革规划纲要》以及《关于进一步加强和改进中华文化走出去工作的指导意见》等政策法规，为中国对外文化贸易的改革与发展提供了有力的政策支持。为了更加明确和细化文化贸易指导政策的作用范围，突出中国文化产业中艺术品行业的带动效应，中国先后在多个层面对艺术品对外贸易的发展给出了指导意见，主要涵盖艺术品管理、艺术品拍卖、艺术品金融、艺术品进出口关税等方面。

1. 艺术品管理

近年来，国家不断加强艺术品市场的建设，积极支持画廊行业的发展，深化艺术品市场诚信制度建设，推动艺术品行业协会建设，规范艺术品市场秩序，推动艺术品行业的健康发展。2016年初，文化部发布的新修订的《艺术品经营管理办法》中，将"美术品"改为"艺术品"；将租赁、经纪、进出口经营、评估、鉴定、以艺术品为标的物的投资经营活动及服务纳入规范和管理范围；经营者有责任应买受人要求，提供艺术品真实性证明，简化并压缩了审批程序和审批期限。此外《艺术品经营管理办法》中明确，艺术品经营过程中网络交易与正常交易实行同等规则，修正新型艺术品经营市场中不规范的行为，为艺术品市场公平健康发展提供了政策支持。2016年10月，国家文物局发布的《关于促进文物合理利用的若干意见》，支持文博单位依托文物资源，采取授权、合作、独立开发等方式进行文化创意产品的开发，并面向社会提供知识产权许可服务；支持将符合条件的项目、企业纳入文化产业发展专项资金、税收政策以及文化产业投融资服务体系支持和服务范围。2018年文化部发布的《全国文化市场黑名单管理办法》的通知，完善了艺术品市场的监管制度，规定了艺术品市场的违法行为以及相应处罚措施，为艺术品市场提供了公平的交易环境。

2. 艺术品拍卖

尽管艺术品拍卖进入中国的时间不长，但发展非常迅速，短短20多年的时间，中国各地从事艺术品拍卖的拍卖行已多达上百家，2018年中国艺术品拍卖市场成交额突破6000亿元，已经跃居国际拍卖市场的第二位。为确保拍卖市场的蓬勃健康发展，中国相继出台多项政策，从各个方面对拍卖市场进行规范。2016年10月，国家文物局修订的《文物拍卖管理办法》中，文物拍卖企业可以全门类拍卖文物，而不再像过去一样受经营范围的限制，所有具备文物拍卖资质的拍卖企业均可从事互联网文物拍卖活动。① 在确保文物安全的前提下，有意识地厘清市场与政府的关系，实现激发企业经营活力，繁荣文物拍卖市场的目标。

2017年2月，国家文物局在《国家文物事业发展"十三五"规划》中提出，要完善文物拍卖标的审核备案制度，加强文物市场和网上文物交易监管；建立文物经营主体信用信息公示系统和违法失信"黑名单"管理制度。2018年9月20日，中共中央、国务院发布的《关于完善促进消费体制机制 进一步激发居民消费潜力的若干意见》，提出要健全文物合法流通交易体制机

---

① 陈隆：《审视2016年秋拍》，《文物天地》2017年第3期。

制；完善国有文化文物单位文创产品开发试点成效评价和激励机制。①

3. 艺术品金融

随着艺术品行业的快速发展，艺术品投资不断成为国际资本市场上重要的投资方式之一。为进一步改进和提升中国文化产业的金融服务，支持文化产业振兴和发展繁荣，2010年3月19日，由中宣部、中国人民银行、财政部、文化部、广电总局、新闻出版总署、银监会、证监会、保监会等九部委共同签发的《关于金融支持文化产业振兴和发展繁荣的指导意见》，提出对文化产业提供金融服务的实施方法，支持文化产业的发展和繁荣。2014年，文化部、财政部和中国人民银行共同发布《关于深入推进文化金融合作的意见》，提出要加大金融支持文化消费的力度，探索开展艺术品、工艺品资产托管业务，鼓励发展文化消费信贷。2016年，为了加强对艺术品经营活动的管理，规范经营行为，繁荣艺术品市场，保护各方所有者权益，文化部发布了《艺术品经营管理办法》，通过简政放权、优化服务、明确监管对象、放宽市场准入等一系列措施保障了艺术品交易和金融活动的透明性和公平性。②

4. 艺术品进出口关税

2018年5月31日，国务院关税税则委员会发布《关于降低日用消费品进口关税的公告》，公告附件1《进口日用消费品最惠国税率调整表》及附件2《进口商品最惠国暂定税率调整表》显示，"唐卡以外的手绘油画、粉画及其他画（97011019）""雕版画、印制画、石印画的原本（97020000）""各种材料制的雕塑品原件（97030000）"由3%暂行税率下调至1%；"使用或未使用的邮票（97040010）"由8%暂行税率下调至4%；"唐卡（97011011）"由12%暂行税率下调至6%；"手绘油画、粉画及其他画的复制品（97011020）""拼贴画及类似装饰板（97019000）"由14%暂行税率下调至6%。此次发布的关税调整公告对HS协调目录中第97章艺术品类别的关税内容做了大幅调整。艺术品关税优惠制度的不断完善，为扩大中国艺

---

① 刘礼福：《政策法规：提振文物艺术品拍卖市场信心》，《艺术市场》2019年第1期。
② 中华人民共和国中央人民政府官网，http：//www.gov.cn/gongbao/content/2016/content_5070760.htm。

术品进出口规模，提高中国艺术品在国际市场中的竞争力，吸引优质外国艺术品进入中国市场提供了重要的贸易帮助和政策支持。

（二）北京市相关政策与监管

2018年，北京市文化局等八个相关部门共同制定了《关于推动北京市文化文物单位文化创意产品开发试点工作的实施意见》。该意见鼓励试点单位开展以满足民众文化消费需求为目的的经营性企业试点，文化创意产品开发取得的经营收入、事业收入和其他收入可按规定纳入本单位预算统一管理，为后续加强藏品征集、投入文创产品研发提供资金保证，此外还对符合规定、具有带头作用的相关从业人员予以绩效奖励。①

2018年，中共北京市委、北京市人民政府发布《关于推进文化创意产业创新发展的意见》，提出为加快北京市文化创意产业转型升级，助力建设全国文化中心，健全现代文化创意产业体系，要引导艺术品、广播影视以及出版发行等领头行业快速健康发展。其中有关艺术品行业的内容主要聚焦于规范艺术品商品化、金融化、资产化，建设艺术品鉴定、评估体系等市场和交易行为方面；此外还鼓励艺术品与数字网络的全面融合，推动数字创意领域的发展，通过发展艺术品跨境电子商务，在扩大中国艺术品海外消费的同时，吸引海外精品艺术展览在京落户，实现首都艺术品国际贸易的蓬勃发展，构建现代化的文化产品贸易体系。

此外，由文化部和北京市共同建设的国家级对外文化贸易基地——北京"文化保税区"，对于落实中央关于创新文化"走出去"模式，积极开拓国际文化产品市场，扩大国家文化传播范围具有示范引领作用；通过在重点口岸建立对外文化贸易出口基地和服务平台，并实行优惠的税收政策，对加速中国艺术品市场流通，推动中国艺术品走向世界具有重要作用。

---

① 北京市人民政府官网，http://www.beijing.gov.cn/zhengce/zhengcefagui/201905/t20190522_61279.html。

二 首都艺术品产业概况

近年来,中国艺术品市场发展较快,艺术品市场及相应市场体系达到4000亿元的庞大规模,市场发展的规模结构不断优化,新业态不断生发,表现出蓬勃的创新发展态势。[①] 艺术品交易体系不断完善,一些新兴的市场业态如现代拍卖行业、现代画廊行业、博览业等得到了快速发展。行业管理体系不断健全,相关艺术管理部门在多个省份落地。此外,随着艺术品行业较高的投资回报率逐渐被大众感知,许多投资者通过各种手段将艺术品从商品转化升级为艺术品资产与金融资产,这就使得艺术品的实物形态和价值形态的分离成为可能,艺术品获得了金融投资的独立形态,完成了艺术品从商品到金融化、证券化的转变。[②]

(一)一级市场——画廊

据雅昌画廊统计,2019年中国画廊共有4505家,其中北京地区约有1300家,占全国画廊总数的三分之一左右,为全国之最(见表1)。

表1 2019年全国及各地区画廊数量统计

单位:家

地区	画廊数量	地区	画廊数量
全国	4505	四川	105
其中:北京	1300	河北	94
山东	531	湖南	74
上海	450	福建	70
广东	413	陕西	61
台湾	287	湖北	61
江苏	202	安徽	52
浙江	161	辽宁	50
河南	142	天津	44
香港	111	江西	43

---

① 西沐:《中国艺术品市场:发展与反思》,《公关世界》2018年第14期。
② 刘翔宇:《中国艺术品市场金融化趋向及艺术品金融特点分析》,《东岳论丛》2012年第5期。

续表

地区	画廊数量	地区	画廊数量
甘肃	32	新疆	11
云南	30	贵州	10
广西	32	宁夏	7
吉林	27	海南	5
重庆	32	西藏	5
黑龙江	26	澳门	2
山西	21	青海	1
内蒙古	13		

资料来源：雅昌画廊，https：//gallery.artron.net/class/0-0.html。

通过对表1的分析可以看出，北京地区的画廊数量占全国画廊总数近三分之一，是第二名山东的二倍多，遥遥领先于其他地区。除北京外，中国画廊数量较多的地区分别是山东、上海、广东、台湾、江苏、浙江等，拥有画廊数量较多的地区普遍位于我国沿海，而内陆地区的画廊数量普遍较少。

艺术品市场的区位选择受到地理环境、文化气氛和政策环境的影响，北京画廊分布也较为集中，有192家画廊分布于798艺术区中，其他较为集聚的艺术区分别为宋庄、草场地等，同时，还有其他文创园区内的艺术机构，这些画廊协同发展、互惠合作，形成了北京画廊产业发达的局面（见图1）。

1. 经营品类

自20世纪90年代以来，北京由于独特的文化和历史地位，聚集了大批从事当代艺术（先锋艺术）的艺术家，这类艺术也更受国外藏家的欢迎。同时，画廊经营当代艺术品也是为了和艺术品拍卖二级市场形成有效的市场分割，因为拍卖市场更倾向于中国古代和近现代艺术品。书画市场一直占据着中国艺术品交易市场的半壁江山，首都画廊行业主营绘画创作的画廊在整个行业中占据的份额最大。具体来说，在画廊各经营品类中，当代油画占比近三成，其次是当代书画、书法，此外，雕塑、装置也占到较大比重。无论是艺术消费还是投资升值，国内藏家普遍对绘画作品更加青睐。而随着摄影、雕塑的审美教育的普及，大众对摄影和雕塑的了解程度不断加深，未来这两个领域将会成为画廊行业的新兴力量（见图2）。

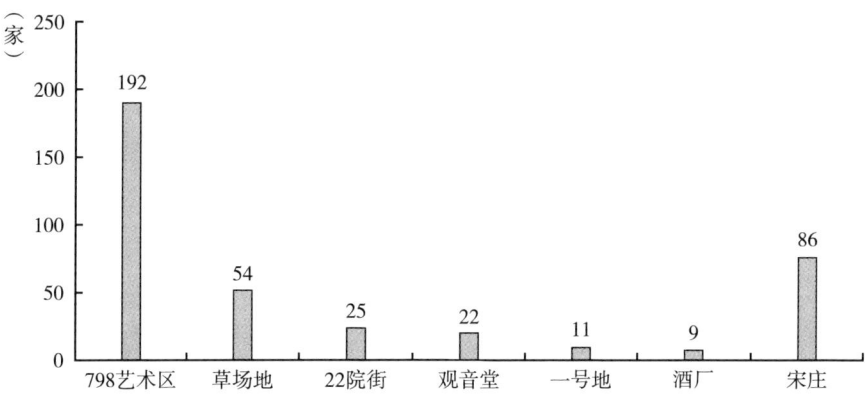

图 1　2019 年北京艺术园区画廊数量统计

注：统计时间截至 2020 年 3 月 1 日。
资料来源：雅昌画廊。

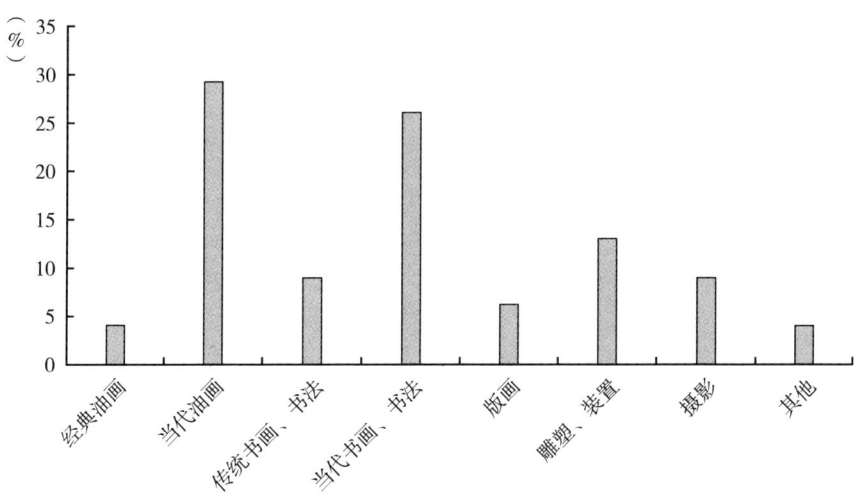

图 2　2017 年北京地区画廊主要经营品类

注：统计时间截至 2017 年 12 月 31 日。
资料来源：雅昌艺术市场监测中心（AMMA）《中国画廊行业调研报告 2017》。

2. 购藏群体

目前中国艺术品市场及其收藏爱好者参与人群已近 1 亿人，藏家主要分为三类，一是消费型，二是投资型，三是二者兼备。画廊主要的藏家来自财富阶层，如企业家、名人以及以投资为目的的收藏机构。为拓展藏家资源，越来越多的画廊选择积极参加艺博会，例如香港巴塞尔、艺术北京等，希望在艺博会上可以更有效地对接藏家群体。同时，来自业内友人的推介，以及装修设计师的推荐也能对画廊的客户拓展工作起到一定作用。以艺术品消费为目的的藏家对作品的升值期许不大，他们更注重艺术欣赏、审美偏好。据雅昌艺术市场监测中心（AMMA）调研，国内80%的画廊的藏家群体包含"90后"藏家，且"90后"藏家人数将继续增长，其艺术审美风向在未来必将对市场产生重要影响。

3. 代表画廊

北京作为中国画廊的发源地，多年来创办了大大小小上千家画廊，这些画廊各有特色，为中国现当代艺术行业发展贡献了巨大的力量。这些画廊致力于对年轻艺术家的培养和跨国界的艺术交流，为推动中国艺术品行业的发展做出了重大贡献。目前比较知名的民营画廊包括木木美术馆、今日美术馆、松美术馆、红砖美术馆、当代唐人艺术中心、亚洲艺术中心、蜂巢当代艺术中心、共同艺术中心、魔金石空间等，以及同样作为北京画廊行业重要支柱的外资画廊，如尤伦斯当代艺术中心、佩斯北京、常青画廊、麦勒画廊、HdM画廊，这些画廊绝大多数集中于北京798艺术区，它们通过相互合作、协同进步，为北京艺术行业的发展做出了重要贡献。

（二）二级市场——拍卖行业

从行业整体发展看，2019年是整个拍卖行业的转型期，无论是行业自律还是买家入市都更趋严格谨慎。虽然艺术品拍卖成交总额整体处于平稳增长过程中，但是高额艺术品的成交量有所下降。其中京津冀为中国艺术品拍卖的主要市场，拍品多集中于瓷器和书画等艺术品。

1. 拍卖规模

如图3所示，2019年上半年，中国艺术品拍卖行业基本保持平稳，188

家拍卖公司参与上拍,总成交额为206.77亿元,上拍的159472件标的物共成交74842件,成交率为46.93%,平均成交价为27.63万元。与2018年同期相比,2019年上半年的成交额下跌了22.56%,成交量同比减少了11.57%,拍品均价同比下降了3.92万元。

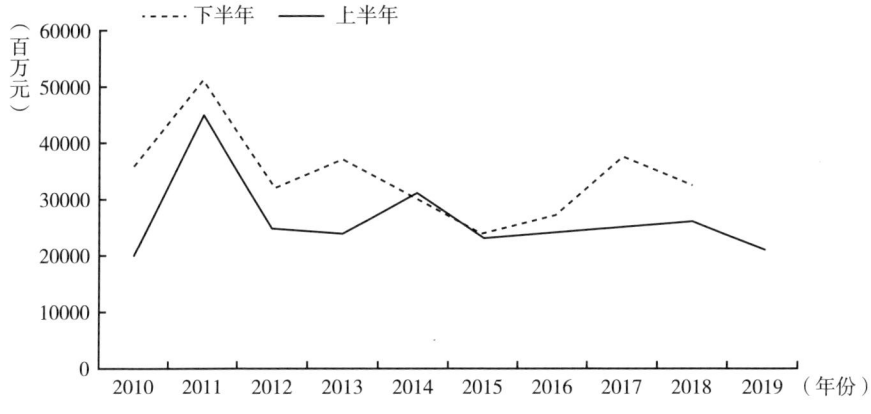

图3 2010～2019年国内艺术品拍卖成交额对比

资料来源:雅昌艺术市场监测中心(AMMA)《中国艺术品拍卖市场调查报告(2019上半年)》。

根据雅昌艺术市场监测中心数据,2019年上半年成交额排名前十位的拍卖公司如表2所示。

表2 2019年上半年国内拍卖公司成交额排名前十位

排名	拍卖公司	成交量(件)	成交率(%)	2019年上半年成交额(亿元)	2018年上半年成交额(亿元)
1	香港苏富比	4352	89.94	32.41	29.83
2	北京保利	8487	66.86	29.13	28.08
3	佳士得香港	3645	80.55	22.70	25.53
4	中国嘉德	11343	79.18	20.99	22.56
5	香港保利	836	44.63	7.20	10.00
6	中贸圣佳	2004	68.91	5.97	5.78

续表

排名	拍卖公司	成交量（件）	成交率（%）	2019年上半年成交额（亿元）	2018年上半年成交额（亿元）
7	北京荣宝	2564	75.06	5.88	6.04
8	广州华艺国际	173	62.45	4.45	5.69
9	厦门保利	662	53.09	3.86	2.52
10	北京翰海	3373	70.58	3.82	3.51

资料来源：雅昌艺术市场监测中心（AMMA）《中国艺术品拍卖市场调查报告（2019上半年）》。

在2019年上半年国内拍卖公司成交额排名前十位中，北京地区上榜5家，3家拍卖公司呈上涨趋势。其中北京保利居第二位，成交额达29.13亿元，同比上涨3.74%；中国嘉德居第四位，成交额为20.99亿元，同比下降6.96%；中贸圣佳以5.97亿元、北京荣宝以5.88亿元、北京翰海以3.82亿元分别居第六位、第七位、第十位。其中，北京保利成交额占前十家公司总成交额的21.35%，中国嘉德成交额占总成交额的15.39%，北京地区拍卖公司拍卖额共计65.79亿元，占前十家拍卖公司总成交额的近一半。

2. 代表拍卖行

"青花奖"是中国文物艺术品拍卖领域的最高奖，中国拍卖行业协会受国家文物局委托，每年就全国文物艺术品拍卖开展专项统计工作，并在此基础上按照"青花奖"各奖项的排名规则产生获奖企业名单。该奖项自2016年设立以来，旨在树立拍卖行业成长的正确导向和健康标杆，进而推动拍卖行业高质量发展。2019年举办的第四届"青花奖"依据全国文物艺术品拍卖企业实收拍品款、结算率、佣金率、利润率、成交率、增长率等6项指标，按不同权重综合排名产生"十佳企业"，分别是中国嘉德国际拍卖有限公司、北京保利国际拍卖有限公司、西泠印社拍卖有限公司、北京诚轩拍卖有限公司、中贸圣佳国际拍卖有限公司、广东崇正拍卖有限公司、北京荣宝拍卖有限公司、上海朵云轩拍卖有限公司、上海嘉禾拍卖有限公司和广州华艺国际拍卖有限公司，其中有五家企业位于北京地区，由此可见首都地区艺术品行业在国内处于绝对领先地位，同时也是艺术品行业的主要集聚地。据全国拍卖行业管理系统统计，截至2020年1月1日，全国具备文物拍卖资质的企业及分公司共计8616家，北京地区的拍卖企业及分公司共计824家，为全国之最。①

北京地区的代表拍卖行主要有北京保利、中国嘉德、北京翰海、北京荣宝等。北京保利以中国古代书画、中国近现代书画、古董珍玩、当代水墨为主要拍卖项目，汇集了齐白石、徐悲鸿、吴冠中等多位艺术家的代表作品，被西方媒体评为世界三大拍卖行之一。中国嘉德成立于1993年，是中国成立最早的拍卖行之一，以中国书画、亚洲二十世纪及当代艺术品为主要拍卖项目，其拍品视角更趋于现代化和国际化，与北京保利在中国拍卖领域有着近乎等同的地位，是中国拍卖行业的著名领头企业。此外北京荣宝、北京匡时、北京翰海拍卖行同样在中国拍卖市场具有重要地位，其每年成交额都位于中国总拍卖市场的前二十位，是中国拍卖市场的重要组成部分。

三 首都艺术品贸易结构分析

《商品名称及编码协调制度》（以下简称《协调制度》）将国际贸易涉及的各种商品按照生产部类、自然属性和功能用途等分为21类97章，全面涵盖了世界上国际贸易所涉及的类别，目前已为世界上200多个国家（地区）所采用。其中，艺术品主要集中在第97章（见表3），其他文化商品分散在其他名类。

通过对艺术品进出口贸易额和贸易量进行分析发现，在《协调制度》所划分的第97章艺术品、收藏品及古物中，贸易额和贸易量的实现主要集中在9701"油画、粉画及其他手绘画，但带有手工绘制及手工描饰的制品或品目4906的图纸除外；拼贴画及类似装饰板"名类中。

2018年中国艺术品、收藏品及古物进出口贸易总额约为3.6亿美元，其中艺术品、收藏品及古物进出口贸易额居前五位的地区分别为上海市、

---

① 全国拍卖行业管理信息系统官网，http://auc.mofcom.gov.cn/auc_new/corpFront/corpQuery.html?goto=list&countyId=110000。

表3 《协调制度》中艺术品名类

章目	编号	商品名称
第97章艺术品、收藏品及古物	9701	油画、粉画及其他手绘画,但带有手工绘制及手工描饰的制品或品目4906的图纸除外;拼贴画及类似装饰板
	9702	雕版画、印制画、石印画的原本
	9703	各种材料制的雕塑品原件
	9704	使用过或未使用过的邮票、印花税票、邮戳印记、首日封、邮政信笺(印有邮票的纸品)及类似品,但品目4907的货品除外
	9705	具有动物学、植物学、矿物学、解剖学、历史学、考古学、古生物学、人种学或钱币学意义的收藏品及珍藏品
	9706	超过100年的古物

资料来源:中华人民共和国海关总署。

北京市、广东省、重庆市和福建省。其中,上海市贸易额最高,约为9278万美元,占全国艺术品、收藏品及古物进出口贸易总额的25.7%;北京市居第二位,约为8953万美元,占全国艺术品、收藏品及古物进出口贸易总额的24.8%。上海市和北京市两地区占比之和超过了全国艺术品、收藏品及古物进出口贸易总额的一半,前五位地区贸易总额之和占比高达73.3%(见图4)。

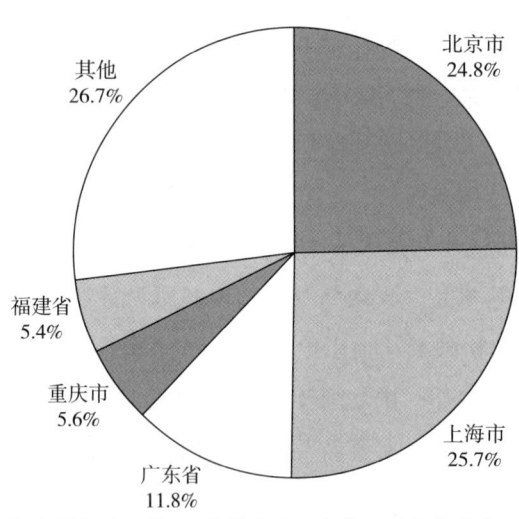

图4 2018年中国各地区第97章艺术品、收藏品及古物进出口贸易额占比

资料来源:中华人民共和国海关总署。

(一)纯艺术品贸易情况

第97章中艺术品包含9701、9702、9703三个名类,分别简称手绘画、复制画和雕塑,由于这三大名类艺术品强调创造性和思想性,因此放在一起进行分析(各地区各类纯艺术品名类艺术品进出口贸易额及排名见表4)。其中手绘画名类中所包含的艺术品种类所实现的贸易额占比最高。2018年北京市手绘画名类艺术品的贸易额为3028万美元,居全国第三位,占全国贸易总额的13.1%。北京市2018年复制画名类艺术品的贸易额为18万美元,同样居第三位,占比6.4%。在雕塑名类中,北京市2018年的贸易额为836万美元,居全国第二位,占比24.3%。在纯艺术品对外贸易中,北京市虽然不及上海市,但是仍然在全国范围内保持领先地位。

表4 2018年纯艺术品名类艺术品进出口贸易额及排名

艺术品名类	地区	进出口贸易额(美元)	排名
9701(油画、粉画及其他手绘画)	全国	231860986	
	上海市	54624644	1
	广东省	34414235	2
	北京市	30283342	3
	重庆市	20124100	4
	江西省	14151309	5
	其他	78263356	
9702(雕版画、印制画、石印画的原本)	全国	2847926	
	上海市	1863267	1
	江苏省	340146	2
	北京市	182930	3
	福建省	136076	4
	广东省	105498	5
	其他	220009	
9703(各种材料制的雕塑品原件)	全国	34480186	
	上海市	18165507	1
	北京市	8363496	2
	广东省	2155994	3
	浙江省	1509548	4
	山东省	507497	5
	其他	3778144	

资料来源:中华人民共和国海关总署。

（二）收藏品贸易情况

第97章收藏包括9704、9705两个名类，分别简称邮票和其他收藏品（各地区收藏品名类艺术品进出口贸易额及排名见表5）。2018年北京市邮票名类艺术品的贸易额为884万美元，居第一位，占比高达91.0%。同样在其他收藏品名类中，北京市也以639万美元的贸易额居全国第一位，占比39.5%。这说明北京市在全国收藏品贸易中起着至关重要的作用。

表5　2018年收藏品名类艺术品进出口贸易额及排名

艺术品名类	地区	进出口贸易额（美元）	排名
9704（邮票）	全国	9714677	
	北京市	8836337	1
	广东省	708524	2
	上海市	106764	3
	山东省	42007	4
	江苏省	11534	5
	其他	9511	
9705（其他收藏品）	全国	16163491	
	北京市	6392249	1
	辽宁省	3772517	2
	湖南省	1881901	3
	广东省	1870318	4
	湖北省	1161826	5
	其他	1084680	

资料来源：中华人民共和国海关总署。

（三）古物贸易情况

第97章9706名类中所包含的商品为超过100年的古物，即包括除9701～9705名类下艺术品之外的超过100年的艺术品（各地区古物名类艺术品进出口贸易额及排名见表6）。在9706名类中，北京市的贸易额为3547万美元，居全国第一位，占比53.5%。由此可见，全国的古物对外贸易也主要集中在北京地区。

表6 2018年古物名类艺术品进出口贸易额及排名

艺术品名类	地区	进出口贸易额(美元)	排名
9706(古物)	全国	66313065	
	北京市	35472026	1
	上海市	17203968	2
	福建省	6201469	3
	广东省	3296776	4
	山东省	2926787	5
	其他	1212039	

资料来源：中华人民共和国海关总署。

四 首都艺术品贸易存在的问题

当前，首都艺术品市场的发展已经进入相对平稳的阶段，以往艺术品市场的经营和投资模式已经达到了较为饱和的程度，而新兴的产业发展模式尚未形成，如何突破现有的市场投资发展限制，形成更加合理的艺术品产业模式，从而推动首都文化艺术品对外贸易的发展，是首都艺术品贸易发展亟待解决的难题。

（一）税负过高影响首都艺术品贸易的发展

通过对中国艺术品关税发展历程的梳理发现，中国对于艺术品的分类更加清晰，相关政策更加完善，关税税率也越来越低。2019年中国主要进口艺术品（手绘油画、粉画及其他画的复制品）进口关税下调至6%，但艺术品进口还需缴纳增值税13%，总税率接近20%，而未与中国签订优惠贸易协定的国家则需缴纳高达50%的进口关税。[①] 虽然中国艺术品关税税率逐年下调，但是与世界其他发达艺术品市场的国家的进口关税相比，中国进口关税税率整体仍然偏高。艺术品高关税是制约中国艺术品市场对外贸易的第一

---

① 中华人民共和国海关总署官网，http://www.customs.gov.cn/。

道门槛，较高的进口关税会造成国外艺术品无法进到国内，而国内艺术品也无法自由流通到国外的窘迫局面，十分不利于中国艺术品国际贸易的发展。此外，目前中国尚未制定艺术品出口退税政策，海外买家在购买中国艺术品时不能享受到退税优惠，这也是制约中国艺术品贸易发展的另一重要原因。

（二）艺术品创意产业尚未成熟

北京是中国的文化中心和国际交流中心，北京地区是中国文化产业的集聚地，这不仅体现在文化产品对外贸易以及文化市场的繁荣程度上，还体现在文化产品的开发方面，每年北京故宫博物院开发的文化创意产品创收可达十亿元，在国内各个地区乃至国际上具有较广泛的影响力，但仍与世界上成熟的艺术衍生品生产与消费体系有着较大的差距。北京拥有非常丰富的文化艺术资源，但是尚未形成专业的文创产品开发团队和行业品牌。北京地区画廊开发的相关文创产品，通常以辅助宣传和展览背景介绍为目的，对于艺术衍生品开发的意识仍稍显薄弱。而在文创开发意识不断被强化的博物馆领域，文创产品的开发效果尚不明显，除北京故宫博物院开发的文创产品之外，北京地区其他博物馆较难实现该方面的营收，大多数博物馆文化创意产品尚未赢得消费者的关注。

（三）艺术品贸易国际市场单一

近年来，北京艺术品主要出口市场为美国、中国香港、德国、日本、英国、荷兰、新加坡等发达国家或地区，艺术品出口贸易结构较为单一。虽然近年来北京逐渐扩大对外艺术品市场范围，但受长久以来形成的贸易习惯和社会文化价值观的影响，这种集中的结果尚未得到完全改善。过于依赖对单一国家或地区的出口，会带来较高风险和不确定性因素，一旦该地区出现了经济波动，或者双方发生贸易冲突等，必然会影响首都艺术品的出口，阻碍首都文化产业的发展。艺术品贸易在带来经济效益的同时，对中国文化的传播也起到重要作用，单一的贸易结构不利于扩大中国文化的国际影响力，同时会减少中国与其他国家的友好文化交流的机会。

（四）艺术品一、二级市场混乱

在成熟发达的国际艺术品市场中，画廊和拍卖行所在的一、二级市场的交易数额比例约为1∶1，这是艺术品市场经济结构和发展态势稳定平衡的较佳状态。然而目前中国这一比例约为1∶3。这种由一级市场与二级市场比例失衡造成的功能失衡就是一级市场、二级市场倒挂现象，这种现象长期、严重存在的不协调必将造成很多的弊端和隐患，阻碍中国艺术品市场的健康发展。[①] 造成这种倒挂现象的原因主要来源于两方面，一是拍卖市场的介入，资本对优质艺术家及作品的追捧，导致画廊生存环境恶劣；二是中国博物馆和画廊起步较晚，发展还不成熟，甚至尚未产生具有公信力的协会组织，相关的扶持政策及专业服务的渠道尚不通畅。此外，由于画廊评级制度的缺失，中国在规范画廊行为、维护一级艺术品市场的有序发展等方面均为空白。

五 提升首都艺术品贸易的对策

（一）降低税负，鼓励发展首都艺术品贸易

目前许多拥有发达艺术品市场的国家对于艺术品进出口采取零关税和出口退税的税收政策，税率的降低可以有效扩大艺术品贸易规模，繁荣本国的艺术品市场。因此为了尽快追赶世界发达艺术品市场的贸易规模，中国也需要在基本政策方面加大支持力度，通过不断降低中国艺术品关税税率来促进艺术品对外贸易的发展。此外，在当今贸易全球化的背景下，作为最早建成的一批"文化保税区"，北京"文化保税区"应积极发挥文化保税区在首都艺术品贸易过程中的重要作用，通过更加优惠的"免税、保税"的政策偏斜，延长临时入境时间，降低超期滞纳金，吸引更多优秀的专业人才和优质

[①] 朱浩云：《砥砺奋进中的中国艺术品拍卖》，《中国拍卖》2019年第10期。

的服务进驻，通过不断优化首都艺术品对外贸易市场的服务环境，发挥首都地区艺术品市场的比较优势，从而更好地实现文化保税区的经济功能以及促进首都艺术品贸易的蓬勃发展。

（二）转变观念，创新艺术品创作与品牌建设

在当今不断强化的"文化自信"的价值观念影响下，大众对艺术品的认知观念也发生了一定的改变，随着艺术品市场关注度的不断提高，艺术品价值体系逐渐向年轻化、创意化、大众化演变，艺术品的文化创意衍生品就是最好的体现。因此为了实现文创产品与艺术品的双向促进，进而带动首都艺术品对外贸易的发展，首都地区各博物馆、画廊应积极挖掘艺术品自身的文化价值，并充分发挥艺术基金、行业协会、行业组织机构与艺术院校的作用，以创新视角推动艺术衍生品的研发和推广，为艺术产业发展提供"产、学、研"的全方位服务。在北京故宫博物院等行业领先品牌的带动下，加速艺术品的行业集聚，培育首都艺术品行业国际品牌。依托北京独特的区位优势和文化优势，通过加强互联网和体验式消费相结合，深度挖掘艺术品产业的文化内涵，不断增强消费者和艺术品牌之间的情感联系，打造首都艺术品产业的国际竞争力。

（三）积极开拓国际市场，丰富贸易结构

为了避免贸易结构单一带来的巨大风险，首都地区应充分利用"一带一路"发展的重大机遇，分区域、分阶段、有选择地开拓共建"一带一路"国家的艺术品市场，扩大首都艺术品市场的贸易范围，刺激潜在购买地区的艺术品需求。针对需求潜力巨大型的国家，要积极利用"一带一路"所倡导的制度文化和人员交流的互联互通，借助各种渠道和途径，提高首都艺术品的市场占有率。针对贸易潜力开拓型的国家，要在继续巩固原有艺术品出口的同时，进一步发挥中华传统文化在这些区域的外溢效应，研究和开发更加符合当地市场需求的艺术品，扩大首都艺术品出口的市场份额。针对贸易潜力衰退型的国家，要深入发掘当地积极因素，进一步把握艺术品的本质特征和人们的消费偏好，充分利

用消费网络的外部性，大力发展跨境电商等新型贸易方式，从而保障目的国稳定的市场份额。

（四）加强国际交流，完善市场建设体制

艺术品市场体系的不完善同样是制约中国艺术品对外贸易的一大要素，因此为了改善当前艺术品市场的投资环境，北京应加快出台相关政策法规，尽快建立艺术品市场鉴定和监管机制，规范艺术品交易平台，促进首都地区艺术品市场的健康发展。同时，首都地区应充分发挥其文化中心、国际交流中心的功能，通过加强首都地区高校、艺术培训机构、博物馆、展览馆等平台与全球其他国家在文化艺术行业方面的合作，为用于展览、教学研究的艺术品进口提供更为便利的入境条件，增强全球优秀艺术品经营机构来中国展示交流的兴趣和信心，为中国公众提供更多接触世界优秀艺术品的机会，同时通过中外艺术行业间的双向交流，积极推广中华文化以及蕴含深厚传统文化的中国艺术品，为中国艺术品走向世界提供良好的宣传渠道。

B.10
首都创意设计对外贸易发展报告（2020）

刘 霞*

摘 要： 2019年在政府政策的鼓励支持下和文化创意产业国际化趋势带动下，北京创意设计对外贸易迅速发展。但与此同时，仍存在各城区发展不均衡、产业间融合度不高以及产品原创力不足等问题。为此，本文从健全政策体系、优化空间布局、发展数字技术和培养专业人才等方面为北京创意设计对外贸易发展提出相应对策建议。

关键词： 创意设计 对外文化贸易 文化创意产业

近年来，随着北京对外文化贸易规模的逐渐扩大，文化产业发展的质量和效益逐年提升。而创意设计作为文化产业中创新度高、技术含量高、文化附加值高的新兴领域，对北京市文化产业及文化对外贸易发展的重要作用日益凸显。北京市作为全国的"政治中心、文化中心、国际交往中心、科技创新中心"，政府有关部门对文化创意设计产业的发展也一直高度重视。2018年中共北京市委、北京市人民政府新闻办公室发布的《关于推进文化创意产业创新发展的意见》中明确提出，"重点打造创意设计、媒体融合、广播影视、出版发行、动漫游戏、演艺娱乐、文博非遗、艺术品交易和文创智库等九大重点领域环节"。因此在北京加快落实"四个中心"战略定位、

---

* 刘霞，北京第二外国语学院首都对外文化贸易研究基地研究员，经济学院讲师，经济学博士，研究方向为国际文化贸易、世界经济等。

着力建设国际一流和谐城市的重要时期,促进北京创意设计对外贸易高质量发展对国民经济水平的提升以及中国核心文化价值观的输出有重要的意义。

一 北京创意设计对外贸易发展概况

(一)政策支持北京创意设计对外贸易快速发展

北京作为中国政治、经济、文化中心,肩负着发展文化产业、振兴文化经济、传播中华文化的重任,加快文化创意产品和服务进出口贸易的发展则是提高北京"软实力"和文化国际影响力的重要途径。近年来北京市政府对文化创意产业整体的支持力度不断加大,在北京市"十二五""十三五"规划纲要中也多次强调发展和开放文化创意产业在北京产业转型升级、优化产业空间分布格局等方面的重要作用,极大地推动了文化产业整体的对外开放。其中在《北京市国民经济和社会发展第十二个五年规划纲要》中明确提出,"努力打造国际活动聚集之都、世界高端企业总部聚集之都、世界高端人才聚集之都、中国特色社会主义先进文化之都、和谐宜居之都,推动北京向中国特色世界城市迈出坚实的步伐","世界城市"和"创意之都"的规划发展目标为有效利用首都科技、文化、教育等方面优势资源发展文化创意产业和文化事业提供了重要支持。2018年中共北京市委发布的《关于推进文化创意产业创新发展的意见》中进一步强调了增强文化创意各行业对外开放的重要性,提出一方面鼓励中国文化企业"走出去",在境外设立合资公司,并且支持企业以参股、换股、并购等形式与国际品牌企业合作等,另一方面鼓励文化创意进口,吸引海外文创企业落户北京等。

文化创意产业整体开放程度不断加大,其中对创意设计对外贸易的支持政策也在不断完善。2014年国务院出台的《国务院关于推进文化创意和设计服务与相关产业融合发展的若干意见》中不仅明确强调要促进创意设计企业"走出去",扩大创意设计产品和服务出口,而且在财税方面加大了对创意设计产业的支持力度，对于纳入增值税征收范围的国家重点鼓励的文化创意设计服务出口实行增值税零税率或免税，这为北京市创意设计产业开拓海外市场、优化海外市场结构提供了重要指导。同时，《北京市"十三五"时期文化创意产业发展规划》中对北京各类文创企业的发展布局做了新的规划，重点强调北京大兴区应该充分利用首都新机场所带来的辐射效应，重点推进创意设计服务等产业的发展，为首都创意设计"走出去"提供了重要支撑。2014年由北京市人民政府办公厅发布的《北京市文化创意产业功能区建设发展规划（2014—2020年）》中明确提出建设首都创意设计服务功能区的重要规划。针对创意设计核心、服装设计、动漫设计以及城市规划设计等方面做出了具体规划。如：以北京设计之都大厦、北京DRC工业设计创意产业基地为核心，依托雄厚的工业设计基础和健全的产业孵化体系，加强以红星奖为代表的中国工业设计品牌建设，打造中国工业设计交流中心，引领提升"中国创造""北京创造"实力；依托北京（永外）时尚创意产业基地和大红门区域的服装纺织企业，引导其向服装设计、家居设计转型；依托展览路片区，强化建筑设计、城市规划与设计、室内设计等领域在全国的领先地位，助力北京宜居城市建设。[①] 与此同时，随着大数据、人工智能等数字技术的迅速发展，国家大力鼓励文化与科技的深度融合，在此背景下，2016年北京市朝阳文创实验区制定出台了北京市首个《文化创意企业申请高新技术企业认定指南》，明确了文化创意企业高新技术企业的认定方法以及所享受的高新技术产业相关优惠政策，为创意产业特别是创意设计产业的快速发展和国际市场竞争力提升提供了重要参考和指导。而从2016年开始，文化创意和设计服务内容被纳入《国家重点支持的高新技术领域》，获得高新技术企业认定的企业在3年有效期内可以按15%的税率缴纳企业所得税。因此，在这些政策的支持和鼓励之下，北京创意设计对外贸易快速发展，日益成为首都高精尖经济发展的重要引擎。

---

① 《北京市文化创意产业功能区建设发展规划（2014—2020年）》，北京市人民政府网，http://www.beijing.gov.cn/gongkai/guihua/lswj/yw/201907/t20190701_100131.html，最后访问日期：2020年5月3日。

此外，创意知识产权的保护对于创意设计产业的快速发展至关重要，也是创意设计产品和服务"走出去"的重要保障。近年来，北京市政府也高度重视首都创意设计产业领域知识产权保护的问题。为深入贯彻党的十八大精神，按照十七届六中全会、"十二五"规划纲要和《北京市促进文化创意产业发展的若干政策》的要求，充分发挥知识产权审判在促进首都文化创意产业繁荣发展中的职能作用，服务首都中国特色社会主义先进文化之都建设，2013年北京市高级人民法院提出了《关于服务首都文化创意产业发展的指导意见》，针对文化创意产业各细分行业，包括新闻出版行业、广播电视电影行业、设计服务行业等，对有关商标、专利等方面的保护和运行规范提出了明确要求。2014年由北京市人民政府办公厅发布的《北京市文化创意产业功能区建设发展规划（2014—2020年）》中同样重点就文化创意产业包括创意设计领域的版权、专利、商标、设计等方面的保护措施构建做出了明确规划，提出深入开展网络版权保护专项行动，加快推进正版示范体系建设工作，并完善文化创意产业版权、专利、商标和设计的管理机制等。

（二）持续扩大的产业规模为北京创意设计对外贸易发展奠定基础

在中国新型工业化、信息化、城镇化和农业现代化进程不断加快发展背景下，文化创意和设计服务已贯穿经济社会各领域各行业，成为社会经济发展的重要推动力量。北京作为全国文化中心，拥有丰厚的文化资源，为文化创意产业的发展和壮大提供了条件和机遇。根据北京市统计年鉴数据，近年来北京市创意设计服务业总体规模呈现不断扩大的发展趋势（图1）。其中，北京市创意设计服务业的资产总额从2016年的1836.10亿元增加到2018年的2350.30亿元，增长率达到28.01%。同时，创意设计服务业总收入在这段时间也呈现波动式的增长趋势，从2016年的1253.80亿元增加到2018年的2771.10亿元，特别是2017~2018年总收入出现了快速增加，增长率高达121.02%。对于创意设计服务业的从业人员平均人数，在2018年却呈现小幅的下降。

在北京市创意设计产业规模不断扩大的同时，创意设计资源在地理空间

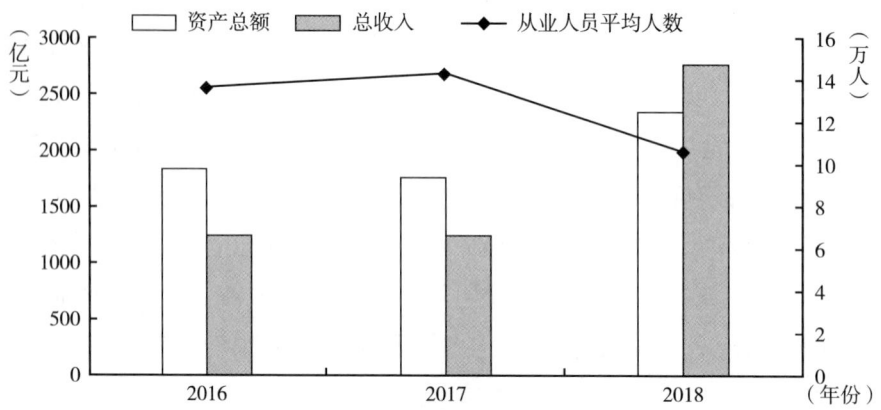

图 1　2016~2018 年北京市创意设计服务业总体规模发展趋势

资料来源：《北京统计年鉴》（2017 年、2018 年、2019 年）。

的视角中也呈现一定的区域集聚性。其中，朝阳区文化创意产业发展势头较强，已经成为首都文化创意产业快速发展和产业结构优化升级中不可或缺的城区，在创意设计资源上正逐渐呈现一定的集聚性。而尽管目前朝阳区的创意设计收入在文化创意产业总收入中的占比不足 5%，创意设计服务利润在文化创意产业年度总利润中的占比约为 2.6%，但是仍然具有较大的发展空间和较好的前景，对北京市创意设计"走出去"的带动潜力会更大，促进作用会更强。可见，北京市创意设计服务业资产规模和收入总量的不断增加，为创意设计产品和服务的进出口贸易奠定了良好的产业基础。

（三）文化创意产业对外贸易带动创意设计产品和服务走向国际市场

北京作为文化人才、文化设施、文化企业总部和文化产业资本最集中的地区，具有发展文化创意设计产业的雄厚基础和绝佳条件。在国家政策的鼓励和支持下，北京市正在加大力度推动文化与科技的深度融合，培育新兴文化业态，调整和优化"高精尖"文化产业结构，大力促进文化产业特别是文化创意产业对外进出口贸易的发展。近年来，北京市文化贸易发展取得积极成效,文化贸易额从 2006 年的 12.65 亿美元提高至 2017 年的 51.2 亿美元。2018 年,北京市文化贸易进出口总量约为 60.2 亿美元,同比增长 17.6%。根据北京服务贸易发展报告,北京市文化创意产业出口贸易呈现逐年增加的变化趋势,2006~2013 年出口总量一直维持在 6 亿美元以上,且仅 2013 年文化创意产业总出口量就达到了约 17.41 亿美元,体现出较强的市场活力和较好的发展前景。[①] 而创意设计是文化创意产业的重要组成部分,北京文化创意产业整体对外贸易快速发展,特别是软件信息技术服务等行业出口竞争力不断增强,不仅为创意设计产品和服务对外贸易提供了多元化的渠道和平台,而且为创意设计更好地"走出去"提供了强大动力。

二 北京创意设计对外贸易发展面临的挑战

虽然北京市在创意设计对外贸易发展上已经取得了较大成就,但作为全国文化中心,在优势资源利用方面仍有一定的空间,与国际市场知名创意设计品牌的产品和服务相比还是有一定的差距。在对外进出口贸易的进一步发展进程中存在以下方面的问题和挑战。

(一)创意设计产业高度集聚,各城区发展不均衡

北京市创意设计资源的空间分布与文化创意产业的发展程度密切相关,也呈现一定的空间集聚效应。朝阳区作为北京四大中心功能定位的主承载区,随着文化产业结构的升级发展,文化创意产业的空间布局不断优化,产业规模日益扩大。在此背景下,朝阳区的创意设计资源分布也相对集中。2014 年末,北京市共认定了 30 家文化创意产业集聚区,文化艺术、新闻出版等各大领域主要覆盖了 16 个区县。根据现有分布情

---

① 张彬彬、刘洁、姜丰:《北京市朝阳区文化创意产业评价与发展路径研究》,《中国软科学》2019 年第 21 期。

况,尽管各类集聚区正在进行从中心到外围的不断调整,但是各大集聚区仍主要分布在中心城区,特别是朝阳区。与此同时,每个集聚区的资源内容又呈现一定的单一性,大部分区内部单一地集聚着同一类资源,这在很大程度上限制了产业间融合发展和交流合作。因此,文化创意资源发展水平、速度、规模和效益等方面在各城区的不均衡,不仅影响了创意设计优势资源潜力的充分发挥,同时也不利于文化创意产业链条的进一步完善和延长。

(二)在对外文化贸易中占比较低,各产业间融合度不高

在北京文化产品和服务对外贸易规模化和市场化发展进程不断加快的影响下,文化创意产业不断发展壮大,出口总量和出口增长率在金融危机之后呈现逐年增加的变化趋势。北京服务贸易发展报告统计数据显示,2013年北京文化创意产业出口额约为17.41亿美元。尽管如此,其中创意设计对外贸易所占比重仍然相对较小,对外开放力度和"走出去"进程有待进一步加强和加快。以北京创意设计资源的重要集聚区为例,2017年朝阳区文化创意产业的具体行业中,软件和信息技术服务、文化用品设备生产销售及其他辅助服务业、广告和会展服务业的资产分别占文化创意产业总资产的31.2%、21.2%和13.2%,创意设计服务资产的占比却不足5%,且设计服务业收入占比不足4%,其出口贸易在文化对外贸易总量中的占比也相对较小,产业结构整体的合理性有待进一步提高。同时,文化创意产业各行业间的融合度不高,优势资源的互补性发展力度不够,对占比较低的创意设计对外贸易发展的带动作用较弱。

(三)创意设计产业原创力不足,产品质量有待进一步提高

在创意设计国际市场中,不断促进产品和服务创新,实现由"中国制造"向"中国创造"转变是提高创意设计出口竞争力的重要途径。而对于北京市创意设计对外出口的产品和服务而言,目前具有国际竞争力的创意设

计企业较少，在体现中国文化和中国创造内涵上产品和服务的种类不够丰富，原创动力不足。不仅没有充分发挥创意资源的高度集聚效应去整合和协调各类创意设计资源进行研发创新，而且众多中小创意设计公司面临有限的融资渠道和规模，创新研发动力不足，进而使得创意设计相关产业链的各个环节发展不协调，出口产品质量提升缓慢。因此，需要不断提高创意设计的出口差异化程度，提高文化及相关产业的融合创新能力，促进创意设计更好地"走出去"。

三 北京市创意设计对外贸易发展的对策建议

随着经济文化全球化的不断发展，文化、创意、知识信息等逐渐成为推动世界各国经济增长和社会发展的强大动力，其中文化在综合国力竞争中的地位和作用日益突出。而创意设计产业作为首都高精尖经济发展的重要引擎，推进其对外贸易高质量发展是培育国民经济新的增长点、提升国家文化软实力和产业竞争力的重要举措。

（一）健全创意设计政策扶持体系，促进各行业融合发展

在北京努力打造国际活动聚集之都、世界高端企业总部聚集之都、世界高端人才聚集之都以及中国特色社会主义先进文化之都等发展战略背景下，政府有关部门也高度重视文化创意产业的发展，出台了一些促进和鼓励创意设计企业国际化发展的政策措施，并且已取得了一定成效。但关于创意设计的发展政策很多是基于文化创意产业整体发展的战略，在北京市创意设计行业自身发展规划、发展策略和对外开放政策体系方面还有待进一步完善。充分结合北京的文化资源优势，健全创意设计国际化的政策扶持体系，根据循序渐进原则，以市场为主导，遵循市场经济规律，积极进行相关领域制度、职能的创新，特别是加大对中小创意设计企业在融资、税收、出口优惠等方面的支持，鼓励更多企业"走出去"。完善政府文化扶持政策，健全法律保障体系，优化文化产业的投融资体系，从顶层设计统筹创意设计产业发展格

局,加强中央政府的统筹指导,并针对北京不同辖区的创意资源特色,结合各辖区国际交往功能定位,优化创意产业的空间布局。同时,加快培育和发展北京创意设计相关行业协(商、学)会以及相关领域具有国际竞争力的中介组织和产业联盟,充分发挥行业组织在研究创意设计行业发展、制定共性标准、整合行业资源、协调行业利益、加强行业自律等方面的作用。进一步发挥龙头骨干文创企业的示范和带动作用,结合北京的创意设计资源和创意要素集聚性特征,提高创意设计的产出运转效率,促进北京创意设计产业健康快速发展。①

随着政策体系的不断完善,创意设计在北京文化产业中的先导作用愈益强化,与相关产业全方位、深层次、宽领域的融合发展格局逐步形成,与科技、金融、制造业和旅游休闲等产业融合发展的能力不断提高。② 与此同时,进一步激发市场活力,充分发挥市场作用,促进文化创意各产业间资源的合理配置,通过产业间的融合发展和产业链的延伸拓展促进北京创意设计向着更加富有文化内涵、更具市场活力和魅力、更具国际竞争力的方向发展。

(二)优化创意设计产业空间布局,带动各城区均衡发展

北京文化创意资源在整体布局上呈现高度的集聚性,2014年北京市认定的30家文化创意产业集聚区主要分布在北京中心城区,其中朝阳区分布较多,且集聚区的资源普遍存在一定的单一性。而对于创意设计资源,除了在朝阳区存在集聚效应之外,在甘家口地区和海淀区高校聚集地集中发展。这些地区凭借独特的地理优势和资源优势吸引了北京众多大型设计院和中小型创意设计公司。③ 为了规划和部署北京创意设计产业全面发展和对外贸易

---

① 《北京市文化创意产业功能区建设发展规划(2014—2020年)》,北京市人民政府网,http://www.beijing.gov.cn/gongkai/guihua/lswj/yw/201907/t20190701_100131.html,最后访问日期:2020年5月3日。
② 唐宁翔:《北京版"创意设计+"产业融合行动计划发布》,《北京商报》2015年7月10日,第A04版。
③ 邱宁、李泽、韩欣宇:《北京市主城区文化创意产业空间分布特征》,《南方建筑》2020年第1期。

的思路和方向，充分发挥北京市各城区的区位优势、政策优势和资源优势，优化创意设计产业空间布局。

在加快中心城区创意资源集约发展的同时，促进资源的跨城区交流与融合，实现创意设计产业在北京各区域均衡发展。具体根据各区资源禀赋和比较优势，形成北京各城区创意产业的梯次演进、有序衔接的发展格局。重点加强朝阳区、海淀区、丰台区、石景山区创意设计资源与数字科技资源的融合，重点发展以"互联网+"为特征的高精尖创意设计产业形态。同时，在大兴区充分利用首都新机场带动辐射效应，重点推进设计服务、新媒体等产业的发展[①]，为北京创意设计对外贸易高质量发展提供动力和基础奠定。此外，重点发挥北京天竺文化保税功能区、奥林匹克公园文化体育（会展）融合功能区以及798时尚创意功能区等的带动和联动作用，将其打造成为具有首都文化发展特色的国际名片，承接国际文化创意节事、赛事，举办国际文化创意产品展演、展拍等活动，并更好地带动北京创意设计产品和服务对外贸易。

（三）促进数字创意设计产业发展，提高中国文化国际影响力

在互联网、大数据、人工智能等数字技术快速发展的背景下，为了更好地发挥北京文化资源优势，提高创意设计出口竞争力，促进创意设计对外贸易快速发展，应不断加快数字技术与传统的创意设计理论相融合。一方面，以中国特色文化为内容支撑，推动创意设计产品和服务快速、全面地实现生产和消费等环节的数字化和网络化，健全智能终端产业服务体系。另一方面，注重中小文化创意设计企业国际化过程中的平台宣传和渠道拓展，加强传统媒体与新兴媒体的融合发展，提升先进文化互联网传播效率和中国文化的国际吸引力。以国家新媒体产业基地为核心，建设创意设计产业设计、研发、转化、运营及服务一体化和数字化的新兴业态，形成创意设计产品和服

---

① 《北京市"十三五"时期文化创意产业发展规划》，中国经济网，http://www.ce.cn/culture/gd/201702/17/t20170217_20300551.shtml，最后访问时间：2020年4月18日。

务数字化的培养和孵化基地。如依托和借助中关村电子城西区、北区和亦庄北京数字电视产业园雄厚的制造业实力，加快推动新媒体技术、数字内容创作和后台云服务与创意设计产业的高度融合，不断提升首都创意设计产品和服务中的附加值。

而在加快数字技术与创意设计产业融合发展，提高创意设计产品和服务质量的同时，要注重挖掘中国优秀文化资源，将有中国特色、北京特色的文化内容和设计理念与数字信息产业结合，不断强化文化在数字创意设计产业对外贸易发展中所起到的支撑作用，提升创意设计产品和服务的文化内涵，进一步增强中国文化在国际市场的影响力。同时，提高北京文化创意企业自主创新能力，高度重视非公企业在创意文化产品"走出去"中的重要力量，积极开展数字公共文化设施建设，支持国际数字文化创意产业园区建设，发展国际高端数字文化产业，吸引国际一流文化产业项目，提高中国数字文化创意产业的国际竞争力。

（四）培养创意设计专业人才，提升设计类产品国际竞争力

在北京创意设计产业全方位、深层次、宽领域、高技术融合发展格局深入构建的过程中，培养一批具有高素质、高技能的应用型专业人才，培养一批人力资本结构合理、具有前沿创意设计理论和出口核心竞争力的企业，提高创意设计产品和服务在北京文化产业增加值中的比重，不仅对北京创意设计产业结构优化具有重要的推动作用，而且有利于北京文化产业整体的转型升级以及文化产品与服务对外贸易的高质量发展。北京作为全国的国际交往中心，具有丰富的人才资源，将高校智库与人才基地融入首都文化创意产业发展，充分发挥高校在产业发展和对外贸易中的引领、桥梁作用。高校通过其自身的智库优势、人才储备、信息和文化聚集服务首都文化创意产业和文化创意设计对外贸易，不仅有利于完善北京城市外交格局、拓宽北京国际交往领域、构建持续性合作交流机制，而且能够促进国际人才对接和文化创意设计产业高质量发展。与此同时，逐步建立健全北京创意设计人才的认定机制、评价体系以及多层次激励机制与奖励体系，基于先进信息技术构建创意

设计人才信息资源库和综合保障服务平台，实现创意设计人才在创意设计各细分领域和企业的最优化分配。

此外，加快创意设计专业人才的培养，促进北京各文化创意集聚区形成拥有自主知识产权的产品，并注重打造具有国际影响力和竞争力的知名品牌，提高创意设计产品和服务的附加值，增强对外贸易中的国际竞争力。同时，由于中国目前是世界上最大的电子商务国家，北京创意设计对外贸易的发展可以充分发挥中国电子商务资源的潜力，利用各大电子商务平台加快创意设计产品走向国际市场的同时，可以吸纳汇聚全球创意设计资源，提升创意设计类产品国际竞争力，促进北京形成中国特色的"创意设计之都"。

专 题 篇
Special Topics

B.11
以城市外交推动首都文化贸易高质量发展

李嘉珊　张筱聆*

摘　要： 随着全球化及城市化的逐渐发展，"城市外交"在现当代外交关系中的地位也不断提升，重点城市及中心城市的重要性日益显现，城市功能性建设至关重要，北京作为中国首都城市，更是需要在城市外交中发挥其特有的功能，同时以城市外交来充分推动其功能建设。本报告结合北京城市外交功能与文化贸易发展实际，需要从统筹文化经济外交整体战略布局和空间布局、构建平台、培育城市软环境、充分发展多元

---

* 李嘉珊，北京第二外国语学院教授，中国服务贸易研究院常务副院长，国家文化发展国际战略研究院常务副院长，首都国际交往中心研究院执行院长，首都对外文化贸易研究基地首席专家，国家文化贸易学术研究平台专家兼秘书长，主要研究方向为国际文化贸易等；张筱聆，国家文化发展国际战略研究院项目研究助理，北京第二外国语学院交叉学科国际文化贸易硕士研究生。

外交、发挥政策优势、培育复合型人才等路径，推动城市外交推动首都文化贸易高质量发展的实践。

关键词： 城市外交　国际交往中心　北京

一　城市外交：内涵与意义

随着世界格局的不断变化以及全球化进程的不断加快，城市，这个"城"与"市"的结合，集多种功能于一体的地理区域，在整个全球关系网络中的角色感与重要性愈加强烈，在外交关系中，时常能够发挥至关重要的作用，甚至能够成为一个国家形象的代表。

（一）当代外交关系的转变与革新

在传统外交理论中，"国家"一直是关注的焦点，国家及中央政府是外交中的主体，而自第二次世界大战以来，越来越多国家以外的行为主体逐渐进入视野，如非政府的组织和跨国公司等，同样还有所谓的具有领土性质的行为体，如联邦州、地区以及城市等在当时多极化格局的背景下散发出独特光彩。

二战之后，兴起的"友好城市"（Twin Cities），就是发挥城市特色及功能的最佳凸显，城市间友好关系的正式缔结，不仅仅是城市之间在政治、经济、文化上长期友好关系的确立，更是两国之间合作的象征。因此，"城市外交"也应运而生，根据外交关系所涉及的内容与形式，"城市外交"被相关学者定义为"城市或地方政府为了代表城市或地区和代表该地区的利益，在国际政治舞台上发展与其他行为体关系的制度和过程"。欧洲几个著名的城市带与城市群，例如法国巴黎—鲁昂—勒阿弗尔城市群、德国莱因—鲁尔城市群、荷兰兰斯塔德城市群—比利时城市群等世界级的城市群，不仅推动了城市间的互动交流与发展，更推进了国家整体的提升，甚至进一步推动欧洲西北部区域成为欧洲最发达的地区。习近平主席于 2014 年 5 月 15 日在中国国际友好大会暨中国人民对外友好协会成立 60 周年纪念活动的讲话中还明确表示要积极推进城市外交，大力开展国际友好城市的工作，促进中外地方交流，推动实现双方优势互补、资源共享、合作共赢。①

（二）城市外交的特征

城市外交可以被认为是一种国际关系管理分散化的形式，是外交制度在新时代背景下的一种转型，其在"主体"、"目的"、"内容"以及"形式"四大特征上都要区别于传统意义上的外交关系，同时是全球整体外交关系的一种拓展与衍生，既为城市乃至国家的发展带来了机遇，但同时也是对国家中央主体外交主权的一个挑战，因此如何平衡两者之间的关系，充分利用其所提供的优势，是城市外交发展进程中的关键。

同时，城市间外交关系的建立，也要强调城市间的匹配度、发展潜力与针对性。首先，所谓的"匹配度"在于两个城市之间是否能够为了互利共赢、共同发展的目标而能够友好协商合作，这也决定了城市外交的关系能否长久。其次，"发展潜力"在于如何利用城市间外交关系为城市发展以及国家外交带来创新性的转变，而非仅仅维持某单一状态。除此之外，针对性也至关重要，例如针对城市的地理特征，会有城市外交内陆模式与沿海模式的发展特色与特征，首都与非首都、中心城市与非中心城市都应该有其城市外交的各自特色化的城市外交模式，从而更好地对接两者间的特色及互相利益需求。城市外交的"六个维度"就能够很好地体现其特点：安全、发展、经济、文化、网络以及代表性。

（三）重视重点城市"功能"建设

城市外交中，一些重点城市发挥着举足轻重的作用，例如首都城市，

---

① 《习近平在中国国际友好大会暨中国人民对外友好协会成立 60 周年纪念活动上的讲话》，人民网，http://politics.people.com.cn/n/2014/0515/c1024-25023279.html，最后访问日期：2020 年 7 月 12 日。

如伦敦是英伦城市群的中心，也是英国的首都，欧洲的"金色香蕉带"所囊括的也是沿海中心城市，其之所以成为中心，核心不仅在于其优越的地理位置，更在于其所具备的独特的"功能"。每个城市都有其独特的"标签"，重视"名片"与"品牌"的打造也是城市发展规划进程中重要的环节之一。而在城市外交关系中，不仅需要将所谓的"品牌"形象充分显现与展示，更需要将其特有的"功能"发挥到极致。这也是每个国家都存在"政治中心"城市、"经济中心"城市、"文化中心"等中心城市的原因之一，将功能最大化，例如纽约，已经成为不仅是美国更是世界的"金融中心"，因此在城市外交的金融及商业关系上，势必占据着绝对的优势。在中国，有北上广深等一线城市，每个城市都有其发展特色，功能划分也日益凸显，例如，上海是长三角城市群的核心，有着中国国际经济、金融、贸易及航运中心的定位。作为首都城市以及京津冀中心城市的北京，具备着作为中国政治中心、文化中心、国际交往中心以及科技创新中心的"四个中心"的重要功能定位，而如何创新性发展其城市外交不仅是其建设国际交往中心的关键，也是充分完善利用这一功能，提升北京城市外交，从而进一步推动中国外交关系发展的重要举措。

二 北京城市外交发展现状及趋势

在城市外交发展的进程中，北京作为中国首都更应发挥引领性的关键作用。2017 年，《北京市国民经济和社会发展第十三个五年规划纲要》提出，北京"十三五"要强化国际交往功能，建设国际城市。2017 年 9 月 29 日，《北京城市总体规划（2016 年—2035 年）》正式发布，规划中明确提出要落实北京城市战略定位，优化提升首都核心功能，加快推进国际交往中心建设，构建协同发展的世界级城市群。① 随着中国的国际地位及国际影响力的

---

① 《北京城市总体规划（2016 年—2035 年）》，北京市人民政府网站，http://www.beijing.gov.cn/gongkai/guihua/wngh/cqgh/201907/t20190701_100008.html，最后访问日期：2020 年 7 月 12 日。

不断提升，北京作为大国首都正吸引着越来越多的国际资源，如何通过北京城市外交推动首都国际交往中心建设，提升国际交往的影响力以及全球城市话语权成为当前落实首都城市战略定位的重要内容。

（一）北京城市外交的时代特征

1973年，在周恩来总理的亲自关心和支持下，天津市与日本神户建立了中国第一对国际友好城市。1978年，中国进入改革开放新时期，对外交往日益频繁，国际友好城市活动也开始步入正常发展轨道。北京作为中国特大型城市，其国际化程度和对外交往资源在全国处于领先水平，城市外交活力充沛，1978年12月，中共十一届三中全会后中国开始实行对内改革、对外开放的政策，1979年3月，日本东京市成为北京第一个国际友好城市，随后北京逐渐打开城市外交格局，1980年分别与美国纽约及塞尔维亚贝尔格莱德缔结友好城市关系。

到了20世纪90年代中期，经历了长达二十余年改革开放的北京市提出了发展"首都经济"，北京作为首都，是国内外交往的中心，经济发展与城市建设成为当前阶段的重点。因此在1998~2002年，北京市积极举办及承办了多个大型国际会议，例如国际数学大会、中非合作论坛部长会议等，其友好城市缔约数量稳步上升。

2001年7月北京申奥成功，2001年11月，中国成功加入世界贸易组织，2002年，博鳌亚洲论坛首次年会在中国召开，自此，北京国际关注度日益提升，也因此收获了丰富的全球资源。2005年以后，北京市制定了"世界城市"的发展战略，进一步完善了城市外事及外交等方面的对外管理体系，2006年，中非合作论坛北京峰会召开，对外交往活动急剧增加，2003~2007年，北京缔结友好城市数量高速增长（见图1）。

2008年，北京奥运会成功举办，同年，第七届亚欧首脑会议在北京召开，随后在2010年，国际友好城市市长会议在京顺利举办，北京也因此逐年承办了越来越多的国际体育赛事和国际性重要会议。2012年，党的十八大正式召开，国际交往中心也在会议上被提升到北京城市发展战略的核心位

以城市外交推动首都文化贸易高质量发展

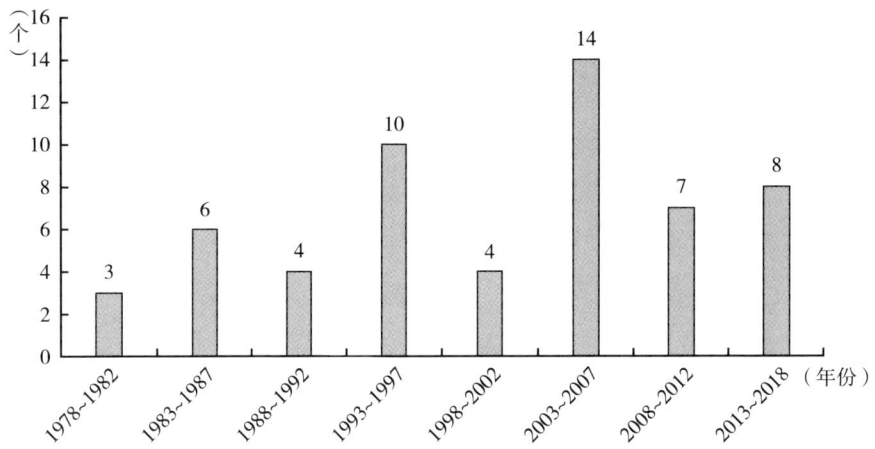

图 1　北京历年友好城市缔结数目

资料来源：根据北京市人民政府外事办公室数据整理，http://wb.beijing.gov.cn/home/yhcs/。

置，而随着京津冀城市协同发展政策与"一带一路"建设的不断推进，北京也逐渐被日益增加的重大国际性活动选择作为其举办地，[①] 截至2020年，北京市已与世界六大洲51个国家的55个城市建立了友城关系（见图2），基本形成布局合理的城市外交体系，其中，北京与西班牙、美国、德国、法国、澳大利亚5个国家两次缔结友好城市，友好城市缔约国也主要集中在欧洲及亚洲。北京选择的友好城市基本上都是对象国家的首都，从行政级别和发展倾向上比较类似。同时，北京对外交往工作的统筹谋划与其国际交往中心建设相协调，以推进友城间各领域务实合作为基础，以首都特色城市外交以及公共外交和民间外交共力推进，形成交往中心带动经济社会联动作用。进一步塑造世界格局、展现中国魅力、凸显北京特色，突出服务中央、服务全局的导向，统筹协调国内与国际两个市场、充分利用好两种资源、适应并运用好两类规则，有效融入传统与现代、东方与西方文化元素，构建面向世界、面向全国的全方位、多层次、立体化的国际交往新格局。

[①] 《见证40年 | 北京的友好城市"朋友圈"越来越大》，中华网，https://news.china.com/zw/news/13000776/20180907/33829082_all.html，最后访问日期：2020年7月12日。

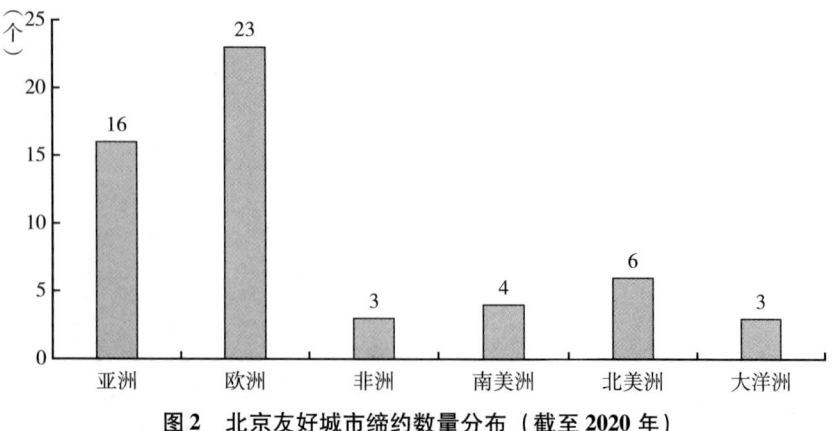

图2 北京友好城市缔约数量分布（截至2020年）

资料来源：根据北京市人民政府外事办公室数据整理，http://wb.beijing.gov.cn/home/yhcs/。

（二）北京城市外交的发展功能

随着中国综合国力的明显提升，北京作为大国首都，逐渐登上世界舞台，也在不断持续推进其国家化的城市框架的建设进程，其整体城市外交能力明显增强。在2015年公布的"第四届全球城市指数"以及2015年《福布斯》推出的"全球十大最具影响力的城市"排名中，北京排名位居前列，均在第8位。同时，中国共产党与世界政党高层对话会、首届"一带一路"国际合作高峰论坛、第二十二次中非合作论坛和亚太经合组织领导人非正式会议等重大国际活动也于2017年在京举办。北京城市外交格局日趋完善，其国际城市形象和国际影响力也大大提升。

首先，北京致力于服务国家总体外交布局及外交关系。北京作为首都，其以中央政府授意的特殊身份服务于国家的整体外交战略，同时着力服务于国家在京举行的重要外交、外事活动。特别是改革开放以来，北京承担着大量大规格国际接待任务。2013年，中国国家主席习近平分别于9月和10月正式提出了建设"新丝绸之路经济带"和"21世纪海上丝绸之路"的合作倡议。北京也积极参与"一带一路"建设，建立了与亚投行、丝路基金等重要国际平台的对接机制，构建了对外开放新格局，并由此加强与共建

"一带一路"国家的合作往来。2019年,第二届"一带一路"国际合作高峰论坛、亚洲文明对话大会也在北京顺利举办。

其次,服务首都外交特色的战略定位及首都城市发展战略。北京市国际友好城市大部分都是其所在国家的首都城市,在行政级别和发展倾向上比较类似,相比之下,同样作为国际性都市的上海就有明显的外交特色差异。以越南为例,1994年10月北京与越南首都河内建成友好城市,而上海选择了越南第二大城市,同样作为港口城市的胡志明市。同时,北京对外交往工作的统筹谋划与其国际交往中心建设相协调,以推进友城间各领域务实合作为基础,以首都特色城市外交以及公共外交和民间外交共力推进,全方位推进国际交往中心建设。

最后,服务地方经济社会发展。北京作为首都,其外事渠道及国际资源是其他城市无法比拟的。2017年,北京市总部企业累计达4007家,其中,外资总部562家,占总量的14%,财富世界500强企业56家,占总榜的11%,近70%国外500强企业在京投资或设立代表机构。2017年1~11月,新设外商投资企业1192家,同比增长23.9%;实际利用外资243.3亿美元,同比增长87.1%。同时,在"一带一路"建设中,截至2017年底,北京市企业在共建"一带一路"的31个国家有投资,累计直接投资额约为22.4亿美元,投资项目24个,涵盖能源资源、农业和贸易等领域。

三 北京城市外交在文化贸易发展中的重要意义

(一)服务北京传统城市与文化特色

北京城市历史悠久,建都史长达近千年,建城史3000余年,其众多的名胜古迹和人文景观在城市外交中具有很强的品牌辨识度。而其城市外交和国际性活动中文化交流也占据重要地位,2017年,在京举办"驻华使节艺术沙龙活动"、"吉庆生肖设计大赛"、"鸡鸣东方"新春双城快闪和"中日小大使"等友好交流活动吸引了各国人民的关注,其中"中国-中东欧国家文化艺术嘉年华"吸引了11个国家14个团组近200位中东欧国家的艺术家参加。同时,多个与友好城市双边友好交流活动也陆续举办,2019年6月6~9日,纪念北京市与东京都缔结友好城市关系40周年"北京周"活动在东京秋叶原会展中心举行,6月18日,"莫斯科—北京:携手共创新未来"论坛在北京顺利进行,相关的"北京日""北京之夜"文化活动也分别在华盛顿以及都柏林等城市举行,展示了北京历史文化名城形象,推动了经贸文化交流合作。

(二)推动国家政治中心建设布局,稳定文化经济发展宏观环境

北京作为首都,其以中央政府授意的特殊身份服务于国家的整体政治中心布局,立足首都职责,保障政治安全,维护首都稳定,完善政治服务功能,创造优良政务环境,改革开放以来,北京承担着大量高规格国际接待任务,以建设国际交往中心为抓手,服务于国家政治中心建设布局,着力服务于国家在京举行的重要政治外交、外事活动,完善重大外事活动的政治服务保障机制,加强重点区域的配套设施建设,巩固和发展国际秩序,推动共商、共建、共享的新全球治理。

与此同时,依托国际交往中心,不断拓展利用外资的方式和途径,利用外资持续增长,加强同世界各个国家和地区的双向合作,服务首都经济社会发展,积极参与重大政策战略建设,同时建立与国际多个重要平台的对接机制,从而实现经济外交,通过加入国际组织,延伸对外交往范围,积极推动对外贸易、引进先进的外国技术资源及丰富的资金投资。以政治外交联动经济外交、文化外交等多维度、全方位对外交流,促进建设"国际消费枢纽城市",同时为北京对外文化贸易提供了稳定的政策环境,极大促进了北京对外文化贸易的发展,2019年北京文化产品进出口总额为346100.6万美元,同比增长52.7%。其中,出口额为90963.8万美元,同比增长121.1%;进口额为255136.8万美元,同比增长37.6%。

（三）提升全国文化中心国际影响力，探索创新发展新模式

北京作为首都，有其独有的城市特色与多元文化，以首都国际交往中心建设推动北京成为具有国际影响力的全国文化中心。推动北京古都文化、红色文化、京味文化和创新文化的发展与传承。北京拥有长达近千年的建都史及3000余年的建城史，其众多的名胜古迹和人文景观在城市外交中具有很强的品牌辨识度，既是历史文化宝库，又是现代文化"走出去"的先锋。而其城市外交和国际性活动中文化交流也占据重要地位，一方面，以国际交往中心建设推动城市更加包容发展，推动首都文化高地融合发展，推动以政府为主导的对外文化交流和对外文化贸易，将文化资源优势转化为优化发展优势，扩大北京的文化影响力，北京能够依托政府政策、资金支持，承担"先锋队"角色，发挥核心引领作用，承担"航母"角色，发挥国际交往平台作用，承担"助推器"角色，发挥辐射全国乃至其他各个国家和地区的作用；另一方面，以国际交往中心推动文化及文化产业对外开放，推动北京传统文化资源文创设计，促进文化+科技、文化+设计、文化+旅游等北京城市特色和多元文化的创新发展，同时，带动了北京电视节目交易会、中国（北京）国际服务贸易交易会、中国北京文化创意产业博览会、北京国际电影节、北京国际设计周等一系列国际性文化会展平台在北京的稳定发展。

（四）激发首都城市发展活力，引领数字产业发展新趋势

借助国际交往中心，引领城市发展创新，使北京成为具有国际影响力的科技创新中心。国际交往中心的建设，重点在于城市创新、交流、开放等方面的表现，开创具备发展潜力、能够引领未来的"智慧城市"或"创新城市"，紧抓全球科技发展趋势和前沿，研判5G、人工智能等重点核心技术，促进全球科技成果在京转化，提高知识技术密集型服务业的国际竞争力，以扩大开放、提升北京服务业发展质量为目标，大力推动科技、互联网、金融、文化、教育等重点领域的服务业发展，持续加强服务业对内对外双向开放，把"引进来"和"走出去"相结合，优化产业资源配置，促进服务业

升级发展，大力发展数字服务贸易等措施。北京数字创意产业协会成立于2010年，北京市政府于2018年印发了《关于推进文化创意产业创新发展的意见》，文件中将"全面推定文化科技融合，打造数字创意主阵地"作为优化北京构建高端产业体系创新性发展的主攻方向之一，2019年，中国国际服务贸易交易会（京交会）也设立了数字创意产业专题，第14届北京文博会海淀展区也以创新数字文化产业为主题。

四 积极开展城市外交，推动首都国际交往中心建设

全球化进程下世界各国和地区之间相互依存、相互关联，形成世界范围内的有机整体，城市外交代表着双方国家在城市层次上的交流与互动，同时，也是中央政府促进对外开放的充分体现。城市外交是城市参与国际交往的重要形式。北京的城市外交，一方面服务了国家整体外交战略布局，另一方面也同时促进了北京乃至京津冀地区经济社会发展和城市战略定位相关政策的实施。如何通过北京城市外交推动首都国际交往中心建设，提升国际交往的影响力以及全球城市话语权成为当前落实首都城市战略定位的重要内容。加强顶层设计、统筹城市外交整体战略布局；打开外交布局，民间、公共外交多渠道合力；完善城市规划布局，核准城市发展功能定位；借力高校战略智库，培养核心多元人才队伍。从而完善北京城市外交格局、拓宽北京国际交往领域、培养持续性合作交流机制、促进国际人才对接和产业发展，推动首都国际交往中心建设。

（一）统筹城市外交整体战略布局

北京作为地方城市开展外交，受到国家总体外交约束是无法避免的。在中国，中央政府拥有国家外交外事绝对的管理权利，因此对于地方政府自主的对外实践而言，其自主权和财政都受到严格的限制。从顶层设计统筹城市外交与国家总体外交格局，实现北京城市外交与国家外交的互利共赢。除此之外，在城市外交工作中明确战略性目标，以北京市外办多向统筹为基础，

协调全市各部门、各层级积极参与，扩大与其国际友好城市在政治往来、经济贸易、文化交流、科技体育等多领域的合作，提高北京市总体外交能力，开展全方位对外交往，形成高聚合、多层次、宽领域的外交整体战略布局。

（二）构建协同有力的对外文化交流机制与平台

新形势下以首都国际交往中心功能建设为引导，以全国文化中心功能建设为底蕴，以科技创新中心功能建设为保障，推动国家政治中心建设，以服务型政府的推动作用激发企业单位、社会组织、高等院校等多元主体的国际交往活力，主动出击，形成经济外交、文化外交、民间外交、学术外交等多方联动机制，形成企事业单位、人民团体、社会组织、公民个人等各种主体共同参与的推动机制。构建外事访问、文化交流、商务交易、交通枢纽等综合一体化的城市对外服务平台。利用服务业扩大开放综合试点契机以及中国国际服务贸易交易会平台，搭建起与国际规则相衔接的服务业扩大开放政策体系，从而促进北京文化贸易高质量发展。

（三）用心涵养北京城市软环境，培育多元化和包容性的城市文化

繁荣古都历史文化，展现现代文化魅力，营建北京城市文化，塑造北京城市形象，守正融新，完善政府文化扶持政策，健全法律保障体系，优化文化产业的投融资体系，提高北京文化企业自主创新能力，重视非公企业在文化"走出去"中的重要作用，积极开展北京公共文化基础设施建设，规划并支持国际文化创意产业园区的发展，重视国际高端文化产业引导，吸引国际及国内一流文化产业项目，增强城市国际多元化和包容性的人文品质。同时，出台鼓励性优惠政策，竞办国际组织总部落户或国际组织区域总部落地，搭建国际性社会组织，打造大型国际节展会议品牌。以举办大型节庆会展为契机，重点规划建设国际组织机构集聚区，吸引更多更重要的国际组织到北京落户。积极承办重大国际会议，筹办有国际影响力的科技、经济、文化等高端论坛，提升北京国际知名度。继续办好北京国际电影节等国际交往活动，吸引国际一流文化项目落户北京。

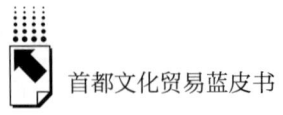

（四）民间、公共外交多渠道合力增强城市文化魅力

随着北京国际城市形象的提升与国际影响力的增强，其国际交往中心建设也面临着前所未有的挑战，北京国际交往活力进一步释放，但友城外交格局仍待打开；北京国际性组织、机构等集聚，但其国际交往活力有待激发；北京国际交往人才和智库资源储备丰富，但资源统筹与开发利用明显不足。因此，需要充分利用民间交往优势，有效发挥其在城市国际交往中的重要辅助作用，正确引导相关民间组织、企业以及高校、留学生、社会知名人士等社会力量有效参与国际交往，将其发展成为城市文化有效"走出去"的主体力量。积极鼓励学术机构、行业协会、智库等开展多领域、跨行业、高质量的国际性交流活动，持续国际文化合作交流机制，从而实现民间合作带动民间外交，以民间外交推动城市外交。

（五）完善城市规划布局，核准城市发展功能定位

目前，北京城市仍存在缺乏丰富的国际化要素、完善周全的城市整体规划布局、待优化的国际交往功能空间格局等问题。不同于美国纽约、英国伦敦等世界城市在城市空间格局经历了数百年的功能完善与功能优化，北京城市整体规划布局仍亟待完善。虽然北京城市功能布局以及国际化要素在2008年奥运会后取得长足进步，但与世界上居于前列的国际都市相比，仍存在较大差异。以布鲁塞尔欧盟总部为例，其不但成了重要的国际会议中心，还成了国际著名的旅游景点。而北京的使馆规划仅限于基础性的空间地理配置，其与北京的城市定位与外交格局明显存在较大的差距。完善城市规划布局，核准城市发展功能定位需要做到以下三点。其一，吸引国际组织及跨国公司集聚，提升北京国际化要素聚集度；其二，完善城市规划布局，提升城市现代化硬件设施配置；其三，明确城市发展功能定位，聚焦核心国际资源，推动成熟的国际性活动落地，提升北京整体城市品牌。

（六）利用政策优势，拓展开放融合的国际文化市场

促进服务业对外扩张，提高服务业国际竞争力，提升北京国际资源和国际市场的利用统筹能力，积极融入全球城市创新网络，提高配置全球资源的效率，设立顶级的研发机构，充分引进及利用国际先进人才、技术、信息等资源，培养并快速提升配置全球创新资源的能力，搭建经济及科技合作基地等国际化平台，提升北京国际化研发及科研服务功能。积极开展国际科技合作，围绕重大国际科技合作项目，与外部资源联合攻关，科研资源共享，加强国际技术转移枢纽建设，以科技产业竞争力提升带动文化产业融合创新性发展。做好空间规划，优化空间布局，以完善先进的涉外基础设施进一步提升北京城市的对外开放水平。同时，积极疏解首都中心城区部分功能，有效引导新城建设并拓展其功能建设；推动并协调京津冀地区跨区域的国际交往功能良好合作，主动引领京津冀国际化协同发展。除此以外，加强城市涉外硬件的建设，打造一批首都特色化文化市场功能区。例如，充分了解并完善现有相关区域的服务及基础设施，为在京国际机构与组织提以及相关的文化企业供优质服务。

（七）构建多元立体城市外交格局，培育国际文化贸易人才

在北京城市外交和国际交往建设中，明显缺乏运作城市对外交往的国际复合型人才。而高等院校既是人才孵化和培养基地，也是城市发展和外交布局的智库支撑。高等院校多层次功能导向与国际化建设是新时代城市发展的关键。将高校智库与人才基地融入首都对外交往和产业发展，能够充分发挥高校在对外交流和民间外交中的引领、桥梁作用。高校更好地服务于经济社会发展，服务城市整体规划，既是使命所在，也是自身发展的源头活水。同时，高校通过其自身的智库优势、人才储备、信息和文化聚集服务首都国际交往中心建设，也是当前完善北京城市外交格局、拓宽北京国际交往领域、培养持续性合作交流机制、促进国际人才对接和产业发展以及推动首都国际交往中心建设的最为有效的途径之一。

参考文献

Rogier van der Pluijm and Jan Melissen，City Diplomacy：The Expanding Role of Cities in International Politics，2007，https：//www.uclg.org/sites/default/files/20070400_cdsp_paper_pluijm.pdf.

陈维、赵可金：《城市外交的内陆模式——以"一带一路"中的中国内陆城市为例》，《国际观察》2017年第1期。

刘波、杨鸿柳：《2019年中国城市外交报告：全方位、多层次、宽领域的新格局》，《公共外交季刊》2020年第1期。

B.12
国家对外文化贸易基地（北京）的发展现状、困境和建议[*]

孙俊新　霍瑛楠[**]

摘　要： 本报告聚焦国家对外文化贸易基地（北京），分析其发展现状，认为该基地在中国对外文化贸易发展方面进行了有效的探索，取得了显著成绩，并具有明显的地理优势，发展前景看好。但该基地也面临投资主体重资产压力过大、政策落地困难、行业竞争加剧、区域带动作用尚未充分发挥的困境和挑战。为此，本报告尝试针对该基地发展路径提出若干建议，并从数字服务贸易中心、艺术品交易展示中心、文物跨国合作中心、文化装备保税中心四大领域打造重点引领项目。

关键词： 文化贸易　保税区　国家对外文化贸易基地（北京）

一　引言

国家对外文化贸易基地（北京）（以下简称"基地"）是文化和旅游部与北

---

[*] 本报告得到教育部人文社会科学研究青年基金"文化距离对中国OFDI的影响：基于文化'走出去'的调节效应分析"（项目编号：17YJC790133）和2018年北京市属高校高水平教师队伍建设支持计划青年拔尖人才培育计划项目"文化'走出去'影响对外直接投资的机理研究"（项目编号：CIT&TCD201804061）的资助。

[**] 孙俊新，北京第二外国语学院文化贸易系主任、副教授，首都对外文化贸易研究基地研究员，博士，主要研究方向为国际文化贸易与投资、世界经济；霍瑛楠，北京第二外国语学院国际贸易学硕士研究生。

京市合作共建的国家级对外文化贸易服务平台，2012年由文化部正式授牌为"国家对外文化贸易基地"。基地位于北京市顺义区天竺综合保税区内，以园中园的形式设立，且因临近首都国际机场，在保税效率和物流运输方面具有更加明显的优势。保税区的最初优势主要体现在文化进口和吸引海外投资方面，因此最初的文化设备、展览展示等业务的发展都依托于"境内关外"的关税优势，而随着中国文化市场主体的建设和文化"走出去"步伐的提速，基地在文化出口和对外文化投资方面的优势也日益显现，并于2018年6月由商务部、中宣部、文化和旅游部、国家广播电视总局共同认定为全国首批13家国家文化出口基地之一。

随着入驻企业的增多，基地也兼具文化产业园区的属性，而按照新经济地理学的分析，产业园区具有节约交易成本、促进知识共享、提升创意性和创新文化氛围的重要作用。划定一片地理区域形成企业的集聚是国外常见的促进文化产业发展的方式，英国的伦敦西区、美国的百老汇都是其中的代表。中国在划定园区以促进制造业国际化方面的成功经验进一步促成了以园区形式推动文化产业国际化发展的尝试，有代表性的努力不仅包括国家对外文化贸易基地和国家文化出口基地的设立，也包括中国—新加坡苏州工业园区及其内设的新加坡中国文化中心、中新天津生态城及其内设的国家动漫园等国家间的合作，以及北京798和深圳大芬油画村等自发形成的产业园区。

借鉴制造业的成功经验，无论是文化保税区还是文化产业园区的建设都在短时间内取得了一定成绩，但文化产品和服务的特殊性也要求园区建设和管理做出创新。作为部委和北京市重点建设的基地，国家对外文化贸易基地（北京）更身担多重任务，在发展过程中不断开拓创新，接连取得可喜成绩，却也有不少迷茫和困惑，本报告对此展开分析。

二 国家对外文化贸易基地（北京）的发展现状和困境

（一）功能区建设有条不紊，投资主体财务压力大

国家对外文化贸易基地（北京）位于首都国际机场临空经济核心区，占地

面积 15.7 万平方米，总建筑面积 45 万平方米，计划投资总额近 50 亿元，分三期建设实施。一期项目为国际文化贸易企业集聚中心，占地面积 5.7 万平方米，建筑面积约 19.2 万平方米，由 28 栋楼宇组成，已经全部建完并投入使用；二期项目为国际文化产品展览展示及仓储物流中心，占地面积 8.3 万平方米，规划建设面积 22.4 万平方米，正在建设；三期项目为国际文化商品交易服务中心，占地面积 1.7 万平方米，规划建设面积 6.5 万平方米，正在筹备中。基地由上述三个功能区组成，三个功能区相互依托、互为补充，通过有效利用保税区政策，为文化创意企业的创意制作、仓储物流、鉴定检测、展示交易提供全产业链服务。①

如此庞大的建设项目背后离不开资金的大量投入。基地的投资建设和运营管理主体是北京市文化投资发展集团（以下简称"北京文投集团"）下设的北京文投国际控股有限公司，其实际承担着基地投资建设的资金压力，每年仅利息成本就达数亿元。②

（二）外部环境持续优化，竞争压力不断加大

自天竺综合保税区封关以来，各级政府非常关心基地的发展，密集出台多项政策。北京市人民政府文化部于 2014 年出台了《关于加快国家对外文化贸易基地（北京）建设发展的意见》（京政发〔2014〕25 号）；依托北京服务业扩大开放综合试点契机，天竺综合保税区管委会与市商委等八部门联合出台《深化服务业开放改革　促进北京天竺综合保税区文化贸易发展的支持措施》（京商务函字〔2018〕492 号）；北京海关先后研究制定了《北京海关支持北京市服务业扩大开放综合试点若干措施》和《北京海关支持文化贸易发展便利化监督办法》；北京出入境检验检疫局发布了《关于给予国家对外文化贸易基地经营项目便利措施的通知》（京检办通〔2014〕51 号）；等等。这些政策涵盖土地、财政、金融、报关、检验检疫等多个方

---

① 《国家对外文化贸易基地（北京）二期开工建设》，新华网，2017 年 10 月 30 日，http：//news. xinhuanet. com/culture/2017 - 10/30/c_ 1121876750. htm。
② 《基地概况》，国家对外文化贸易基地（北京）官网，2020 年 4 月 18 日，http：//www. bjfreeport. com/index/park/index. html。

面，为促进基地的工程建设、对外文化贸易和招商引资提供了有力的政策支撑。不仅如此，政府职能转变过程中服务企业的效能进一步提升。顺义区新政务服务中心于2019年2月投入使用，其开设了统一的服务窗口、规范办事流程、简化办事程序、提高办事效率，并设置企业服务专区，为开办企业提供"一站式"的快捷服务。天竺综合保税区管委会下设综合服务中心，对入区企业实行全流程、点对点服务，协调海关、工商、税务等职能部门，压缩企业开办时间，提高审批时效。

日益优化的政策环境也孕育着更多的市场主体及地理集中区域。首先，国家对外文化贸易基地在全国共有三家，分别位于北京、上海和深圳，三家国家对外文化贸易基地都是部市共建，也主要依托当地文化产业的发展，但并没有完全的区域划分，国家对外文化贸易基地内入驻企业来自全国各地，也包括不少外资企业。其次，文化保税区的范围不断扩大，比如同样位于北京的、以798为核心建立的大山子文化保税中心。最后，文化产业园区更是在全国各地如雨后春笋般破土而出。应该说，更多的产业园区和对外文化贸易基地的出现是文化产业和文化贸易蓬勃发展的表现，是好事，但这也倒逼作为先行者的国家对外文化贸易基地（北京）不断探索自身优势，凝练自身特色，形成业内的品牌优势。

（三）入驻企业日渐增多，基地仍需面对招商引资压力

国家对外文化贸易基地（北京）招商形势稳中向好，各类文化企业纷纷入驻，涉及演出经纪、文化投资、文化租赁、影视制作、文化贸易、展览展示、艺术品鉴定等业态，并建立了印尼、印度等国家馆。以龙之传奇（北京）国际艺术有限公司为例，该公司是演出经纪领域向外资开放后，北京的第一家外商独资演出经纪公司。其作为国际知名的文创演出机构，自建立以来，已经在世界各国开展了演出业务，其合作对象不乏环球影城、迪士尼、卡梅隆国际制作公司等国际著名企业。2017年4月，该公司正式入驻基地。该公司的入驻是基地招商引资的重要成果，也是基地在国际文化贸易领域竞争力提升的重要体现，更是北京市服务业扩大开放后得到初步成效的表现，是中国文化开放政策得到有效实施的表现。又如，北京乐石文物修复

中心有限公司项目于 2019 年 12 月入驻基地独栋写字楼，标志着其在基地内的文物修复工作正式开启。其是中国文物修复领域的龙头企业，拥有最全面的可移动文物修复资质和全国最大的修复基地，其文物修复专家以及顾问都供职于故宫博物院、首都博物馆以及湖北博物馆等国内知名文化博览场馆。该企业项目的入驻，有助于基地打造具有国际水平的文物修复保护中心，并将服务北京国际交往中心与全国文化中心的建设，对推动"一带一路"文化贸易发挥重要作用。

尽管已取得一系列成果，但基地入驻企业数量偏少是一个不容回避的事实，而一定数量企业的入驻是确保基地发挥积极作用的前提和基础。基地依托自身优势确定发展定位和发展方向，并据此吸引业内有影响力的企业，而优势企业的入驻不仅可以直接带动基地贸易量的增加，而且将带动产业链上下游企业的加速入驻和区内产业链的构建。企业从自身发展实际出发决定是否入驻基地，只有当企业的入驻是因为基地优势同自身需求真实匹配时，入驻的企业才会非常活跃地开展业务。

（四）文化贸易和文化交流蓬勃发展

国际文化贸易企业集聚中心、国际文化产品展览展示及仓储物流中心、国际文化商品交易服务中心三大功能区相互依托、互为补充，通过有效利用保税区政策，为文化创意企业的创意制作、仓储物流、鉴定检测、展示交易提供全产业链服务，共同推动文化贸易创新实践。作为基地核心功能区域，国际文化贸易企业集聚中心着力发挥创意、集聚、转接、协作、传播五大功能，吸引文化创意产业中从事设计研发、影视文化、进出口贸易、展览展示、仓储物流等业务的国内外文化贸易企业入驻，形成国际文化贸易服务产业生态圈。国际文化产品展览展示及仓储物流中心提供国际文化产品展览展示及仓储物流服务，为国际影视、国际演艺提供展览展示、保税制作、版权贸易、金融配套等服务，同时整合入驻企业的核心技术和优势，形成以资本为纽带的国际影视娱乐内容生产制作集群。国际文化商品交易服务中心为入驻企业提供高端生活配套服务，提供国际文化贸易进出口代理、贸易咨询等

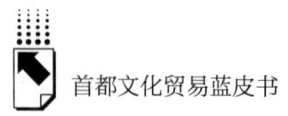

中介服务。集生产、办公、商务、餐饮、休闲等高质量配套于一体，全力打造文化产业发展链高贸易量和高附加值。①

保税无疑是基地开展文化贸易最初也是最重要的优势来源。保税区作为落实保税政策的实体服务平台，能够使文化企业及其产品在保税区享受进口货物不征税、出口货物可退税的政策优惠，及免进出口许可证的待遇，减少报关环节，提高文化产品的国际转运效率。在保税区内发生的企业间交易，还可免征交易税。② 以舞台演出设备为例，近年来国内演出的增加和演出效果的提升扩大了对演出设备的进口需求，这些设备往往价格昂贵而使用频次不高，使演出团体增加了成本，导致了大量浪费。如果上述交易在保税区内进行，引进的各类演出制作设备及灯光、音响、摄影等器材可以在保税状态下租赁给国内的文艺活动，分次摊销关税，降低演出成本。国外演出团体进入中国市场，可以在道具、设备进关和转关环节得到便利支持，中国演出团体赴国外巡演，则可以通过中国保税区海关体系和国际海关体系的沟通合作，降低运营成本。

在文化贸易蓬勃发展的同时，国家对外文化贸易基地（北京）深挖文化资源优势，搭建对外文化交流平台及跨国文化友谊的桥梁，服务北京市全国文化中心的建设。与上海合作组织、莫扎特基金会等国际国内机构建立合作关系，在促进国际交流和国际合作的同时彰显基地的国际化资源实力；2019年4月25日，在第二届"一带一路"国际合作高峰论坛期间，中外媒体到访国家对外文化贸易基地（北京），参观了当时正在展出的关雷画展、俄罗斯油画展、莫扎特项目展，特别是"一带一路"重点项目展，了解北京搭建文化贸易服务平台，推进国际文化贸易和文化交流的举措及成果；③充分发挥基地占地面积大的优势，大力推动国家馆建设，铺就文化交流和文

---

① 《北京"文化保税区"：减免税费 护航进出口》，《中国文化报》（数字报），2015年3月28日，http：//nepaper.ccdy.cn/html/2015-03/28/content_149719.htm。
② 《全国首个"文化保税区"下月在京开建》，凤凰网，2011年10月15日，http：//news.ifeng.com/c/7faZH2HhcM2。
③ 张宇：《中外媒体记者探访北京天竺综合保税区 体验"文化贸易"》，北晚新视觉网，2019年4月25日，https：//www.takefoto.cn/viewnews-1770781.html。

化贸易、"走出去"和"引进来"协调发展之路。依托文化保税优势，基地成为绘画、雕塑、图书、影视产品、设计产品、动漫网游、舞台设备等的展览展示中心，也成为国际文化商品的体验中心。

三 国家对外文化贸易基地（北京）的发展建议

国家对外文化贸易基地（北京）已经开展了一系列创新，取得了一系列成就，其不仅面对国家进一步对外开放和北京市发展服务业的新机遇，也面临着不断升级的压力。在充分发挥政府和企业桥梁作用及争取政策支持的同时，基地可以在以下方面积极创新。

（一）积极争取政策支持，促进政策落地

首先，积极争取针对文化贸易的专项政策的支持。文化贸易具有重要的产业间辐射和拉动作用，对国家形象和城市形象的建设具有举足轻重的意义，但作为新兴事物，其发展起点低，发展模式有其特殊性，发展路径尚不完全清晰，因此有必要出台专门的政策支持其发展。文化贸易分为文化产品贸易和文化服务贸易，其中文化服务贸易代表着文化贸易的更高发展水平和未来发展方向，具有非实体性，且对传统物流运输业依存度不高。因此，传统货物贸易的政策不能直接照搬到文化贸易中去，需要在发展文化贸易的同时，不断更新文化贸易的政策，有的放矢，让文化贸易得到飞速发展。在这一过程中，基地也应充分发挥主动性，明确提出政策需求和对策建议。

其次，要推动政策真实落地。针对基地内企业向政府申请资金、向海关申请配套等的普遍需求，基地应做好政策宣讲，同时主动对接保税区的配套服务，用好政策服务，提高办事效率。政策实际落地不仅能够给企业带来切实利润，对政府评估政策效果也有实实在在的好处。

（二）发挥平台作用，吸引标杆企业

第一，文化贸易企业是发展的重中之重。尽管其兼具文化传承、文化交

流的职责，但文化贸易的开拓和发展仍是基地的核心内容。2009～2018年10年间，国家精选了1705家国家文化出口重点企业以及692项国家文化出口重点项目。这些企业与项目是中国优秀文化主体的代表，为基地的招商引资提供了参考，是基地在招商过程中有必要重点关注的。

第二，重视有潜力的成长型企业。按照成长周期，企业可以被分为初创期、成长期、成熟期以及衰退期四个时期。处于初创期的企业创业成功率极低，处于衰退期的企业发展前景十分暗淡，因此这两个时期的企业都不适合引进。处于成熟期的企业大多是上市公司，处于成长期的企业商业模式大多已经成熟，并且这两类企业在各自的领域都占据着一定的市场份额，是基地引进的重点。尤其应吸引处于产业链关键环节的企业，其成功入驻能够推动基地招商引资的深入，对基地长远发展起到事半功倍的效果。

第三，重视文化服务企业。北京是全国唯一的服务贸易试点城市，文化服务是北京服务业扩大开放的重要试点内容，基地地处京津冀都市圈，理应在文化服务贸易上有出色作为。微笑曲线告诉我们，处于上游的设计研发服务与处于下游的品牌服务的附加值是最高的，而上游和下游的环节都以服务业为主，因此重视文化服务企业的引入对提升基地实力有重要意义。

第四，重视新兴业态。利用好基地作为综合服务平台的优势，推动战略业态与核心业态企业或者项目的落地，推动文化与科技、投资、金融服务等业态的融合发展，推动优秀的文化企业、项目、产品从基地出发，面向全球市场，参与世界范围内的竞争。

（三）完善区内产业链，提升服务效果

第一，打造完备的产业链服务体系。针对入驻企业普遍需要的服务，基地有两种可选的提供方式：或者由基地提供推荐名单，转由外部企业提供咨询建议；或者以基地运营企业为主导提供服务。鉴于基地专注平台功能，本报告倾向于前者。

第二，完善周边配套服务设施。完善园区内的住宿、餐饮以及零售业等生活配套设施；改善周边公共交通，力争在园区内实现"园区通勤车"，并

且使通勤车接驳公交与地铁。

第三，增加政策宣传渠道。多渠道向入驻企业宣传，使基地内企业更清楚政策，方便企业充分利用政策。对于尚未入驻基地的企业，充分利用培训会、座谈会以及实地调研等机会，宣传基地优势，扩大基地影响力。

（四）把握关键机遇，不断开拓创新

文化保税赋予基地得天独厚的优势，但保税区的意义并不仅限于保税，而是涵盖进出便捷、流通高效，从而可以活跃文化贸易，便利优秀的中国文化产品和服务"走出去"和吸引优秀的外国文化。基地脱胎于文化保税区，并成功运作了艺术品保税交易，积累了文化保税方面的经验，在继续发挥文化保税优势的同时，也应抓住"一带一路"建设和国内文化市场开放的重要机遇，依托国家馆建设汇集全球特别是"一带一路"沿线的文化资源，扩大文化进口以丰富国内文化市场，并促进进口和出口的协调发展。

文化投资是文化贸易的进一步升级，在经过 2016 年底以来对中国对外直接投资的引导和规范后，中国文化领域的投资已经逐步回归合理水平。作为文化"走出去"的重要组成部分，创新文化投资以便吸取过去的经验教训、开拓创新，将对未来文化投资的发展具有重要的指导意义。

（五）依托企业自身优势，以重点项目推动基地建设

国家对外文化贸易基地（北京）以企业为主体，其未来发展有必要充分结合北京文投集团的自身优势。北京文投集团的业务包括六大板块：文化金融、文化内容、文化渠道、文化贸易、文化功能区和文化+。现结合行业发展趋势，提出以下建议。

第一，构建数字服务贸易中心。项目设立架构方面建议如下。（1）数字展览展示中心。依托已有的展览展示项目，以数字技术为支撑，构建立体、高效、覆盖面广、功能强大的国际传播网络。（2）数字版权交易中心。依托艺术品保税港的已有建设成果，积极获取艺术品数字版权，延长艺术品产业链；依托影视动漫制作优势，探索构建以大型影视动漫企业为主导的数

字内容贸易服务平台；总结艺术品和影视动漫数字版权交易的经验，推动建设覆盖面更广的数字版权展览展示和交易平台。（3）跨境电子商务。面对国际贸易和投资的数字化趋势，推动实体产业与数字化技术的深度融合发展，鼓励应用精准营销和智能营销，大力发展"社交+电商"的商业模式。加强和海外电商的资源对接，推动电子商务国际合作，开展有关对话对接活动。（4）数字制作中心。适度引入这方面的企业，完善区内数字服务贸易的产业链。

第二，构建艺术品交易展示中心。项目设立架构包括：推动国家级宝石交易平台的创建，建设基准市场，制定交易规则与模式，不断提升在国际宝石贸易中的定价影响力；积极引进国内外一流的服务商，加强基地在文化艺术产品仓储物流、展览展示、鉴定评估、确权担保、维护修复、版权保护、交易标准制定以及交易指数发布等方面的专业服务能力，形成核心竞争力；在艺术品交易展示中心中可以融合创意设计业务，充分发挥基地优势，探索在设计等高端环节实现企业国际化发展，依托北京国际设计周，发挥北京作为国际设计之都的优势，吸引国内外大型文化企业、国际知名实验室在基地设立设计机构。

第三，构建文物跨国合作中心。文物修复和艺术品展览展示如孪生兄弟一般，相互依存，缺一不可。北京拥有丰富的博物馆资源及艺术品鉴定和修复机构，基地也已经有北京乐石文物修复中心有限公司这一文物修复的龙头企业，构建文物跨国合作中心优势明显。文物跨国合作中心重点包括三类企业：文物交流培训机构，主要负责文物修复专业人才的国际交流和培训，这也是中国对外签订的多边和双边文化合作协定中屡屡涉及的内容；艺术品修复机构，主要负责商业性艺术品修复，是艺术品保税港的必备环节；文物修复机构，主要对接各国海外文物回流服务和中国文物回流工作。

第四，文化装备保税中心。保税区是以保税仓库的形式发展起来的，因此，北京、上海、深圳三家国家对外文化贸易基地面积都比较大，从而便利保税品的仓储。其中北京基地占地面积最大，约为上海的3倍，更远超深圳基地，因此在创立初期北京基地即提出建设"世界上建筑规模最大、服务功能最完善、市场辐射力最强的文化保税区"。正因为如此，北京基地在设立保税仓库方面有着天然的优势，并已经设有保税仓库，如前面提到的用于租赁的舞台演出设备就是存放在保税仓库。但保税区的目标不仅仅是提供器材租赁服务，其还可以依托器材，带来国际先进的技术、团队、服务、资本。以影视拍摄器材的租赁为例，如果能够成功吸引海外先进的电影后期制作团队和设备入驻保税区，则可以为电影后期制作过程中半成品的通关节省大量成本，并有助于提高国内影视产业的技术水平。[①] 具体包括：设备仓储中心，用于仓储常用设备以供租赁；咨询服务中心，用于提供设备通关咨询和合作咨询服务。

参考文献

陈文敬、米宏伟：《中国文化贸易发展现状、问题及对策》，《国际贸易》2013年第1期。

花建：《"一带一路"战略下增强中国对外文化贸易新优势的思考》，《中共浙江省委党校学报》2015年第4期。

花建：《文化产业竞争力的内涵、结构和战略重点》，《北京大学学报》（哲学社会科学版）2005年第2期。

霍步刚：《国外文化产业发展比较研究》，博士学位论文，东北财经大学，2009。

李嘉珊、任爽：《"一带一路"战略背景下海外文化市场有效开拓的贸易路径》，《国际贸易》2016年第2期。

李嘉珊：《国际文化贸易论》，中国商务出版社，2016。

李小牧、李嘉珊：《国际文化贸易：关于概念的综述和辨析》，《国际贸易》2007年第2期。

李小牧、王海文：《文化保税区：新形势下的实践与理论探索》，《国际贸易》2012年第4期。

李小牧：《首都文化贸易发展的现状与未来》，载北京第二外国语学院国际服务贸易研究中心、《国际贸易》杂志社编《国际服务贸易评论》（总第2辑），中国商务出版社，2009。

---

① 《北京"文化保税区"：减免税费　护航进出口》，《中国文化报》（数字报）2015年3月28日，http://nepaper.ccdy.cn/html/2015-03/28/content_149719.htm。

罗尧成、赵蓓超：《文化创意产业集群发展研究综述——基于CNKI（2004—2013）收录文献的分析》，《科技管理研究》2016年第2期。

曲慧敏：《中华文化走出去战略研究》，博士学位论文，山东师范大学，2012。

曲如晓、杨修、刘杨：《文化差异、贸易成本与中国文化产品出口》，《世界经济》2015年第9期。

汪颖：《中国文化贸易政策研究》，博士学位论文，江西财经大学，2015。

王海文：《中国文化企业"走出去"：现状、问题及对策》，《理论探索》2013年第4期。

王乾厚：《发达国家文化创意产业集群发展及其启示》，《经济研究参考》2015年第54期。

余佳、游达明：《文化产业集群效应及竞争力评价》，《统计与决策》2017年第17期。

周璐铭：《中国对外文化战略研究（2000—2015）》，博士学位论文，中共中央党校，2015。

周升起、兰珍先：《中国文化贸易研究进展述评》，《国际贸易问题》2013年第1期。

B.13
创新设计驱动贸易繁荣

——北京设计博览会创新与实践

王昱东*

摘　要： 依托北京国际设计周创办的北京设计博览会自2018年起已成功举办两届，分别以"致敬生活"和"创变未来"为主题，聚焦创新设计理念，在国际资源融合、创新设计赋能传统文化、赋能文化IP等方面进行了大量探索实践，搭建起创新设计大平台，为助推北京"四个中心"功能建设，提升与设计相关的人民生活品质起到了积极作用。

关键词： 北京设计博览会　创新理念　文化贸易

一　秉承创新设计理念的北京设计博览会

"北京设计博览会"是北京国际设计周孕育出的重点板块，2018年首次举办，已经成功举办两届，初步实现了设计与产业、设计与消费的连接，使之有机结合，同时推动设计服务与相关产业融合、完善设计服务产业链、构建设计服务要素市场、促进设计消费、引领行业趋势及生活风尚。

作为依托平台的北京国际设计周，自2009年首届创办起，今日已成为国际A类创意设计活动和亚洲规模最大的设计周。北京国际设计周的发展

---

* 王昱东，北京国际设计周组委会办公室副主任、北京国际设计周有限公司总经理，副研究员，主要研究方向为设计服务贸易。

定位是国家推进创意设计与相关产业融合发展的重要平台，是北京建设全国文化中心、科技创新中心、国际交往中心的重要抓手，是北京疏解非首都功能、构建高精尖产业结构的重要引擎。设计周以"大设计"引领"智慧城市"建设的理念，聚集全球创意资源，激发全民创意活力，成为北京对于国际城市发展模式的理论贡献，已经被越来越多的城市管理者和设计业界所认可和实践。

中华民族精神不断激发传统文化参与创新创造的潜力，打通了传统与未来，从非物质文化遗产到人工智能，联结情感与智慧，唤起公众的文化兴趣，从多维度助力公众树立创新意识，增强文化自信与文化自觉，"北京设计博览会"项目正承载着如此使命孕育而生，博览会立足持续聚焦首都全国文化中心建设，坚持促进文脉传承与融合发展，推动优秀传统文化的创造性转化和相关产业的融合发展。与此同时，设计博览会还承载着社会传播与公众教育的职能，它将成为一个联结传统、未来、情感、智慧、生活、创造的节点，一个呈现城市、科技、文化、生活方式创新融合发展的窗口，以"设计＋"的力量为人民开辟一条走向美好生活的途径。

二 北京设计博览会实践探索

在北京国际设计周组委会的策划下，博览会在主题上以创新设计推动产业发展、设计改变民众生活为基准出发点和目标，2018年、2019年两届北京国际设计周设计博览会分别以"致敬生活"和"创变未来"为主题，由北京国际设计周有限公司在全国农业展览馆（北京）举办，室内外展览面积约25000平方米。

设计博览会在内容规划上以"设计＋"的理念为引导，共设置了"非遗设计""IP设计""智能创新设计""生活时尚设计""家居设计""城市设计""设计产业策动系列论坛"等内容，用不同领域内容体现创新设计介入生产的更多可能性，以设计对接产业为核心，以设计推动贸易发展为手段，以设计改善人民生活为最终目标。

（一）聚焦国际资源融合

汇聚整合国内、国际优秀的设计资源，提高平台品质，是北京设计博览会发展的重要手段。为了汇集国际优质设计资源，北京设计博览会引入了亚洲知名的家居设计品牌展览"设计上海"落地北京，并因地制宜创建新品牌——"设计中国北京"，作为特邀平行展。

作为亚洲顶级设计盛事，"设计上海"大规模地集中展示全球顶尖设计品牌，提供了一个与众不同的交流、交易平台，帮助品牌与亚洲最具影响力的建筑师、室内设计师、房地产开发商、采购经理及私人买家建立长期业务关系。[①]"设计上海"旨在通过当代设计、经典设计、厨卫设计、办公设计、新材料&应用、配饰设计、设计新星七大板块，探索东西方设计理念融会贯通之道。展会期间还有特别策划的设计装置、大师云集的设计论坛和众多精彩的设计活动。

展会自2014年举办首届以来，共吸引了来自30多个国家和地区的500多个全球设计品牌参与，历届"设计上海"展都是国际品牌集中亮相的舞台，也聚集了很多优秀的中国设计品牌以及国内知名的设计师。众多国际品牌除了展示各自最新的产品系列和设计首发之外，现场也将呈现国际展区，以国家或地区联合参展的方式，展现各地不同的设计风格。

"设计上海"主题展览的创始人Media 10是英国的知名媒体和展会公司。2019年5月，Clarion Events正式完成对Media 10旗下"设计上海"及"设计中国北京"项目的收购。Clarion Events是英国历史上最为悠久的展会公司之一，在全球范围内运营一系列高端展会及媒体产品，业务涵盖多个核心行业。自此，Clarion Events将为这两个项目提供强有力的资源支持和配合，进一步提升展会的综合实力，确保展会品质不断优化，吸引更多、更优秀的设计专业人士，为客户提供更完善的服务及更多的商业机会。Clarion Events

---

① 《亚洲领先的国际性设计盛会 "设计上海"2016将于3月盛大开幕》，《工业设计》2016年第2期。

丰富的经验、资源及积极投入对"设计上海"及"设计中国北京"项目的持续发展具有重要价值。

北京设计博览会积极与"设计上海"这种高质量资源平台合作，为国内与国际家居设计行业的对接开辟了一条新通道，让国内与国际的业界趋势、学术、贸易产生互通，为国内引入了国际知名家居的设计理念和品牌，也将国内优秀、新锐的家具设计品牌以及设计师推向国际，使中国的设计与国际设计切实融合，家居设计直接关系民众的生活，家居设计市场的繁荣与发展是直接影响人民大众实现美好生活的重要层面。

（二）创新设计赋能传统文化

1. 传统文化需要引入创新设计

习近平总书记高度重视中国传统文化传承发展，指出要"认真汲取中华优秀传统文化的思想精华和道德精髓"，"处理好继承和创造性发展的关系，重点做好创造性转化和创新性发展"[①]。党的十八届五中全会提出了"构建中华优秀传统文化传承体系，加强文化遗产保护，振兴传统工艺"的要求。《中华人民共和国国民经济和社会发展第十三个五年规划纲要》提出"加强非物质文化遗产保护与传承，振兴传统工艺""制定实施中国传统工艺振兴计划"的具体任务。中办、国办印发了《关于实施中华优秀传统文化传承发展工程的意见》，指明了中华优秀传统文化传承发展的方向。

为贯彻落实党中央、国务院的战略部署，文化部、工业和信息化部、财政部制定了《中国传统工艺振兴计划》，明确了振兴传统工艺的总体要求，提出了贯彻落实的主要任务和保障措施。部署促进中国传统工艺的传承与振兴，提出"要提高传统工艺产品设计、制作水平和整体品质。强化和提高质量意识、精品意识、品牌意识和市场意识，改进设计，改善材料，改良制作"。

---

① 白江宏：《习近平：以中华优秀传统文化涵养社会主义核心价值观》，人民网，2016年9月12日，http://theory.people.com.cn/n1/2017/0609/c40531-29328920.html。

北京作为全国文化中心，对外展示国家文明形象，对内增强文化自信，对全国文化建设起着引领示范作用。北京文化资源基础雄厚，市场潜力巨大，文化产业前景广阔。建设全国文化中心，要在建设国际一流的和谐宜居之都进程中，在中华民族伟大复兴进程中发挥应有的软实力作用，要把首都文化优势转化为首都发展优势。要把文化建设作为落实首都城市战略定位、建设国际一流和谐宜居之都的重要内容抓紧抓好，承担起建设全国文化中心的历史重任。

2. 创新设计激发新的生命力以发展传承

中国各族人民在长期社会生活实践中共同创造的传统工艺，蕴含着中华民族的文化价值观念、思想智慧和实践经验，是非物质文化遗产的重要组成部分。"设计+"非遗推动文化传承与创新发展，是北京国际设计周作为产业平台理应承担的社会责任，也是设计周在推进市场化进程中迎来的发展机遇。为贯彻落实《中国传统工艺振兴计划》，充分利用北京国际设计周的平台资源和品牌优势，推动传统工艺与创意设计相结合，振兴中国传统工艺，北京设计博览会将创新设计助力再造中国文化包括非遗文化焕发新生作为另一重要着力点。

"非遗设计"主展板块是北京市博览会设置的重点和亮点板块，将展示中国传统工艺走进现代生活的发展成果。中国非遗及传统工艺，是指具有历史传承和民族或地域特色、与日常生活联系紧密、主要使用手工劳动的制作工艺及相关产品，是创造性的手工劳动和因材施艺的个性化制作，具有工业化生产不能替代的特性。在国务院公布的4批1372项国家级非物质文化遗产代表性项目名录中，传统工艺项目共有300余项，涉及传统美术类、传统技艺类，以及传统医药类中的药物炮制项目、民俗类中的民族服饰项目等。[①]

北京设计博览会通过集聚全国各地的传统工艺与现代设计机构、院校、企业、传承人和设计师，汇集了众多非遗创新设计作品参展，分专题系统展

---

① 《文化部权威解读〈中国传统工艺振兴计划〉》，《人民日报》2017年3月29日。

示传统工艺在社会生活中所涉及的衣、食、住、行、用、养等方面的应用和创新设计，促进非遗设计消费，推动振兴计划实施，逐步形成中国新的文化传统，带动更多优秀设计师积极参与传统工艺振兴与创新工作，促进设计力量参与中国传统美学的挖掘，促进中国传统工艺整体水平的提升，让传统工艺在现代生活中得到新的广泛应用，逐步培育形成传统工艺的国家品牌，进而形成代表中国文化价值观和东方生活美学的创意产品与工艺设计体系。

（三）创新设计赋能文化IP

1. 中国IP市场发展

2017年IP市场销售总额达517亿元，中国目前是全球授权业增长率最高的市场。但从目前全球授权业销售额占比看，中国远远不及其他国家和地区，故发展潜力巨大，目前全国范围内已经开展的授权业务的IP项目早在2017年就达到一千余项，市场推测随后两年内将会成倍增长。

近年来，市场整体趋于理性，逐渐迎来IP的"内容"时代、"文化"时代，消费者对IP及其衍生品的设计、审美、内涵的要求也随之升级。民众的文化自信、文化自觉以及文化消费热情被极大激发，同时，大部分中国原创的文化、艺术品牌及产品，特别是中国IP的塑造力、影响力、传播力还亟待提升。

2. 推动文化市场，助力供给侧改革

增加IP设计板块，是设计博览会推动文化市场繁荣，实现"设计+∞"助力供给侧改革的有效手段。深化供给侧结构性改革、推动经济高质量发展，是习近平新时代中国特色社会主义经济思想的重要理论创新成果，[①] 也是解决发展中的突出矛盾和问题、推动经济高质量发展、建设现代化经济体系的工作主线。

改变供需矛盾更重要的是改善供给结构，提升供给体系质量，消除无效供给，创造适应新需求的有效供给。新的需求可以催生新的供给，新的供给

---

① 何立峰：《深化供给侧结构性改革 推动经济高质量发展》，《学习时报》2020年1月8日。

可以创造新的需求,深化供给侧结构性改革,要通过调整现有的供给结构,从深层次上解决供给同需求错位的问题。要加快传统产业改造升级,大力推进科技创新,着力壮大新增长点,形成发展新动能。

市场供需端的优化改革为文化IP向市场化的转变提出了更深层次的要求,创新设计将搭建起IP与市场之间的有效桥梁,成为化学催化剂,优化文化产业内容输出供给,助力供给侧改革。

3. 创新设计跨界赋能

基于当今中国"文化自信、文化消费的激发"与"文化供给水平不高"的文化发展新痛点,中国IP在文化表达力、设计力、智能制造力方面还有很大发展空间。博览会作为交流碰撞、对接合作以及引导大众消费的平台,能进一步提升文化、原创、设计的价值,通过对接优质设计、科技、渠道、智造、资本等资源,为中国IP的孵化、壮大保驾护航。

博览会通过对"传播文化价值""诠释创新设计""对接授权市场""构建健康生态"等层面的设计手段赋能,实现文化IP市场的积极发展。

三 时代视野下的设计价值

从历史发展来看,科技和产业革命推动生产力发展,在产品与服务迭代、消费体验创新等方面持续推进,供给能力得到大幅度提升,促进了市场交易的开展,由此推动了经济一次又一次的飞跃式发展。

当前,世界再次经历了新一轮科技革命与产业变革,经济社会发展中不断涌现出新技术、新业态、新模式,信息生产和信息服务为主的发展模式转变成为全球化经济时代的特征和引擎。在这一时代大潮中,设计在人类发展中的地位和价值有了新的提升,设计的内涵、手段正经历深刻变革。

北京博览会平台将创新设计作为信息、知识、技术、创意转化为现实生产力的关键环节,成为促进新经济发展的重要抓手。通过两届实践,为国内外最具创新力的设计企业及设计师搭建全景舞台,逐步建立"设计+时尚"

"设计+智能""设计+文创衍生品""设计+∞"的以设计为核心的组合模式,为富有远见的设计相关产业提供联结融通、共生共赢的平台。北京设计博览会在未来发展中将彰显北京作为全国文化中心和科技创新中心的宏阔格局和深厚底蕴,为北京"四个中心"功能建设助推发力。

设计产业的独特属性,与民众生活品质息息相关。习近平总书记指出,"抓民生也是抓发展。要在保障基本公共服务有效供给基础上,积极引导群众对居家服务、养老服务、健康服务、文体服务、休闲服务等方面的社会需求"。① 北京设计博览会积极响应党和国家号召,以创新设计升级人民生活标准,切实推动、支持相关服务行业的快速发展,培育形成新的增长点,从而使民生改善和经济发展有效对接,满足人民日益增长的美好生活需求。

---

① 倪洋军:《品读习近平"抓民生也是抓发展"的真谛》,中国共产党新闻网,2015年7月27日,http://cpc.people.com.cn/n/2015/0721/c241220-27337580.html。

B.14
在京留学生对首都文化贸易发展的作用*

于 淼**

摘　要： 在京留学生对未来北京文化贸易发展的作用值得重视。在对外文化贸易的民间市场开拓和培养中，在京留学生回国后会成为文化传播的中介，在文化消费和文化产品推广中会发挥引领作用。这种力量隐藏于文化贸易的各个环节，最终会推动中国文化贸易的发展。在京高校应该有意识地在该层面进行培养探索。

关键词： 在京留学生　文化贸易　文化传播

2018年，首都对外文化贸易研究基地开始关注在京留学生转化为中华文化传播重要载体的路径研究，借助北京的文化定位和文化资源优势，在京留学生的文化教育早就应该在教育层面成为规范操作和根本任务，但是由于我们的跨文化传播研究起步较晚，加之文化传播方面的弱势事实，高校对在京留学生的教育只能专注于语言教学和一般的跨文化生存教育，无暇将在华国际学生转化为中华文化传播的重要力量，在这方面我们"自觉"较晚，

---

* 本文为北京第二外国语学院教务处"2020年北京市高层次教育教学成果奖培育——打造国际学生成为中华文化传播主体的全新实践教学创新模式"（项目编号3007/11110016016）项目研究成果。
** 于淼，北京第二外国语学院副教授，首都对外文化贸易研究基地研究员，汉语学院院长，主要研究方向为汉语国际教育和中华文化推广。

"担当"更迟。在京留学生是首都文化传播的重要力量,这支"走进来"的文化受众如果能成功转化为传播主体,对北京的"国际交往中心"建设将起到重要推动作用。随着中国的飞速发展,在全球化视域下,中华文化"走出去"和人类命运共同体的建设日益紧迫,另一个命题也进入高等教育视野,那就是对外文化贸易中无论是市场培育还是消费培养,都离不开"人"的因素,人是文化认同并进行文化消费的最终主体,若文化贸易离开了文化消费主体的培养,就无从谈及文化贸易。如何在文化自信和文化传播的视域下,充分利用在京留学生的教育培养平台,使之成为未来中国文化贸易的重要消费群体和市场开拓者,是一个紧要的研究任务。

一 留学生作为文化贸易的潜在力量的样态分析

对外文化贸易的促成机制涉及很多因素,除市场直接营销行为以及贸易政策等合作谈判的显性行为之外,消费主体的培养和文化市场的形成等内隐因素可以统称为潜在力量。由于文化贸易不同于日常经济消费,我们很难确定哪些人会成为未来的消费主体或客户,而这些以人为主体的潜在力量却是促成文化贸易的重要力量。

本文从客户消费角度或引领消费的角度将来华留学生界定为一种"样态",之所以用"样态"而不是"形态",是借用康德哲学逻辑理论中的一种新范畴,表明可能与不可能、偶然与必然存在的一种价值判断,也可以理解为一种尚未确定的形态。"样态"具有实体状态,也具有抽象的客观存在。在本类研究中,我们对近年来的中国文化贸易的发展趋势和壁垒都做了大量分析,对未来策略也做了各种考量,但是还没有将留学生国际培养同未来的文化贸易发展联系起来的研究。

根据教育部的统计数据,2018年,在全国高等院校学习的留学生共有49万名,连续两年内,规模增长率都超过了10%。在各类留学生中,学历生有25万人,所占比重为52%,同比增长率为15.04%,首次超过非学历生。硕士研究生和博士研究生的总数约为8万人，增长率为19%。共建"一带一路"国家来中国学习的留学生规模达到31.72万人，在总人数中占的比重为64.85%，增长率为11.58%，大于各个国家的平均增长率。共建"一带一路"国家的留学生中，获得中国政府奖学金的人数达到5.86万人，在总人数中占据11.97%。获得中国政府奖学金的留学生中，学历生占88.02%，其中硕士研究生和博士研究生共占69.57%，相比2016年增长了20.06%。2019年共建"一带一路"国家来京留学生人数占比约为50%，他们具有"双文化"或"多文化"背景，是真正的具有国际视野的复合型人才，了解双方的市场结构、消费者偏好和商业规范，对减少当地居民对中国文化产品的"文化壁垒"和"摩擦成本"会起到积极作用。但是这些作用会表现在文化消费的各个环节，按量化统计很难说明在具体的贸易环节中有贡献率，但是通过实证可以看出这些积极作用的显现。

如果没有潜在消费主体的推动，在文化贸易市场中每个国家的文化符号和知名品牌就会发挥作用。近年来，对中国文化符号海外传播研究的总体归纳是：中华文化符号整体的国际影响力不强，海外民众认知覆盖率低，除长城外，所有中国文化符号的民众认知度不超过50%，北京大学、清华大学在德国的认知率不到1%；中华文化符号在不同国家的认知率差异较大，集中表现为长城、太极图、龙、汉语、武术和中国菜，其他则相当有限。总体来看，我们的文化符号在助推中国企业进行海外投资的过程中，展现"和谐"的国家形象的影响力还远远不够，致使企业得不到本国文化资源的支持。

我们的文化能提炼成文化符号的并不多，中华文化主要积淀为历史思想，在文化消费市场上并无突破性的文化产品。来华留学生如果能将在中国养成的文化消费习惯带回本国，并保持持续消费，那他们将成为未来文化贸易的生力军。以中国文化符号传播最广的书法为例。迄今为止，文化贸易中的书法文化链还没有形成，以书法传播文化不可谓不久，但是即使这样，我们也还没有形成一个海外的消费市场。书法文化消费还需要持续打造，内里是连续的汉字审美和中华艺术修养课程，外接是各种书法和汉字比赛，使留学生从讲述主体变为消费和传播主体。以河南安阳的汉字国际比赛为例，地方政府将文旅结合上升到一个新的高度，每年请世界知名汉学家、国内著名教育家和来华留学生共同设计和打造国际汉字盛会，从"讲汉字"的比赛到智库等平台论坛，再到工艺美术的创意设计，都是有的放矢地将汉字推向国际的表现。这是"重装打造"，未来其衍生的文化贸易附属品肯定不只是"汉字消费"。贸易行为不是文化传播的宗旨，但若没有文化贸易伴随，那必将是虚幻的文化交流，因为没有文化市场的赋能，这些文化交流都会成为偶然的样态，不会持久。

二　对外文化贸易缺乏民间潜在力量的推动

中国文化贸易发展正逐渐向共建"一带一路"国家偏移，与这些国家在文化领域进行多层次、多领域的合作发展也成为中国文化产品和服务深耕新兴文化市场、探索潜力文化市场的重要路径，"一带一路"建设对中国海外文化市场开拓提供了契机。近五年来，25个共建国家与中国的贸易往来日益频繁，已经成为中国最大的贸易伙伴。2017年5月，原文化部下发《文化部办公厅关于征集2018年"一带一路"文化贸易重点项目的通知》，共建"一带一路"国家的文化投资和基础设施建设、数字文化产业营销推广、文化创意和设计产业营销推广、演艺工艺美术文化旅游等产业营销推广、文化装备营销推广、文化贸易人才培训、对外文化贸易服务平台建设等七大领域成为政府推动下中国对外文化贸易发展的核心领域。有了政策驱动和政府支持后，依然缺乏富有活力的民间资本参与。这种民间潜在力量在留学生身上可以表现为以下三种形式。

（一）留学生可以从事文化工作，并成为文化生活的消费者

从文化贸易未来发展的角度细分来华留学生群体，有两类人值得我们持续关注。一类是学成归国后到当地的孔子学院和孔子课堂从事汉语推广和教

育工作的留学生，一类是在华学习艺术、文化专业的人。前者在孔院的语言和文化教学工作直接反哺中国文化贸易的民间市场，后者在专业领域成为贸易消费市场的引导者。据教育部官方统计，2000~2009年这十年间，在华留学生艺术和文化专业学生总计为15000人；2010~2019年这十年内，据不完全统计，人数增长了约150%，即近十年应为4万余人。在中国美术学院、中央美术学院均有艺术汉语课程和中国画专业课程体系建设。这4万余人中不包括从事影视专业、中国民族音乐和戏曲表演专业的学生，可见，来华留学生艺术人才的培养也是中国对外文化贸易发展的生力军。根据2017年中国对外文化贸易海外投资达198.6亿美元推算，迄今应该达到了200亿美元的规模。2019年，中国企业在全球90个国家设立各类文化产业企业约1000家。安徽出版集团在波兰设立了出版公司，北京求是园文化传播公司在格鲁吉亚投资成立了出版社，这些都是有市场挖掘能力的先行者，急需来华留学生回到本国后加入这样的企业。

以常规的文化贸易产品为例，动漫、游戏、版权和影视剧都需要大量的市场受众，并需要精英消费人群的指引。来华留学生在未来将会转化为海外文化市场的精英人群，他们的忠诚度和情感是通过留学生活培养起来的，他们要比一般消费者懂得文化产品的内涵和衍生意义，是最好的文化商品中介和"生活代理商"。

在消费群体的培养中，我们对来华留学生进行了长线投资。以茶叶为例，茶叶并非文化产品，是文化行为附带的边际产品。大部分留学生都有茶文化的体验课程，都有品茶买茶的文化生活经历，因而是"卖茶"最好的广告代理。他们并非一般的游客，而是从在华生活经验中形成了一般游客不具备的文化产品的"代购"能力。

海外华人是海外文化市场有力的消费者，未来的来华留学生群体也应该在中国文化产品的消费上媲美海外华人。我们缺乏专门的国际文化市场开发和营销人才，以前依靠华人分布较广的美国和西欧地区，现在随着"一带一路"建设推进，中国培养的留学生可以成为丰富生源国国力资源和提升创新能力的储备军，进而优化海外文化贸易投资环境。

（二）留学生成为潜在力量，促进 OFDI 呈正向发展

生产要素在国际间的流动是经济全球化的显著特征，近年来有学者开始关注人力资本在国际教育领域的培养问题，如何推动外商直接投资 FDI（Foreign Direct Investment）成为研究课题。外向型直接投资为 Outward FDI（简称 OFDI），来华留学生教育可以成为中国 OFDI 的新增长点和可持续发展的推动力。有案例研究非洲 40 国有留学经历的领导人对其留学国家 OFDI 的促进作用，研究结果显示，留学生回国后对投资母国向其所在国的 OFDI 具有巨大的推动作用，他们在投资母国留学期间建立和培植的社会网络在其回国后仍然活跃。有学者运用数学计量模型的设定，以固定效应模式来测算留学生生源国的来华留学教育变量是否对 OFDI 有正向影响。在设定的方程式中，加入来华留学生变量后，方程能更好地解释中国对外投资规模增长的原因。诚然，公式计算显示来华留学生规模过小时，来华留学生的网络效应难以形成是可以理解的。同时，共建"一带一路"国家的留学生回国后的反哺效应还有一定的时间滞后性。但是不管该机制在公式中是否有效，来华留学的教育培养对文化贸易的影响一定是正向的，也是从当今开始要引起重视的因素。有研究显示，用提高中国政府奖学金数额的政策来推动 OFDI 的效应并不明显，最佳路径是国际留学生的自发流入，过多的人为干预并不会产生预期效果。所以我们还要加大首都作为文化中心的建设力度，使未来的国际人才能够真正心怀向往，被中国的魅力所吸引，而不是为短期的留学收益而来。

（三）这种潜在力量表现为一种文化的中介或中间人

经纪人就是一种文化的中介或中间人，在文化产品贸易出口中发挥了相当重要的作用。我们的历史文化有文化事实和历史积淀，但当代的创新文化产品要想开拓国际市场，则需要依靠相当数量和智慧的中西文化"摆渡者"和经纪人。这个培养需要过程，而后备军无疑是来华留学生，他们在未来要成为中国文化产品的消费者、创造者、摆渡者、经纪人。我们的文化产品在

宣传推广上依然是短板，销售力量极其微弱，把握不住消费机遇。目前这个群体还没有形成，但是有一部分来华留学生已经有了这方面的意识。

　　在京留学生的文化视野普遍比中国地方院校的留学生要开阔一些。在教学中，我们接触到一些从事文化贸易的留学生的案例。如俄罗斯留学生阿丽莎的专业为汉语国际教育，其在北京从事短暂的生物制药推广后，开始尝试中国电视剧海外俄语配音工作并依靠纯熟的汉语，对俄罗斯的配音演员进行情感和文化讲解，然后使他们给中国影视剧的配音更有艺术感染力；波兰留学生傅珠丽，在京从事波兰和中国的电影与舞台艺术的交流工作，借助使馆的资源和自己的汉语优势，从活动翻译做起，再加上对中波两国的舞台剧市场都很熟悉，先后引进过波兰舞剧，也介绍过北京的文艺团体赴波兰演出。在调研中，她说："三年中，我感觉到中国开始对一些像波兰这样的小国的艺术感兴趣，中波交流项目比较多，但不是常态。每年都有一些波兰音乐队还有交响乐队来，每年一个或者两个大学都会有波兰电影艺术家来讲课等。我们波兰文化中心还有大使馆每个学期大概有十来个年轻人来工作或者实习翻译。"这样的个案很难搜集，但是从其留学和工作经历来看，他们的确是直接参与并从事中外文化贸易，但也说明，北京所搭载的文化贸易平台还缺乏大量的类似人才，来华留学生的实习实践可以在这方面下功夫。

　　出版中介机构的发展水平是出版市场繁荣的重要指标，国内市场需要大量专业的出版中介人才，海外市场更是如此。从2008年开始，《于丹〈论语〉心得》在海外发行时，中华书局就聘请了专业的海外中介代理公司；《狼图腾》的策划、《尘埃落定》的出版，都是当代中国文化向西方市场渗透的成功案例，其中出版中介和经纪人起了很大的作用。

　　中国传统文化中的造型艺术在海外的传播已经积累了一定的经验，从"送出去"到现在的"卖出去"，文化中介在其中发挥了传媒介绍和艺术批评引荐的作用。艺术中介和艺术中介体制已经成为艺术文化传播的主体，能与海外客户形成互动主体的只有艺术中介群体。艺术中介所写的传播文章是文化市场推广的最佳广告。在艺术品外展中，海外华人是传统客户，但是回国的来华留学生日益增多，随着他们在本国内的社会地位和经济条件的逐渐提高与改善，他们在中国留学期间所接受的中国文化教育开始形成社会扩散效应。中国文化的意蕴和审美内涵需要持续培养。近年来共建"一带一路"国家共有50万留学生来中国学习汉语，他们突破了语言障碍，熟知中国青年的时尚特点，对海外中国文化商品的市场价值也是最了解的。

消费的社会属性和意义满足了人类的各种需求，文化消费也是一种文化生产性活动，是注重社会参与的体验活动。如果来华留学生不能带动中国文化贸易的发展，那我们的文化不可能走出去，市场和消费是文化传播的"两只脚"。

三 对潜在力量主体的培养对策

在文化贸易人才培养上，很多学者都提出要注重专业人才培养，支持鼓励双方企业和院校交流互访，形成人员定期交流机制。依托高等院校，建立并完善文化贸易专业构架及文化贸易课程体系，打破以语言为主的专业格局，对翻译和跨文化人才的培养输送进行精准投放，实现文化贸易人才孵化。要注意人才培养的升级，从语言学习逐渐向实践型专业发展。这些研究都为国际学生的培养打开了新空间，让我们看到了在中华文化国际传播的进程中，从贸易到投资领域、从教育到文化交流各个层面的综合协作，这是一个刚刚开始的系统工程。因为人才的培养是事物发展体系的最高架构，必然能带动整个文化贸易产业的升级发展。

来华留学生将构成未来服务交流平台建设的重要力量，但是我们的对外文化贸易在对策上远没有关注到留学生群体。对外文化传播是促成文化贸易的前提，也是最有成效的第一结果。

我们不断地意识到文化贸易缺少前沿人才，而目前的来华留学生群体就是最好的人才储备，在人才队伍建设上是素质最好的一批。

"一带一路"倡议实施后，有研究表明，教育交流促进了中国对外直接投资，孔子学院对中国直接投资的促进作用不再显著，而来华留学生的促进作用变得更大，尤其是与相对落后的国家的教育交流。对来华留学生的培养缓解了非正式贸易壁垒对经济活动的负面影响，减少了投资成本，在文化贸易方面减少了"文化折扣"。以往的经济贸易中，华人网络对中国外商直接投资起了积极作用，在中外之间建立了信任网络通道，减少了跨文化障碍。2015年后，我们的高等教育为"一带一路"政策落地提供了人才方面的支持，教育部国家留学基金管理委员会加大了对共建"一带一路"国家生源的奖学金投放力度，以期这些国家的来华留学生可以成为未来本土化中外交往的人才。巩雪、熊峰针对来华留学生与中国对外投资效应之间的关系进行了研究，提出来华留学生可以成为良好的社会资源。还有学者将来华留学生作为流动要素进行解释，如魏浩、陈开军将来华留学生作为国际流动人才，用中国省份面板数据分析了来华留学生流入对中国出口贸易增长的影响，提出国家之间的教育交流活动可以有效地促进双方经济贸易活动的开展，降低贸易活动的成本。谷媛媛等将共建"一带一路"国家作为研究对象，对来华留学生与中国对外投资活动之间的关系进行分析并得出结论：来华留学生对于中国对外投资活动有显著的促进作用，但是促进作用的显著程度受来华留学生母国与中国之间距离的影响。岳敏基于中国在44个国家的投资数据，通过格兰杰因果检验得出来华留学生数量的增长对中国在东道国的直接投资推动作用显著，且要过大概两年时间来凸显这一作用。目前还没有发现首都对外文化贸易的增长与在京留学生之间的关联研究，但是以往研究在学理上奠定了基础。

北京语言大学有书法本科专业，并于2018年成立了中国书法国际传播研究院，充分利用了汉语国际教育的各种资源和优势，将在"传播"上下大力气。这可以说是文化贸易在人才培养上迈出了切实的一步。

从2016年开始，教育部和孔子学院总部推出"孔子新汉学计划"，将"语言、文字和艺术"等人文专业分成8类，共计100个课题研究，旨在培养高端人文类人才。从明清时期的文学艺术到中国佛教绘画，从中国流行文化到电影和当代文学艺术，已有近700名高端人才在所选课题领域取得研究成果，这些人才组成了文化贸易发展的重要人才库。

中国文化中心从2014年的18所，到现今已发展至近50所，这些文化中心在世界各地提供中国文化艺术信息服务，开展文化交流活动，向世界人民展现了当代中国人的艺术文化生活。

中国文化贸易的商品多集中在附加值较低的传统文化产品领域，而在以知识密集型或技术密集型为主的文化产品与服务领域，核心产品与服务的份额较小，且核心文化产品和服务的贸易竞争力非常弱。孔子学院只是国际文化交流中官方支持的表现，不可能支撑起海外中国文化市场。有学者认为孔子学院在海外文化贸易中有重要作用，要将孔院模式变成战略发展模型，这是言过其实的。孔子学院对汉语和中国文化传播有一定促进作用，但是不能夸大其功能，更不能将其视为中国软实力的指标。重点还是要促进真正的民间文化认同，这才是未来对外文化贸易发展的最佳土壤。而来华留学生的培养是形成文化双向、均衡交流和传播的新格局的重要推力。来华留学生教育在规模上还要扩大，在管理模式上还有很多变革的工作要做，这些都会使我们对文化的开放体系做出有益探索。只有文化由里向外地发展，文化产业才能外溢，这是文化贸易的真正活力所在。

中国在共建"一带一路"国家的直接投资项目主要分布在电力工程、交通运输以及通信工程等基础设施领域，因此，相比之下经济发展水平较低的东道国对中国的直接投资有着更大的需求。但是目前还没有测算中国在对外文化贸易方面的模型公式，因为文化贸易产品的交易界定非常宽泛，影响因素可能比基础设施的投资和交易更为隐蔽和复杂。

四 结语

我国是文化货物贸易大国，却是文化服务贸易小国。"走出去"的平台、渠道和路径都不完善，这个瓶颈也要借助来华留学生的力量去解决。我们的中介机制也不发达，而且面临着人才风险和人文风险，这也是共建"一带一路"国家的文化贸易产生变量的重要因素。

近年来，诸多学者开始关注人才的跨国流动对经济贸易产生的一系列影响。来华留学生教育是有效缩短政治距离和文化距离的和平举措，在后金融危机时代，依靠民间人才的交往来消解这些贸易摩擦和负效应，是对外文化贸易要着力解决的问题。我们希望越来越多的来华留学生回国后会使我们的海外投资与文化贸易环境变得更有利，用人缘的力量克服地域差异和文化差异。在京留学生教育是中国来华留学生教育的前沿，在京高校对国际学生的人才培养在中华文化传播上要下大力气，高校应有意识、有方向地使他们成为促进首都对外文化贸易发展的重要力量。在该领域，在京留学生培养应该成为全国来华留学生教育的先锋。

参考文献

陈明敏、彭兴莲：《"一带一路"背景下中国对外文化投资：机遇、挑战及策略》，《对外经贸实务》2019年第8期。

巩雪、熊峰：《来华留学生教育的对外投资驱动效应研究》，《南京理工大学学报》（社会科学版）2018年第3期。

谷媛媛、邱斌：《来华留学教育与中国对外直接投资——基于"一带一路"沿线国家数据的实证研究》，《国际贸易问题》2017年第4期。

侯林、周锦：《论中国文化符号在企业对外投资中的运用》，《云南社会科学》2018年第1期。

李嘉珊、王伯港：《新时代构建中国对外文化贸易新格局的有效策略》，《国际贸易》2019年第3期。

李培峰：《"一带一路"背景下中华文化走出去：机遇、挑战与路径研究》，《红河学院学报》2019年第6期。

聂娜：《中国文化开放体制的研究脉络与进展》，《山西农业大学学报》2017年第8期。

魏浩、陈开军：《国际人才流入对中国出口贸易影响的实证分析》，《中国人口科学》2015年第4期。

岳敏：《来华留学与中国对"一带一路"沿线国家直接投资的实证研究》，硕士学位论文，北京外国语大学，2018。

张慧敏、刘洪钟：《政治距离、文化差异与中国的对外贸易》，《国际经贸探索》2020年第1期。

B.15 高质量开放背景下北京文化贸易发展的问题及应对*

孙乾坤　董博怀　李大夜**

摘　要： 本报告从国家层面和北京层面两个视角概述了当前北京文化贸易面临的发展机遇，并结合数据资料分析了北京文化贸易的发展现状；基于此，深入探究了高质量开放进程中北京文化贸易发展面临的主要问题与相关挑战，指出当前北京文化贸易面临的文化产品的进出口结构错位、文化产品结构失调、高端特色文化品牌缺乏以及文化贸易的协同发展水平较低等几个方面的相关问题。最后，针对上述内容，本报告提出高质量开放背景下有效解决北京文化贸易发展存在的问题的对策建议，即完善规章制度，制定优惠政策与具体实施细则，提升文化产品的出口能力，调整文化产品出口结构，等等。

关键词： 文化贸易　文化产品　北京

---

* 本报告是北京市社会科学基金重点项目"'一带一路'倡议下北京文化影响力评价研究"（项目编号：19JDYJA006）的阶段性成果之一。
** 孙乾坤，北京第二外国语学院经济学院国际贸易系主任，讲师，博士，硕士研究生导师，首都对外文化贸易研究基地研究员，主要研究方向为文化贸易、国际贸易；董博怀，中国政法大学政治与公共管理学院硕士研究生，主要研究方向为文化贸易、国际政治；李大夜（通信作者），中国政法大学商学院讲师，博士，主要研究方向为文化贸易、国际金融。

一 引言

目前，文化贸易在中国转变经济发展方式、调整经济结构的过程中发挥着越来越重要的作用。随着高质量开放型经济的逐步发展，中国的对外文化贸易额得以迅速增长，贸易结构持续优化，贸易范围不断扩大。而首都北京作为全国的文化中心，不仅有着深厚的文化底蕴、丰富的教育资源和独特的人文优势，而且承担着引领全国文化发展的主要责任，已成为代表国家参与国际文化交流、文化产业竞争与文化贸易的重要城市。2018年，北京市文化贸易实现进出口额60.2亿美元，同比增长17.5%，北京文化贸易的发展日益得到关注与重视。与此同时，北京具有"首都"和"国际化大都市"双重属性，在文化资源方面有着独特的优势，但其高质量对外文化贸易发展的形势依旧不容乐观，尚存在政策体系建设不足、文化贸易结构失衡等相关问题。有鉴于此，本报告将结合北京自身独特的文化地位、文化品牌和文化产业，具体探讨高质量开放背景下北京文化产品进出口面临的发展机遇和存在的问题，进而提出促进北京文化贸易高质量发展的方案路径，以为提升北京文化产品竞争力，优化北京文化产业结构，深化北京与共建"一带一路"国家的文化贸易合作提供科学合理的参考建议。本报告有着较为重要的实践价值和政策意义。

二 高质量开放背景下北京文化贸易面临的机遇

经济全球化以一种不可阻挡的趋势影响着越来越多的国家以及包括文化产业在内的越来越多的领域。[①] 与此同时，随着经济逐步进入高质量发展阶段，中国的对外开放水平不断提高，为文化贸易的发展创造了良好环境，更为首都北京的文化贸易发展带来了新的机遇。

---

① 罗立彬：《中国文化产业发展，可能同时发挥"比较优势"和"本地市场优势"——文化培育对外贸易新优势》，《北京日报》2020年1月13日，第20版。

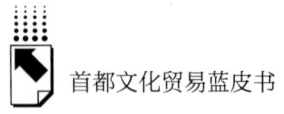

（一）国家层面的发展机遇

2013年，习近平主席提出的"一带一路"倡议中涉及的民心相通是"一带一路"的社会根基，传承弘扬丝绸之路友好合作精神，需要广泛地开展文化交流、学术往来、人才交流与合作等，以为深化双边合作打下民意基础。同时，习近平主席高度重视提高国家文化软实力的重要意义，并在多个场合提出了"文化自信"的理念。基于此背景，促进文化贸易的快速发展，通过文化贸易来传播文化，彰显文化自信，构筑更有利的开放软环境，已成为中国全面提高开放型经济发展水平的重要任务之一。进一步地，随着中国经济逐步由高速增长阶段向高质量发展阶段转变，文化贸易的高质量发展也开始成为国家关注的重点。推动中国文化走出去，提升文化软实力，促进中国在更大范围、更广领域和更高层次参与国际文化合作与竞争，提升中国文化在国际上的影响力和感召力，离不开高质量发展的理念。这一方面要求中国应拓展和扩大文化贸易产品的领域和范围，另一方面要求中国应进一步深化文化产品和文化服务领域的供给侧改革。

2014年，《国务院关于加快发展对外文化贸易的意见》提出了"加快发展传统文化产业和新兴文化产业，扩大文化产品和服务出口，加大文化领域对外投资，力争到2020年，培育一批具有国际竞争力的外向型文化企业，形成一批具有核心竞争力的文化产品，打造一批具有国际影响力的文化品牌，搭建若干具有较强辐射力的国际文化交易平台"① 的发展目标，大刀阔斧地破除体制障碍，推出涉及各种所有制文化企业平等准入、财税支持、金融支持、服务保障和组织领导等一系列配套政策以为对外文化贸易发展保驾护航。在此背景下，近几年来，中国的对外文化贸易体制改革不断深化，管理体制不断完善，贸易规模不断扩大，文化贸易产品结构趋向合理，文化贸易市场健康有序发展，产品质量得以大幅提升，使中国的文化贸易在

---

① 《关于加快发展对外文化贸易的意见》，中华人民共和国中央人民政府官网，2014年3月17日，http://www.gov.cn/zhengce/content/2014-03/17/content_8717.htm。

国际市场上的影响力逐渐扩大,进一步开拓了中国对外文化贸易发展的新格局。

(二)北京层面的发展机遇

2017年,《北京城市总体规划(2016年—2035年)》提出,北京城市战略定位是全国政治中心、文化中心、国际交往中心、科技创新中心;[①] 进一步地,2020年,《北京市推进全国文化中心建设中长期规划(2019年—2035年)》出台,将北京历史文化名城保护上升到了前所未有的高度,提出了到2035年北京将全面建成中国特色社会主义先进文化之都的目标。[②] 可见,近年来,关于建设和发展北京历史文化名城的问题已越来越受到北京市政府的关注与重视。

当前,北京作为全国的文化中心,不仅扮演着引领全国文化发展的重要角色,而且在服务全国文化影响力传播和提升全国对外文化开放水平上也占据着重要地位。有鉴于此,北京市制定了一系列政策措施,积极推动北京文化"走出去",自2016年以来,北京市分别出台《北京市"十三五"时期加强全国文化中心建设规划》、《北京市人民政府办公厅关于加快发展对外文化贸易的实施意见》以及《北京市"十三五"时期文化创意产业发展规划》等多个文件和细化措施,一方面强调北京市要制定落实市级层面加快发展对外文化贸易的实施意见,以政府为主导、以企业为主体、以市场化运营为主要方式,推动建立内容、渠道、平台、企业"四位一体"的对外文化贸易发展新模式;另一方面强调北京市应加快完成推进国家对外文化贸易基地建设、支持文化企业开展对外文化贸易业务、发挥国际性文化展会平台作用、健全文化贸易标准体系等几项主要任务,进而进一步扩大对外贸易规模,推动文化企业在更大范围、更广领域和更高层次参与国际文化合作与竞争,把更多具有北京特色、体现中国风格的文化产品推向世界。

[①]《北京城市总体规划(2016年—2035年)》,北京市人民政府网站,2017年9月29日,http://www.beijing.gov.cn/gongkai/guihua/wngh/cqgh/201907/t20190701_100008.html。
[②]《北京市推进全国文化中心建设中长期规划(2019年—2035年)》,北京市人民政府网站,2020年4月9日,http://www.beijing.gov.cn/zhengce/zhengcefagui/202004/t20200409_1798426.html。

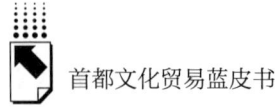

政策扶持是北京文化贸易发展的重要推动力量，北京市发布的多种政策文件不仅对首都的对外文化贸易发展提出了新的要求，也为高质量开放背景下激发北京对外文化贸易发展的新动能释放了更多的政策红利，创造了良好的制度环境。

三 北京文化贸易发展现状

（一）总体概况

近年来，首都文化贸易规模不断扩大，产品结构持续优化，对外文化贸易市场进一步拓展。如图1所示，在2006～2018年，北京文化贸易进出口总额整体呈现稳步增长态势，其中，2018年的进出口总额为2006年的4倍以上。2013年，北京文化贸易进出口总额达到44.76亿美元的一个阶段性峰值，接下来随着"一带一路"倡议的提出，北京的文化贸易产品和服务进出口经历了短暂的结构性调整，使北京文化贸易进出口总额呈现略微下降的趋势，但自2015年起，北京文化贸易进出口总额便进入了新的快速增长期。2018年，北京文化贸易进出口总额为60.2亿美元，达到13年来

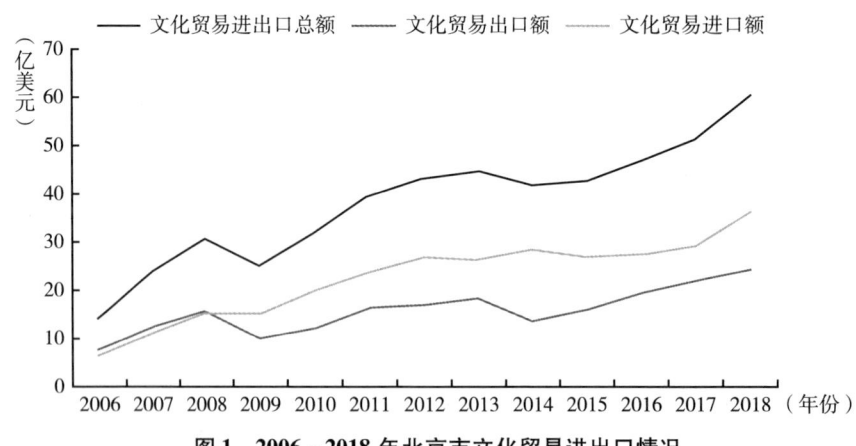

图1　2006～2018年北京市文化贸易进出口情况

资料来源：商务部驻天津特派员办事处、北京市商务局、北京市国有文化资产管理中心。

文化贸易进出口总额的最高值，同比增长17.5%。其中，文化贸易出口额为24.3亿美元，同比增长9.9%；文化贸易进口额达到35.9亿美元，实现了23.2%的增长。可见，北京对外文化贸易规模持续、加速扩大，整体态势稳中向好。

具体来看，如图2所示，2006～2017年，北京核心文化产品进出口总额呈现稳步上升的趋势，核心文化产品进口额与进出口总额增长速度均明显高于核心文化产品出口额，北京市引进外来优秀文化产品质量、数量力度加大，对外开放程度进一步提高。北京市国有文化资产管理中心公布的数据显示，2018年，北京核心文化产品进出口总额达到22.4亿美元，实现了7.7%的增长。2006～2017年，北京核心文化服务进出口总额呈现增长态势，核心文化服务进口额连续多年与核心文化服务出口额小幅度稳定增长。2014年后，北京核心文化服务出口额快速增长，核心文化服务出口竞争力明显增强（见图3）。数据显示，2018年，北京核心文化服务进出口总额达到37.8亿美元，同比增长幅度达到24.2%。北京核心文化服务进出口总额超过核心文化产品进出口总额，核心文化服务贸易在北京市对外文化贸易中的地位有所提升，并有望成为北京对外文化贸易的重要支柱。

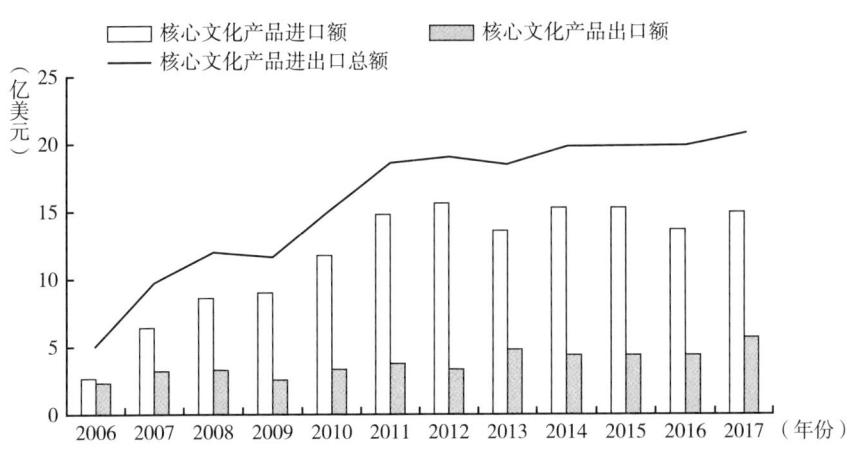

图2　2006～2017年北京核心文化产品进出口情况

资料来源：商务部驻天津特派员办事处、北京市商务局、北京市国有文化资产管理中心。

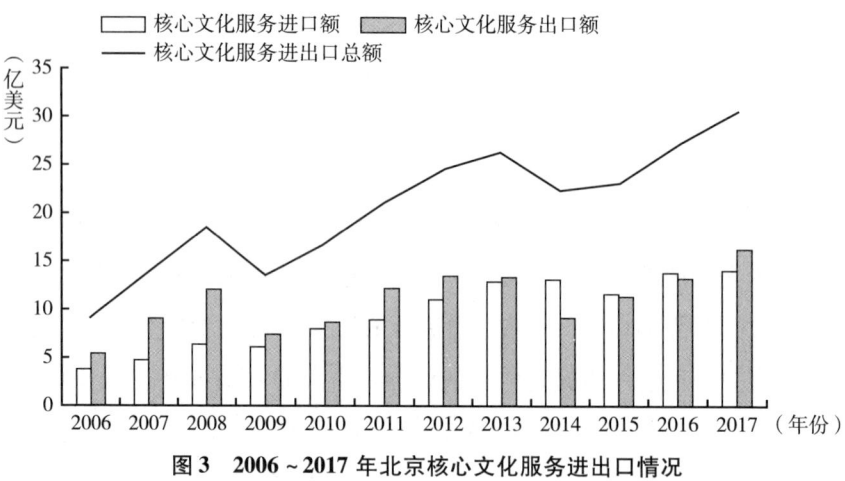

图3 2006～2017年北京核心文化服务进出口情况

资料来源：商务部驻天津特派员办事处、北京市商务局、北京市国有文化资产管理中心。

（二）北京文化市场主体状况

北京市在《北京市"十三五"时期加强全国文化中心建设规划》和《北京市人民政府办公厅关于加快发展对外文化贸易的实施意见》等多项政策文件中提出要壮大各类市场主体，加快培养外向型文化企业，支持企业申报国家文化出口重点企业和重点项目的目标与要求，强调了进一步加强北京市文化市场主体建设的重要性，推动了北京市文化市场主体迅速发展。如图4所示，2007～2020年，北京市入选国家文化出口重点企业的数量整体呈现增长态势。其中，《2019—2020年国家文化出口重点企业公示名单》中的北京市文化企业达75家，与上一年入选数量持平。另外，在入选国家文化出口重点企业的北京企业中，包含人民教育出版社有限公司、高等教育出版社有限公司、中国国际图书贸易集团有限公司等35家中央在京文化企业，数量达到历史新高，且有多家中央在京文化企业多次入选"国家文化出口重点企业"，它们已成为扩大和增强北京文化对外贸易规模和影响力的重要支柱。可以看出，在北京市不断深化文化体制改革、破除制度性障碍、释放政策红利的背景下，北京各种外向型文化企业数量明显增多，各种所有制文化企业的优势与活力不断迸发。但同时我们也应注意到，每年北京市文化企业入选"国家文化出口重点企业"的比例波动较大,这从侧面反映出全国其他地区对外文化贸易企业与影响力也在同期快速增长,中国国际文化贸易市场竞争更加激烈。

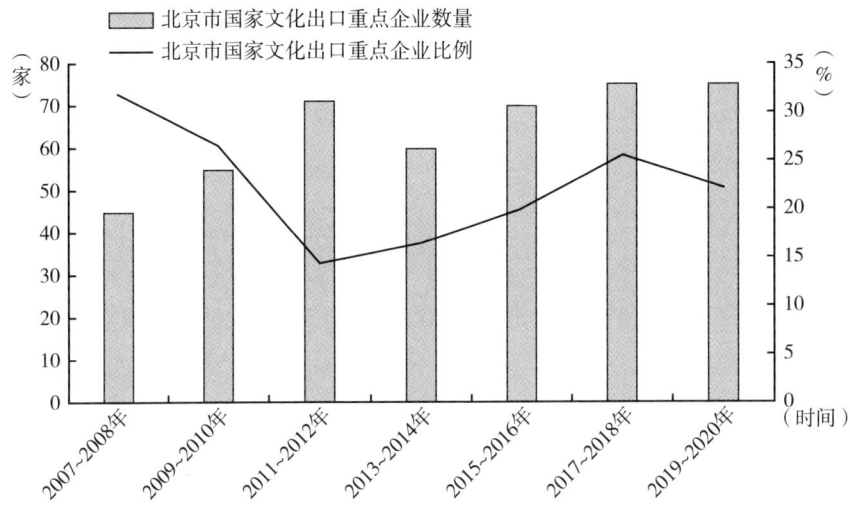

图4　2007~2020年北京市国家文化出口重点企业数量与比例情况

资料来源：商务部。

此外,从地理分布情况来看(见图5),《2019—2020年国家文化出口重点企业公示名单》中的75家北京文化企业在北京的8个地区当中呈现不均衡分布状态。其中,海淀区入选了29家文化企业,数量居8个地区之首;而朝阳区、西城区、东城区次之,分别入选16家、12家和7家文化企业;大兴区、通州区和石景山区则分别入选3家文化企业;丰台区仅入选了2家文化企业,而其他区的文化企业则未能入选。进一步地,从图5中还可以看出,入选的北京文化企业大多集中于首都的核心区域,以海淀区最为突出,这一现象与北京的文化资源集聚效应有着紧密联系,海淀区不仅有清华大学、北京大学、中国人民大学等中国众多顶尖高等学府,这里人才众多、文化底蕴深厚,还有中关村高新技术和诸多文化创新产业区域,这里聚集了一大批高端文化服务企业,有着得天独厚的资源禀赋优势,这些优势极大限度地促进了这一区域文化产业集聚效应的发挥。

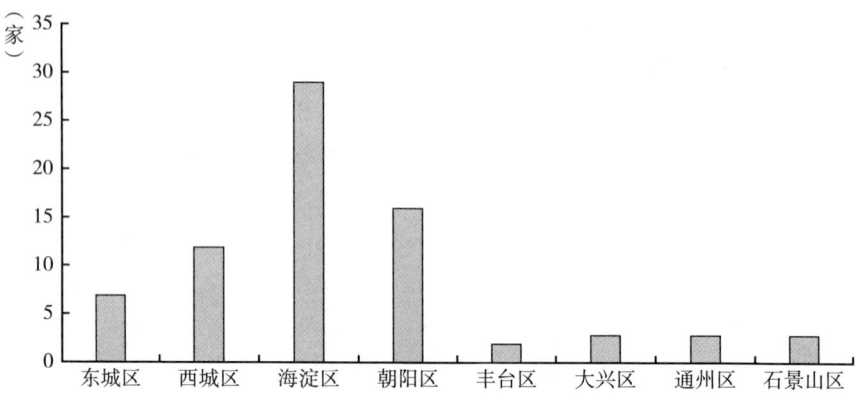

图5　北京市八个地区文化企业分布情况

资料来源：商务部。

（三）北京市文化出口重点项目发展状况

图6展示了北京市国家文化出口重点项目的发展状况。从变动趋势来看，2007~2010年，北京市文化出口项目入选"国家文化出口重点项目"的数量呈大幅增长趋势，在100个以上，然而在2011~2012年的评选中，出现较大幅度的下降，并在之后几年的评选中基本保持在36个项目左右。另外，从北京市入选"国家文化出口重点项目"的比例来看，2007~2008年，北京市入选项目数量约占全国入选项目数量的一半以上，自2009年起，随着全国其他地区文化企业的发展，北京市文化出口项目入选国家文化出口重点项目的比例有所下降，但平均仍在30%左右。由此可见，北京市文化出口项目整体实力较强，在国内具有相当大的竞争力。

从2019~2020年的数据可以看出，北京市文化出口项目入选国家文化出口重点项目的数量达到36项，占国家文化出口重点项目的27.9%。其中，"一带一路"沿线国家图书馆拓展项目（中国国际图书贸易集团有限公司）、中国人文社科学术交流平台（社会科学文献出版社）、中国当代优秀类型文学"走出去"基地项目（中国教育图书进出口有限公司）以及北京国际图书博览会〔中国图书进出口（集团）总公司〕等18项为中央在京文化企业项目，面向泰国、约旦等共建"一带一路"国家以及世界其他国家，涉及版权、文化设施建设、文化展会、文化交流与合作等诸多方面。北京市文化企业入选项目数量为18项，涵盖体育（2018赛季中国足球超级联赛海外转播项目）、数字文化传播平台建设（东方嘉禾海外数字户外传播平台、蓝海融媒体全球传播云平台）等多个方面。以上内容进一步体现了北京文化企业出口项目呈现全方位、多层次、宽领域、传统文化与新兴文化互补交融的特点，文化企业出口项目质量、效益呈现双优化的特点。

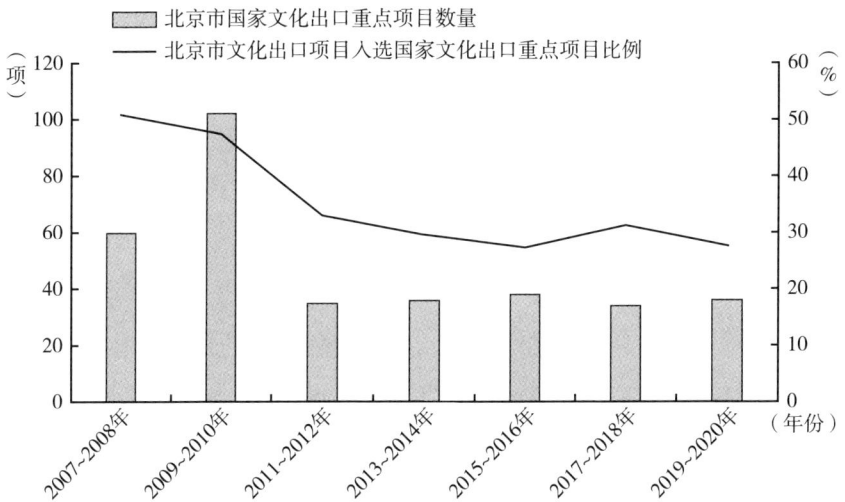

图6 2007~2020年北京市国家文化出口重点项目数量和比例情况

资料来源：商务部。

四 高质量开放背景下北京文化贸易存在的问题及挑战

近年来，随着中国逐步推动全方位、高质量、高水平的对外开放，北京对外文化贸易的实力和影响力不断增强，文化产品出口速度加快，核心文化产品和服务贸易规模迅速扩大，北京文化贸易迎来了良好的发展机遇。然而，在当今全球化逐步深入的背景下，北京文化贸易发展还面临诸多问题与挑战，具体体现在如下几个方面。

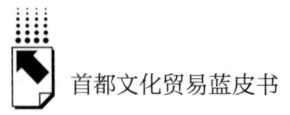

（一）对外文化产品进出口结构错位凸显

近年来，北京市不断扩大文化产品进出口规模，着力提升对外文化产品贸易质量、效益，满足人民的物质文化需要。商务部公布的报告显示，2019年，北京文化产品进出口总额位列全国第7，但北京对外文化产品贸易的结构性错位问题凸显。

北京海关发布的数据显示，以五年为一个短周期，北京市对外文化产品进出口失衡状态一直存在。2015～2019年，北京文化产品进口额与进出口总额增长速度均明显高于出口额增长速度，且文化产品贸易逆差呈现不断扩大的趋势（见图7）。2019年，北京文化产品进口额为188258.9万美元，但出口额仅为76659.4万美元，仅为进口额的40.7%，贸易逆差达到111599.5万美元，进出口贸易严重失衡（见表1）。

从宏观层面来看，文化产品进口规模的扩大不仅有利于满足当前社会文化产品多元化和国际化的需要，还有利于北京进行文化贸易产业结构的调整，但是文化产品出口额更能凸显北京向世界输出文化的能力。长期以来，相较于进口能力，北京文化产品的出口能力较弱，在一定程度上限制了北京对外文化贸易的发展。此外，北京对外文化产品进出口结构的失衡也在一定程度上反映出北京文化产品在国际市场的竞争力还相对不强，存在较大的提升空间。

表1　2019年中国文化产品进出口总额前十大省级行政单位情况

单位：万美元，%

省级行政单位	进出口总额	出口额	进口额	贸易差额	进出口总额同比增速
广东	5876878.3	5668292.2	208586.2	5459706.0	10.8
浙江	1478474.7	1436748.6	41726.1	1395022.5	6.3
江苏	868693.4	758397.6	110295.8	648101.8	-8.9
上海	675511.0	237055.9	438455.1	-201399.2	21.9
山东	575299.8	554010.1	21289.7	532720.4	-16.8
福建	374508.2	351934.9	22573.3	329361.5	16.8
北京	264918.2	76659.4	188258.9	-111599.5	69.5

续表

省级行政单位	进出口总额	出口额	进口额	贸易差额	进出口总额同比增速
湖南	230733.2	217949.3	12783.9	205165.5	29.5
广西	126174.3	119028.0	7146.3	111881.7	20.0
新疆	99233.6	98802.1	431.5	98370.6	28.9

资料来源：商务部。

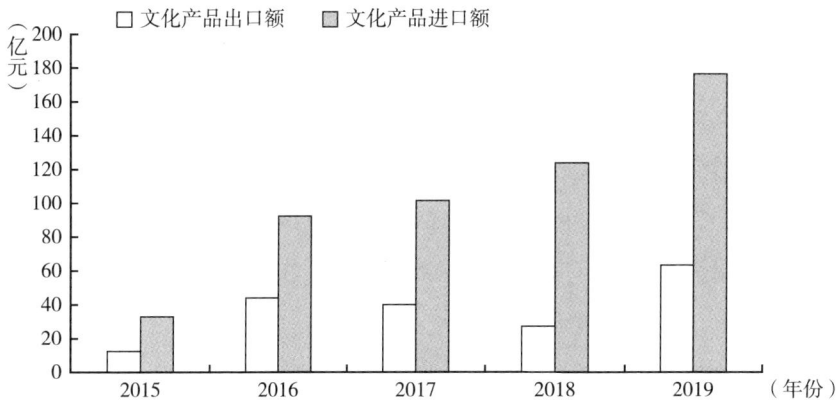

图7　2015～2019年北京市文化产品进出口情况

资料来源：北京海关。

（二）文化产品结构有待优化

2019年，北京市进口的前七大文化产品分别为珠宝首饰、报纸和期刊、广播电视电影设备、图书、印刷胶印机器、游乐游艺设备以及工艺品。这七类文化产品的进口额均在100亿元以上。从进口情况来看，2019年，北京市文化产品进口以珠宝首饰、核心文化产品（图书、报纸和期刊）以及广播电视电影设备等为主。从出口情况来看，2019年，北京市出口的主要文化产品为珠宝首饰、工艺品、玩具和乐器等，其中仅珠宝首饰一项的出口额就占主要文化产品出口额的一半以上。相较于进口，北京市出口的文化产品多为一些文化用具产品，且较多处于文化产品价值链的下游地带。可见，北京市进出口文化产品结构呈现一定程度的不均衡性，有进一步优化升级的空

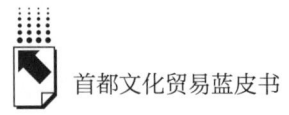

间。此外,当前北京的文化产业正处于由产业链的中低端向中高端过渡和转型的关键时期,北京文化产业的供给侧改革也有待进一步推进,北京文化产业尚不能提供充足且具有多元化结构的优质产品以满足中国及国外文化市场的需要。

(三)国际文化市场竞争日趋激烈,高端特色文化品牌缺乏

近年来,世界各国文化经济的发展进一步加剧了国际文化市场的竞争,加之国际文化贸易模式的逐步变革,使北京文化贸易的发展面临严峻挑战。同时,由于当前北京文化产品和文化服务的出口依旧处于国际文化产业链的中低端位置,尚未形成进行文化出口的龙头企业以及体现首都风格、具有北京特色的高端优质文化出口品牌,北京文化产品在国际市场中还处于相对较弱的地位,与纽约、洛杉矶、伦敦、巴黎等全球公认的文化中心城市的产品还存在一定差距。美国洛杉矶市着力打造以"好莱坞"为文化品牌的影视业和文化旅游业,在国际文化贸易市场上长期出口具有高文化附加值的产品与服务,已成为该行业的标杆。可见,在当前高质量开放背景下,国际文化市场竞争日趋激烈,北京高端特色文化品牌的缺乏在一定程度上制约着北京文化贸易的快速发展。

(四)未能形成有效的区域联动效应以与周边地区协同发展

新时代全国文化中心建设激发了北京的市场活力,促进了对外传播、文化交流、文化贸易手段的创新,并且随着北京对外文化贸易规模不断扩大,其核心文化产品与核心文化服务的进出口水平也不断提升,逐步形成了以北京为中心,以天津、河北为两翼的文化贸易发展新格局。然而,值得注意的是,在京津冀地区,北京文化贸易呈现不平衡、不协调的发展态势,北京与周边地区的文化贸易之间存在一定程度的脱节现象,以至于北京作为全国的文化中心辐射周边、引领周边、带动周边的效应未能充分显现。此外,尽管北京有丰富的文化资源和高度集中的文化人才,但作为首都,北京文化贸易

的高、中、低端产业布局还需进一步优化升级，北京同周边地区文化人才流动的机制需不断完善，文化资源的共享平台也亟须加快搭建。

五 促进北京文化贸易高质量发展的相关建议

党的十九大报告明确指出，中国经济已由高速增长阶段转向高质量发展阶段，正处在转变发展方式、优化经济结构、转换增长动力的攻关期。在此背景下，推动北京文化贸易高质量发展，打造一批具有国际影响力的北京特色文化产品，已成为全面推动高质量开放型经济增长的重要任务。结合前文分析，本报告提出如下促进北京文化贸易高质量发展的相关建议。

（一）进一步细化和完善涉及北京文化贸易的规章制度，制定有关文化贸易的优惠政策与具体实施细则，释放政策红利，提升北京文化贸易发展水平

第一，结合疫情对北京文化贸易的阻碍与冲击，进一步推动北京文化贸易体制改革，简化行政审批事项程序，破除阻碍文化贸易进一步发展的制度性障碍，调动各方的积极性，营造公平良好的北京文化贸易环境。第二，充分发挥北京天竺综合保税区国家对外文化贸易基地的作用，完善文化产业园区配套设施，简化报关通关流程，推动基地文化贸易便利化，促进京津冀地区跨境文化贸易协同发展。第三，优化北京地区的文化出口产业布局，加速建设由近及远、圈层结合的文化发展中心，形成层次清晰、功能齐全、优势互补的文化中心功能核心层、文化中心功能拓展层以及文化中心功能辐射层，着力打造首都对外文化贸易产业新格局。第四，搭建人才流动机制与地区文化资源共享平台，着力引导担保、信贷等金融措施促进北京文化贸易发展，加速形成由政府主导、以企业为主体、以市场为导向的创新型文化贸易和文化交流新形式。

（二）提升北京文化产品的出口能力，调整北京文化产品出口结构，实现文化贸易高质量发展

坚持精品外来文化"引进来"和具有北京特色与体现首都风格的文化

产品及文化服务"走出去"相结合的发展策略,着重提升文化产品的出口能力,缩小文化贸易逆差,实现文化贸易良性与可持续发展。加快调整北京出口文化产品结构,在进口国外优质文化产品的同时,大力鼓励北京高端优质文化产品尤其是核心文化产品出口,提升北京文化产品在国际市场上的影响力。近年来,中国"一带一路"建设不断推进,北京同共建"一带一路"国家的文化贸易交流不断加深,北京应当抓住这一机遇,加快对文化出口产业及产品的结构性调整,积极开拓共建"一带一路"国家文化市场,实现出口文化产品和出口模式多元化发展。

(三)重点培育文化出口龙头企业,综合采取多种政策、手段调动企业开展文化贸易的积极性

第一,可依托北京天竺综合保税区国家对外文化贸易基地,引入和培育一批市场化属性突出、兼顾社会效益、具有较强国际影响力的一流竞争型文化企业。近年来,在数字文化平台、文化装备、动漫等新兴文化产业和高科技文化产业等重点领域,北京市文化企业纷纷兴起,这对于加速形成体现首都风格和具北京特色的文化贸易产业具有较强的推动作用。第二,应鼓励国有文化企业、民营文化企业、外资文化企业等不同所有制的文化企业平等参与国际文化市场竞争,调动各种所有制企业开展文化贸易的积极性。第三,促进北京高校与文化企业合作对接,鼓励建立"产学研一条龙"的发展模式,充分发挥高校与智库的智力优势、科研优势和人才优势,从而助力北京文化贸易快速发展。第四,应给予文化企业相应的优惠政策扶持,拓宽文化企业的融资渠道,降低文化企业的潜在风险,为文化企业缓解融资难题、开拓海外市场、提升国际市场占有率提供充足的资金支持。

(四)打造具有北京特色和体现首都风格的文化品牌,增强文化企业和文化产品在国际市场上的核心竞争力

品牌是企业的无形资产,作为企业产品的符号,品牌往往传达的是企业的经营理念、企业文化和企业的价值观念,不仅可以为品牌所有者带来较高

的文化附加值，而且能为目标受众带来同等或高于竞争对手的价值。由此可见，文化品牌对于文化企业的发展具有重要意义。当前，随着人们生活水平的不断提高，人们对文化产品和文化服务的需求更加多元化和国际化，而同质化、单一化和大众化的文化产品与服务已难以适应更高水平的国际化市场竞争环境。因此，在高质量开放背景下，政府应不断推进文化产品和文化服务的供给侧改革，提供高质量、个性化、多内涵的文化产品与服务，打造具有北京特色和体现首都风格的高端文化品牌，进一步提升北京文化在国际文化市场上的竞争力和影响力。

（五）发挥北京的文化资源优势，建立文化资源和信息共享平台，带动周边地区的文化产业协同发展

作为全国的文化中心，北京有国际交往中心的功能和独特的文化资源优势，在坚持服务全国、面向世界的发展理念下，为更好地促进文化贸易全面高质量发展，政府可搭建更多的文化资源和信息共享平台，进一步加强文化人才交流，强化流动机制建设，促进京津冀地区对外文化贸易整体协作能力提升，实现三个地区文化产业优势互补和资源共享，形成全方位、宽领域、多层次的文化交流与合作局面，从而进一步带动北京周边地区相关文化产业协同发展。

参考文献

崔君：《文化资本视域下的北京文化创意产业发展研究》，《中国经贸导刊》2019年第1期。

范玉刚：《提升文化贸易质量助力新时代文化"走进去"》，《湖南社会科学》2020年第2期。

郭周明、张晓磊：《高质量开放型经济发展的内涵与关键任务》，《改革》2019年第1期。

李嘉珊、田嵩：《北京市文化出口重点企业对外文化贸易情况调查报告研究》，载李

嘉珊主编《首都文化贸易发展报告（2019）》，社会科学文献出版社，2019。

李培峰：《新时代文化产业高质量发展：内涵、动力、效用和路径研究》，《重庆社会科学》2019年第12期。

刘薇：《"一带一路"战略下北京文化贸易发展新思路》，《中华文化论坛》2017年第3期。

罗立彬：《中国文化贸易进口与中国文化走出去：以电影产业为例》，《东岳论丛》2017年第5期。

罗立彬、刘尧尧：《"一带一路"倡议背景下的中国对外文化贸易：机遇、挑战与战略》，《区域与全球发展》2018年第6期。

王琪延、王博：《将北京建设成为世界文化中心城市的建议》，《北京社会科学》2015年第4期。

B.16
智库助推文化贸易发展的角色与功能

王丽君*

摘　要： "四个中心"功能建设，为首都文化贸易发展带来重大利好。国际交往中心功能建设将为首都文化贸易发展提供全方位的国际化支撑。当前，智库作为国际交往中心功能建设多元主体之一，功能与优势逐渐凸显，为助推文化贸易发展提供了现实路径和抓手。本报告从智库自身建设、政策转译、多元化国际交流与合作、参与国际组织等层面就进一步发挥智库促进文化贸易发展作用提出建议。

关键词： 智库　国际交往　文化贸易

一　国际交往中心功能建设助推文化贸易发展

2014年，习近平总书记视察北京，要求北京明确城市战略定位，坚持和强化首都全国政治中心、文化中心、国际交往中心、科技创新中心的核心功能，努力把北京建设成为国际一流的和谐宜居之都。①"四个中心"功能建设，为首都文化贸易发展带来重大利好。"四个中心"作为有机整体，在充分把握内在逻辑联系的基础上，将实现协同效应。除全国文化中心功能建

---

* 王丽君，北京第二外国语学院首都国际交往中心研究院科研部主任，助理研究员，研究方向为国际关系、国际组织。
① 《习近平在北京考察就建设首善之区提五点要求》，新华网，2014年2月26日，http://www.xinhuanet.com/politics/2014-02/26/c_119519301_3.htm。

设的直接促进作用外，国际交往中心功能建设将为首都文化贸易发展提供全方位的国际化支撑。随着国际交往中心功能建设的展开，首都北京与全球各国家、地区的国际交往频度与深度得到拓展。一方面，国际交往中心功能建设将通过真实的文化体验与接触，将北京的文化内涵和文化贸易政策的国际化传播与推广，提升文化的吸引力，为文化资源转化为文化产品与服务培育海外市场；另一方面，国际交往中心功能建设将有效促进北京与全球文化市场、文化消费群体的连接，顺畅文化产业与文化贸易的对话与合作渠道，从而助推文化贸易的高质量发展。

相较于传统外交，当前北京国际交往中心功能建设呈现构建多元立体外交格局的特点，国际组织、智库、社会组织等多元化主体的作用受到重视，成为国际交往中新的活跃元素，带来新的活力。其中，智库参与国际交往历史悠久[1]，十八大以来，我国逐步重视智库在社会发展中的地位与作用[2]。当前，智库在国际交往中心功能建设中发挥更大作用被寄予厚望。因此，如何发挥首都国际交往中心功能建设的潜在积极影响，如何利用好国际交往新兴主体，特别是智库的能动作用，成为首都文化贸易发展需要进一步探讨的议题。

二 智库推进文化贸易发展的优势与功能

文化贸易标的含有显著的文化属性，相较于其他国际贸易类别极具特殊

---

[1] 西方国家智库参与国际交往由来已久，其相关的跨国活动成为国际事务的重要组成部分。虽然不同学术流派对智库作为非国家行为体的地位、作用认知不一，但其极大地丰富了国际社会中的基本单位是无可回避的事实，并且其在当今国际社会中扮演的角色日益重要。亚历山大·温特在其代表作《国际政治的社会理论》中指出，"有可能，非国家行为体正在成为比国家更为重要的变革发起者"。

[2] 2012年，党的十八大报告中提出"坚持科学决策、民主决策、依法决策，健全决策机制和程序，发挥思想库作用"。2013年，党的十八届三中全会审议通过了《中共中央关于全面深化改革若干重大问题的决定》，指出要"加强中国特色新型智库建设，建立健全决策咨询制度"，并将其列入"推进国家治理体系和治理能力现代化"的组成部分。2015年，中共中央办公厅、国务院办公厅印发了《关于加强中国特色新型智库建设的意见》，强调"智库是国家软实力的重要载体，越来越成为国际竞争力的重要因素，在对外交往中发挥着不可替代的作用"。

性。国际文化贸易的特殊性决定了它在一国国际贸易中的敏感地位和重要性，其具有贸易市场的高度垄断性、贸易保护方式的隐蔽性、贸易自由化的例外性、贸易约束条例的相对灵活性以及与其他产业的强烈交融性。[①] 在国际交往中，智库成为最受关注的新兴行为体之一，与智库自身属性密不可分。依据罗伯特·加斯和约翰·赛特提出的公信力理论框架，智库在专业能力、可信度和友好善意这三大公信力理论维度上都具有优势，因此智库创造和传播的舆论相较于其他舆论传播主体更具可信度，对于受众而言也更具说服力。[②] 因此，智库通过参与国际交往，将有效消解文化贸易特殊性带来的障碍，是有效推动文化贸易发展的国际径路。

（一）助推文化贸易相关议程设置，推进全球自由贸易与世界经济新秩序

智库是知识再生产的组织者，针对实际需求与关注要点整合专业知识、数据资源和决策信息，成为所在领域思想创新、观念分享的源地。随着全球问题与全球治理的深入发展，更多的智库着眼于发挥自身专业特长，为全人类发展奔走呼吁。这种超越国界、地域的价值追求，相较于唯国家利益马首是瞻的国家行为体，塑造出较为公正、中立的形象，更易于被普通民众和舆论所接纳、推崇，获得较高的公信力。

以著名的学术组织罗马俱乐部（Club of Rome）为例，1972 年，罗马俱乐部发表研究报告《增长的极限》，为全球自然资源供给敲响警钟，引发全球范围内的持续关注和争论，为此后全球环境问题治理与国际合作拉开序幕。当前，各国文化贸易发展程度差异较大，贸易不平衡、不平等现象长期存在，相关经贸秩序与贸易规则有待进一步完善，旨在推动文化贸易发展的全球性议题与国际组织不足。基于专业性与相对独立性，智库在推动文化贸易相关议程成为国际重要议题方面具有巨大潜力。

[①] 李小牧、李嘉珊：《国际文化贸易：关于概念的综述和辨析》，《国际贸易》2007 年第 2 期。
[②] 王莉丽：《智库公共外交：概念、功能、机制与模式》，《中国人民大学学报》2019 年第 2 期。

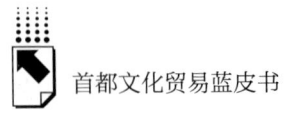

（二）与政府"距离"适中，有助于我国文化贸易政策的有效传播，获取客观反馈

作为以影响政府政策为重要目标的组织，智库与政府是"天然合作者"，智库兼具政策制定推手与政策审视者双重角色。政府借助智库提高决策的科学性、民主性，智库在合作中更加深刻地了解政府文化产业与贸易管理部门的发展需求、决策动向，获得独家的研究优势，进而获得更大的话语权和影响力。

与此同时，智库又有别于政府部门和官方研究机构，它并不以政府需求为唯一指针，始终保持着相对独立性。"近"距离的观察和合作，"远"距离的观点和表达，智库与政府保持了相对适中的距离，在国际交往涉及文化贸易政策宣介和解读时政治宣传色彩较低，能够有效消解被当作政治宣传工具的误读，减少意识形态不同带来的政治偏见，提升交流效率，增进交流互信。在这个意义上，智库既是政府的"知心人"，又不会沦为政府的"传声筒"，使智库对政府政策的解读、转译、评论具有更高的准确性和可信度，成为各国政界、学界重要的信息来源之一，成为国际社会有效的沟通桥梁。

智库在参与国际交往的过程中方式灵活、触角灵敏，同时也是观念意识、信息资源的接收方，能够更大限度地接收、传导海外对中国文化贸易实践与政策的真实评价，特别是不便于在公开场合、大众媒体中传递交流的磋商性信息，从而通过增进互信、降低误读、稀释误解，在化解文化冲突与贸易摩擦中发挥积极作用。

（三）参与国际事务方式灵活多样，参与空间与渠道相对宽松

智库通过有效的国际交往与合作，成为文化贸易对接资源、畅通渠道、表达诉求的平台。目前，智库参与文化贸易发展相关国际事务的方式主要有以下几种。第一，智库作为国家文化贸易战略规划与制度决策的"外脑"，在政府应对复杂的国际经济形势与贸易摩擦等情形时提出对策建议。第二，智库策划、组织、举办双边或多边文化贸易促进活动。针对特定主题，搭建

国际化平台，汇集来自各国政府部门、国际组织、国际非政府组织、其他智库机构、企业代表或前成员，以合作倡议、研究报告、共同声明等形式，推进主题国际议程、影响目标国家或国际组织政策措施等。这也是现阶段智库最常用的参与方式。第三，智库或智库成员受邀参加各国政府、国际组织举办的相关国际性会议、活动，通过表达观点、分享见解，影响活动受众。第四，聘任前官员及企业要员加入智库，汇集整合政府、产业界、学术界资源，利用这些成员的渠道和影响力，实现智库在参与国际事务中推进文化贸易的目标追求。第五，智库成员出任国际组织职务或受邀担任国际组织顾问等，如世界贸易组织、世界银行等，在其框架下助推文化贸易相关议题或诉求，有利于获得更直接的成效。

（四）在受众层面，智库擅长影响"关键"群体或个体，通过有影响力的人为文化贸易营造良好外部环境

相较于大众传播，智库更擅长通过各种渠道将"触角"伸展到官方外交、对外宣传不便施展的空间，通过与特定主体交流互动，实现对"关键"群体或个体的影响，包括政府前官员、智库核心成员及其他对政策制定和推进具有影响力的个体，通过上述人群传递文化内涵与贸易诉求。

首先，智库及智库成员的非官方身份，使其在国际交往中更加灵活，获得相对较低的敏感度及相对较高的自由度，以促进交流的启动；其次，智库在其专业领域具有充分的信息资源、渠道和话语权，能够与"有影响力的人"在较高的水平、层次上进行对话，提高沟通的准确性、有效性。因此，在官方外交敏感时期，智库可以在预防性外交和冲突解决中扮演重要角色，为调解和解决冲突提供非官方努力。以中美贸易摩擦期间为例，中美双方智库不带谈判指标进行对话，在实际问题领域进行更为深入的试探并交换看法，在官方外交陷入僵局的情况下，发挥智库对话的专业性、灵活性，在一定程度上有利于中美两国减少立场偏见和误读，明晰双方底线，为进一步寻找合作与对话的空间提供了一种可能。

三 关于智库参与国际交往推进首都文化贸易发展的建议

智库的上述优势与功能,为以国际交往助推文化贸易发展提供了现实路径和抓手。2017年8月和9月,北京市委、市政府相继审议通过了《关于加强首都新型智库建设的实施意见》(京办发〔2017〕34号)和《首都高端智库试点单位建设管理办法》(京宣发〔2017〕34号),北京市设立"首都高端智库建设"项目,计划在未来5年内以首都高端智库建设试点为基础,重点认定和扶持30家左右首都高端智库,形成专业特色突出、国内影响一流、服务决策有力的首都高端智库发展格局。

当前,首都智库参与国际交往推进文化贸易发展亟待解决的难题主要集中于几个方面。一是首都智库在"四个中心"功能建设过程中得到迅速发展,但在文化贸易领域具有深厚积淀、有志于推动文化贸易发展的智库数量和规模明显与文化贸易发展的巨大需求不匹配;二是作为国际交往主体,智库活动主要集中于受邀出席国际会议或活动,组织举办专题会议或活动,助推文化贸易发展的手段与方式不够丰富;三是在参与国际组织合作方面,参与规模、参与水平尚待进一步提升,智库在国际社会议题设置方面能力薄弱。以参与联合国合作为例,中国曾获联合国经社理事会"特别咨商地位"[①]的非政府组织仅有中国科学技术协会、中国宋庆龄基金会、中华全国

---

① 联合国经社理事会(Economic and Social Council of the United Nations)咨商地位有三种:一般咨商地位(general consultative status)、特别咨商地位(special consultative status)和名册咨商地位(roster)。具有联合国经社理事会"咨商地位"是一个非政府组织得到国际承认的重要标志。按照联合国经社理事会1996/31号决议相关内容,取得特别咨商地位可享有如下权利。第一,可在联合国总部及其驻纽约、日内瓦、维也纳办事处设机构和常驻代表,每处可派5人。第二,可得到联合国经社理事会及其附属机构会议议程,并可指派受权代表以观察员身份列席联合国经社理事会及其附属机构的会议。可就其专长的议题,提出与联合国经社理事会工作有关的书面陈述,经由秘书长分送联合国经社理事会各理事国。第三,可申请参加联合国召开的有关国际会议及其筹备机关会议,并可做简短发言,提出书面报告。第四,可受联合国经社理事会及其附属机构委托,为非政府组织委员会进行专门研究、调查或编写具体文件。主要有两项义务:遵守联合国宪章宗旨、原则和议事原则,积极参与联合国非政府组织相关领域活动;每四年向联合国经社理事会非政府组织委员会做简要工作报告,具体说明组织对联合国相关工作的支持情况。

妇女联合会、中国残疾人联合会、中华环境保护基金会、全球化智库、中国慈善联合会等为数不多的机构，与世界其他主要国家和地区有明显差距。

随着首都智库建设的深入开展，智库专业水平迅速提升，参与国际交往的能力与实力也相应提升。结合我国文化贸易发展的现实需要与首都国际交往中心功能建设实践，首都智库将获得更多的机会和平台，有志于通过参与国际交往推进文化贸易发展的智库将大有可为，具有较大的成长空间。

（一）牢牢把握住智库核心能力建设，将知识创新与应用转化放在智库建设发展的首要位置

智库的公信力来源于其在所从事领域的专业性，因而智库获得广泛的影响力，在国际交往中发挥着越来越重要的作用。因此，对有志于推动文化贸易发展的智库而言，文化贸易相关领域的知识创新与应用转化是自身发展最为核心、最为基础的部分。首先，相对于一般学术机构、高校，智库应增强对社会发展、政府需求的敏锐度，从文化贸易知识供给侧深化改革，在纷杂的现实需要中提炼创新与转化需求；其次，应构建高效的文化贸易知识生产体系，发挥平台作用。在核心团队基础上，有效整合专业领域内散点式存在的智力资源，包括但不限于政府专业人员、高校学者、行业领域实践专家、国际同行专家等，通过方式灵活、组合多样的团队，组织、开展有针对性的知识"再生产"，跨越专业研究体制机制壁垒，盘活智力资源。

（二）保持与政府的适当"距离"，做专业、理性的文化贸易政策"转译者"

中国文化对外宣传积累了丰富的经验，但也存在明显的短板。智库既是政策制定推手，也是政策审视者。基于智库对文化贸易政策制定的参与程度及专业公信力，智库在政策解读、传播中具有独特优势。在国际交往的大背景下，智库不仅要做语言转换的"直译者"，还要通过附加专业深度、运用国际社会通行的方式成为有思想、有观点的"转译者"，突破政策"传声筒"的刻板角色，达到讲得透、听得懂的效果。智库是展现中国文化内涵

与价值追求的重要载体之一，需要在向世界表达中国的善意与合作意愿、传递中国思想与智慧等方面发挥更加积极的作用，为文化贸易海外市场开拓营造相互理解与信任的外部环境。

（三）从参与走向主导，针对不同受众采取多元化国际交流与合作方式

当前，中国智库以积极的姿态和行动参与国际事务，但与西方知名智库相比还有较大差距，西方媒体对中国智库的引用仅占其涉华报道的极小比例，且中国智库未能成为西方主流媒体的重要信息源。[1] 因此，中国智库需要在推进国际交流与合作中更加主动作为，发挥自身优势，从参与走向主导，提升国际议程设置能力与国际影响能力。在组织交往方面，通过主办国际性会议、论坛、研讨等方式，与国际组织、海外智库等相关机构开展专题交流互动，真诚平等沟通、贡献中国智慧，做好国际活动的"东道主"；在人际交往方面，发挥智库及智库成员人际网络资源优势，通过影响有影响力的人，提升对国际事务、国际关系的影响能力，扩大中国在世界范围内的"朋友圈"；在大众层面，新媒体发展日新月异，传统媒体也仍有不可忽视的作用，中国智库需要与媒体特别是国际性媒体密切、高频互动，以便更有效地发挥舆论作用，增进世界对中国的了解、认同，进而促进合作。

（四）积极参与国际组织，构建中国向国际社会输送人才的重要源地

进入全球治理时代，国家将部分无暇承担的事务逐步转让或让渡给国际组织，国际组织成为各国开展公共外交、推动对外目标的重要平台。一方面，智库对国际组织的参与越来越引起各国的重视。联合国经社理事会通过授予"咨商地位"的方式来承认国际上重要的非政府组织，并发挥这些组

---

[1] 吴瑛、张结海：《中国智库传播中国声音——基于国际媒体引用视角的评估》，《国际观察》2015年第3期，第70~82页。

织在国际事务中的作用。另一方面，来自各国的国际组织专家和工作人员，在推进国际议程设置、传达本国价值主张、链接本国资源方面发挥着不可替代的作用。中国参与国际组织起步较晚，在国际组织中缺乏中层管理及以上级别人员，总体影响力有限。智库在专业领域内人才密集，智库专家在国际舆论场中的名人效应逐步提升，使智库专家进入国际组织成为可能。中国工程院院士钟南山曾受聘为世界卫生组织医学顾问，新冠肺炎疫情期间更是通过世界卫生组织向全球发出防疫信息，在全球抗击新冠肺炎疫情中发出中国声音、传递中国经验。当前，相较于欧美知名智库，中国智库在向国际组织输送人才方面可发挥作用的空间和潜力很大，向国际组织输送人才有望成为中国智库深入参与国际交往的一条重要渠道。

B.17 首都文化贸易投融资支持的经验分析与政策建议*

丁志杰 田园 靳昌伦**

摘　要： 文化与一国的经济、政治互相交融，国际文化贸易与各国的国家战略、经济利益、文化政策等关系密切。中国当前存在文化基础设施匮乏的现象，且难以推动产业规模的适度扩大。本文基于文化贸易的基本属性，通过借鉴美国、英国、韩国投融资体系建设经验，为首都文化贸易投融资支持提出建议。宜发挥政府－国企－市场"三位一体"的改革动力，建立制度层面－战略层面－执行层面的"三步走"改革战略，弥补现有首都文化产业之不足，从而更好地为文化贸易投融资提供支持。

关键词： 文化贸易 文化产业 文化金融

一　引言

随着全球化进程不断加速，文化与一国的经济、政治互相交融，国际文化贸易与各国的国家战略、经济利益、文化政策等关系日益密切，且越来越

---

* 本报告是北京市社会科学基金重点项目"促进首都文化贸易的投融资支持研究"（项目编号：16JDYJA001）的阶段性成果。
** 丁志杰，博士，教授，对外经济贸易大学副校长，研究方向为国际金融、发展金融；田园，博士，中国银行研究所研究员，研究方向为国际金融、汇率；靳昌伦，对外经济贸易大学硕士研究生，研究方向为国际金融、资本流动。

重要。在中国"一带一路"倡议的背景下，全面推动文化贸易发展，提高中华民族的文化影响力，是历史必然性，符合经济发展的要求。北京市作为全国文化交流中心，在推动文化贸易发展方面具有先天优势和重要责任。要发展首都文化贸易，强大的投融资支持体系必不可少。但是当前由于种种历史原因和产业特殊性，文化贸易面临投资和融资渠道单一、融资规模不足、投资方向模糊等诸多现实问题。

目前，鲜有文献聚焦文化贸易投融资支持问题。国外研究主要集中在服务贸易融资问题这一更广的研究范围内，也有一些值得借鉴的研究结论，如Josh Lerner 对服务贸易融资问题的研究表明，产业投资基金是文化产业融资的有效形式。[①] 国内涉及文化贸易的相关研究起步晚，针对投融资支持体系的研究始终较为缺乏。学界对文化产业融资现状及趋势的判断趋于一致的看法，即文化产业的资本来源渠道越发多元化，但融资难的问题一直存在，尚未解决。

本文以首都文化贸易为研究对象，聚焦文化贸易投资、融资问题并结合各国建设经验，进一步提出可行的解决方案，进而规划未来首都文化贸易投融资体系的框架图。

二 首都文化贸易的基本属性分析

研究文化贸易的投融资问题，必须厘清文化贸易产业的个性和与其他产业的共性，以匹配适宜的投融资体制。文化贸易是指世界各国之间以货币为媒介，以文化产品为消费内容的贸易行为，它的基本属性是服务贸易性和文化产业性。

（一）服务贸易性

传统意义上，服务贸易主要涉及"服务进出口"，主要与文化产业自身

---

① Josh Lerner, *Financial Contract Design in the World of Venture Capital the Venture Capital Circle*, The University of Chincago Law Review, 2001, p. 68.

建设发展从而在规模和贸易方面进一步扩大的文化贸易相关。服务贸易总协定将服务贸易定义为四种交易或供应模式,即跨境交付、境外消费、商业存在和自然人流动,其主体仍为文化贸易。

(二)文化产业性

联合国教科文组织将文化产业定义为"按照工业标准生产、再生产、储存以及分配文化产品和服务的一系列活动"。[①] 2001年,全国政协与文化部成立文化产业调查组,对各省(区、市)进行了实地调查,给出了文化产业的定义:"文化产业是指从事文化产品生产和提供文化服务的经营性行业。"文化产业和文化贸易密不可分,文化产业关注的是文化产品的上游生产、制造、改良等,文化贸易关注的是文化产品的下游销售、营销、反馈等。中国文化资源总量多、种类丰富,在传播、利用文化资源的同时,文化资源也以文化产品、文化产业的形式进行市场流通,以交易的方式实现文化资源的市场价值和增值效应。

服务贸易性和文化产业性使文化贸易具有显著的产业结构变迁效应。文化产业与服务贸易促进中国产业结构优化升级,使各产业实现协调发展,并显著推动为满足社会不断增长的需求而进行的合理性和高级性变革。可见文化贸易的发展对区域产业升级、结构优化、就业增加和经济转型等起到重要促进作用。

文化贸易的基本属性也决定了其投融资体制的局限性。文化产业性一方面赋予文化贸易产业价值取向,这要求其形成以无形资产为主导、有形资产为辅助的结构,从而便于人们利用自身经验进行解读,实现与艺术产品内在精神的交流;另一方面,具有产业体系特征,即盈利性。从资金来源角度,以无形资产为主的资产结构难以使文创公司获得准确、合理的品牌资产公允价值,进而难以通过抵押该无形资产获得推动公司业务发展的资金。从资金

---

① "What do We Mean by the Cultural and Creative Industries?", https://en.unesco.org/creativity/sites/creativity/files/digital-library/What%20Do%Mean%20by%20CCI.PDF.

运用角度，产业无形的特征又使投资收益率的事前预测和事后评估存在技术上的难题。文化产业性使文化贸易产业天生拥有投融资两端的难题。而服务贸易性无疑又通过提高文化贸易在服务贸易中的重要性增加了投融资问题的严峻程度，最终使之难以实现盈利性的目标。因此诉诸外力推动产业内在改革有理可循，这便需要从了解文化贸易投融资体系建设现状着手。

三 首都文化贸易投融资体系建设存在的问题

当下，文化与金融深度合作已成为中国文化产业持续健康发展的重要动力，文化贸易、文化产业的长效发展离不开背后投融资体系的稳健支持。当前首都文化贸易投融资体系主要存在两方面问题：一是文化产业固有的投融资问题，二是文化贸易产业的新问题。

（一）文化产业固有的投融资问题

融资困难是中国文创企业发展面临的最大障碍。在间接融资方面，文创产品的附加值通常较高，然而由于创造力的保密要求及其难以评估的特点，小微文化企业难以获得银行的青睐。文化的轻资产性使之更难获得优质抵押品，进一步增加了融资难度。从直接融资来看，中国股市的审批制、不健全的资本市场、过于严厉的上市条件和过高的上市成本均增加了小微文创企业的融资难度。从长远来看，文创企业创新的积极性将遭到打击，造成企业创新能力不足，降低整个产业的活力。

（二）文化贸易产业的新问题

近年来中国首都文化产业和文化贸易产业在面临固有问题的同时，也遇到文化基础设施不足而带来的一系列新问题，这与政府角色定位不清晰有密切关系。

1. 文化基础设施严重短缺

首都文化贸易企业虽然发展速度快，但规模不大、根基不稳，由此，相关行业的投融资渠道建设受到很大限制。具体表现在两方面：一是文化产业长期以来依然在以往的轨道上运行，没有顺应国家文化战略发展的预期，其规模也并未与中国近年来的高度发展相匹配；二是近年来中国人民的物质生活得到了保障，但是精神文化生活依然没有被满足。文化基础设施的缺乏打击了贸易投融资体系发展动能，而贸易投融资存在的诸多障碍反过来又从源头上限制了中国文化产业的对外发展，使得文化企业的前进步伐很快但规模一直无法扩大。

2. 政府角色定位不清晰

一方面，政府相比文化贸易产业或文化产业建设更注重政策资助本身。例如，虽然2017年北京市文化产业财政专项基金总额达到1.49亿元，但使用效率不高，支持模式缺乏针对性，不能与历史遗留的发展问题相匹配。这进一步产生文化设施的配套建设没有跟上、侵犯知识产权、文创产业的发展缺乏亮点、局部地区产业集群落后等问题。另一方面，政府部门机构重叠，权力交接不够彻底。在导致行政成本增加和资源浪费的同时，也导致部门间政策方向冲突，或没有由一个部门统一实施行政指导，从而造成对文化创意产业投融资整体布局的影响。

综上，文创产业特别是文化贸易产业存在投融资难的问题。而在中国首都，政府虽高度重视投融资支持，但也存在定位不清、权力重叠的问题，实质上并没有解决直接、间接融资难和投资过度谨慎的问题。在文化基础设施匮乏，难以满足不断增长的文化需求的大背景下，文化贸易产业的投融资建设难以有序进行。进一步的改革可以借鉴其他国家的经验。

四 国外经验及模式借鉴

文化贸易产业的投融资吸引力，归根结底还是以自身强大的文化产业实力为基础。目前中国文化产业整体实力尚有待提高，距离世界文化产业大国的目标仍有较大差距，投融资体制的制约和问题自然更多。通过借鉴其他国家较为成功的文创产业投融资发展经验，能够有针对性地改善当前首都文化贸易产业投融资能力不足的问题,进而改善中国文化贸易收支情况。本文主要借鉴美、英、韩对首都及中心城市的投融资发展经验。

(一)美国——市场资本与强大的金融市场的结合

美国是文化产业领域的霸主,这一地位有其自身的文化意义,值得探讨的是美国文化产业的市场化管理模式。在非营利的文化产业中,投融资主要是依靠政府支持,而其他类型的文化产业主要突出市场导向。一般的投融资制度在文化产业投融资领域得到了充分应用。

在电影业,美国将投资资金私募化。早在2004年,美国私募基金就进到了中心城市的电影产业,它们发明了集高收益债券、低收益债券、优先股等各种金融产品的组合包以招揽风险承受能力各异的客户,利用夹层融资、贷款、股权融资和债务优先等方法。夹层融资往往采取可转债、次级贷款或者优先股的形式,期限比较短,通常为数月。资方会督促制片方寻找权威的销售代理公司来评估项目的收入并确定贷款额度,之后请专门的保险公司为银行提供完工担保,影视公司最后支付制片费用的2%~6%给保险公司;优先债务贷款是制作方在预售配售权合同下作为还款来源的"保底发行金"。把电影投资资金私募化获得了很大的成功。21世纪初期,Magic Films 为迪士尼投入5.05亿美元,Gunhill Road 为索尼与环球影业投入7.5亿美元;福克斯和迪士尼也从传奇影业获得了5亿美元和3.25亿美元,梅罗斯投资了3亿美元。[①]

美国经济的高度市场化和联动性允许美国依靠市场的力量建设文化产业投融资体系,市场化的改革具有时滞短、效果好、影响持久等特点。因此市场化程度低于美国的中国,文化贸易投融资改革仍应加入市场化的因素,同时应培育一个成熟的金融市场。

(二)英国——政府直接资助为主,税收激励为辅

为了促进和发展文化创意产业,英国搭建了一个良性的政策模式。为了

[①] 《好莱坞电影如何融资:电影投资基金加入大军》,腾讯财经,2011年7月15日,http://finace.qq.com/a/20110715/004218.htm。

兼顾各种文化产业的特色,英国政府采用多种手段来加强伦敦公共文化产业的发展,其中最主要的方式就是政府的直接资助。对于有利可图的文化产业来说,税收激励等优惠政策起到间接支持作用。

英国政府主要将财政投向主要从事文艺和公共文化服务的非营利机构,它支持这些机构的主要方式就是财政资助。这些资金的运行模式由第三方金融中介操作。中央和地方政府的资金、欧盟的专项资金、振兴英国地方经济的经费和英国彩票收入共同构成了政府拨款。1998年,英国政府将55亿英镑政府扶持资金拨给文艺和公共文化服务事业,其中伦敦的相关企业是重要受益对象。2016年,包括国家博物馆、艺术馆、国家档案库在内的18个文化机构受到国家直接资助。

1. 以税收激励来管理出版业

1973年以来,在英国,报纸、图书和期刊的发行方从来不缴纳增值税,通过对图书和其他印刷品免税来降低学习知识的成本。这些税收方面的优惠政策是英国多年来居于世界文化出版第一梯队的重要原因。虽然2011年英国政府将电子书、有声读物和数字期刊的增值税定为20%,但对图书、音乐出版物等传统刊物仍然不征收增值税。

2. 利用伊迪税为电影行业融资

英国从1953年开始对电影票征收伊迪税(Eady Levy)用于补贴电影制片方。此后,英国用这部分税收支援了英国电影学院、电影学院制作委员会和英国电影投资公司。到了60年代,伊迪税成为英国电影筹资最重要的方向,全部影片中只有3部免征伊迪税。这促使美国公司在英国设立子公司制作英国电影,以获得伊迪税收基金的资助,从而诞生了许多优秀的电影作品如《一夜狂欢》(*A Hard Day's Night*,1964)、《救命!》(*Help!*,1965)、《2001太空漫游》(*2001：A Space Odyssey*,1968)、《发条橙》(*A Clockwork Orange*,1971)等。但由于后期政策实施缺乏监管,补贴资金流向发行人而非制片人,同时迫于消费端的压力,政府于1985年取消了伊迪税。

3. 实施差别税率

英国政府对诸如剑桥大学出版社和牛津大学出版社之类的学院出版社采

取减免税收的政策,希望用这种方式援助学术出版物出版。假如一家英国企业从其他有增值税的国家进口出版物,这家企业就能要求管理机构退税。英国政府在面对文化产业时采用了差别税率以调整产业内部不同细分门类的收入,这一行为有效削弱了优惠税率的缺点。

4. 以税收优惠支持游戏企业全球拓展

英国政府以税收减免方式大力支持游戏企业的全球发展策略。英国希望利用税收优惠和补贴加强英国游戏业在全球市场上的竞争力,其代表性政策是2014年推出的电子游戏税收减免(Video Games Tax Relief,VGTR)。在该框架下,英国游戏企业平均回收核心支出的20%;若英国游戏企业和其他海外的上下游企业产生了合作关系,这家游戏企业就能向英国政府申请最多50%的出口退税。

(三)韩国——政府主导模式

在韩国,政府主导的模式以保护文化和大量投资的政策为标志。

韩国文化产业基于政府关于文化产业战略意义的共识,在逐步设计和推广中得以发展。2000年,韩国政府拨给文化事业的预算第一次超过韩国全年预算的1%。2002年,用于文化行业的拨款总计达到5000亿韩元,这些资金分别来自特别基金、国家预算和投资组合。一年后超过1万亿韩元,占总预算比重提高到了9%;两年后更是高达1.17万亿韩元。将1700亿韩元、18700亿韩元和14300亿韩元分别用于文化创造,基础设施建设、营销、出口,以及人员培训。此外,韩国政府还设立了专项基金,如信息促进基金、广播发展基金、文学艺术振兴基金、文化产业振兴基金、电影振兴基金和出版基金,以运营文化产业的专项投资组合。2000~2001年,文化产业促进研究所在运营操作17个投资组合项目的情况下获得成功,共筹集了2073亿韩元(其中350亿韩元来自政府,1723亿韩元来自民间资本)。以广播业为例,韩国政府支持多元化发展,以中心城市为重点,具体到基础设施、生产、分配均有体现,该模式使其市值由2000年的不到5万亿韩元,增长到2005年的9万亿韩元。

政府主导的管理模式使政府能够在促进文化产业的发展过程中充分发挥自身作用，进而使文化产业在韩国保持持续的发展势头，并形成独特的产业政策和投资机制。

英国和韩国的经验均体现出政府在首都投融资体制建设中的作用，这说明即使是市场化较强的国家，政府仍应在文化贸易投融资中发挥一定作用。

五 政策建议

（一）做强文化贸易产业，实行"三步走"战略

文化贸易的基本属性和国外经验告诉我们，健全文化贸易投融资支持体系须借助政府和市场的力量做大做强文化贸易产业，增强产业吸引力。

随着文化产业的发展，市场上的文化投融资需求日益旺盛。首都虽然具有总部经济优势、平台经济优势、产业发展优势，但由于文化产业规模不大和根基不稳，首都文化投融资渠道受到很大限制。在此背景下，首都贸易投融资发展应按照"三步走"战略稳步推进：第一步，政府主导，构建制度框架，完善首都文化贸易投融资体制建设的基础设施；第二步，国有企业发力，树立行业典范，盘活市场存量，开拓市场增量；第三步，市场化运营，充分调动民营企业等各类投资主体的积极性，促进市场呈现"百花齐放"的发展趋势，实现文化贸易投融资体制的市场化战略目标（见表1）。

表1　首都贸易投融资发展"三步走"战略构想

步骤	政府	制度与国有企业	市场化运营	层次
第一步	1. 大力建设投融资平台，财政资金引导 2. 健全文化创意产业投融资的相关法规体系	1. 建立社会资本参股机制 2. 控股国有文化企业的制度体系	1. 快速进入国际市场，提升文化形象和软实力 2. 加强企业文化建设，塑造良好的企业形象	制度层面
第二步	1. 培育和发展文化保险市场 2. 发展文化创意产业基金	1. 明确国有文化企业的战略发展布局和兼并重组方向	1. 建立中小企业诚信意识 2. 采用多种融资方式相结合的融资渠道	战略层面

续表

步骤	政府	制度与国有企业	市场化运营	层次
第三步	1. 创新险种，弥补信用不足 2. 直接为文创企业提供融资服务	1. 推动国有文化企业吸收或联合竞争能力较强的民营文化企业 2. 培育出一批混合所有制、跨媒体跨平台、具备国际竞争力的骨干型企业	1. 重视企业内部管理者的职责与权限控制 2. 完善中小企业征信系统 3. 提升产品质量以及品牌影响力	执行层面

1. 政府扶持发展阶段

政府应强化企业对专项资金的使用，要公示这些资金的具体流向。在政府资金运行一段时间以后，中国可借鉴外国的模式，吸引民间资本成立文化产业专项资金，如此，一来可提高专项资金的使用效率，二来可以减轻政府管理专项资金的负担。此外，虽然这些年来政府在扶持文化产业方面投入了大量资金，但是这些资金的使用并没有轻重缓急之分。在以后的分配中，政府应该明确计划，抓好龙头，首先投资文化产业基础设施这类投资大、见效慢的项目，为其他文化产业的发展打下基础。

政府要尽可能地利用专项资金的杠杆作用，积极向文化和旅游部、工业和信息化部等部门推荐大型文化创意项目。文化和旅游部等部门应当向中央银行推荐项目，确保大型项目的资金及时到位。

2. 培育市场规范阶段，国有企业发挥带头作用

中国文化产业还在发展初期，主要体现在市场秩序的不完善和市场环境的不成熟。值得注意的是，虽然文化产业规模日益扩大，但与其相适应的法律法规还没有跟上市场的发展。近年来，首都文化产业的地方法规和指南已具有一个框架，有助于规范全国文化产业环境。然而总的来说，这些规章和指导方针显示出支离破碎的特点并具有一定局限性，并没有形成完整的法律体系。故在实际市场运行中，文化产业和其他产业的碰撞可能会产生一系列前所未有的问题，届时企业会因法律的不完善而选择保守策略，阻碍文化市场发展。

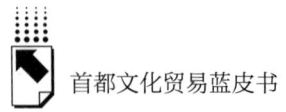

要健全文化产业投融资法律法规体系，重点发挥国有企业的带头作用，应该注重五个角度。第一，明确市场准入标准，继续扩大私人资本可以进入的领域。第二，政府应该以法律手段强调借贷双方的平等地位。只有确保双方权利义务的平衡，才能促进市场长期稳定发展，优化文化产业的资源配置。第三，推进知识产权保护，要通过完善知识产权相关法律来保护从业人员的合法收入，最大限度地提高文创积极性。第四，完善产业投资安全风险评价体系和管理体系，最大限度地降低文化创意产业投资风险。第五，发挥国有企业优势，加大对文化产业的投融资力度，树立行业典范。

3. 发挥市场机制阶段

资本市场的繁荣是产业繁荣重要的推动因素。资本市场的健康运行是中国文化市场蓬勃发展的必要因素，积极推动股权融资对中国文化企业来说是一项紧急且重要的任务。一方面，要以构建知识产权平直评价体系为基石，加快推进知识产权证券化。另一方面，要利用创业板的特点，带动一批技术含量高、成长性强的文创企业上市融资；便利企业通过债券进行融资，利用集体票据、中期票据、短期票据等全新的融资手段拓展资金渠道。除了这些渠道，还有私募基金等限制少、程序简便的机构可用于文创企业的融资。建议在风险控制范围内充分利用私募股权融资模式，加快文化产业投融资平台建设，为中国的文化企业和投融资机构创造一个健康高效的平台。

（二）配套政策措施

文化产业作为后起之秀，还存在一些现阶段无法完全克服的缺陷。文化企业，尤其是中小文化企业的资金需求在这一阶段还不能仅靠市场满足。在这一时期，政府机构的政策是必不可少的，这类政策分别从融资、产业发展、法律法规角度为文化企业解决了一部分发展中必然会遇到的问题。因此，在此过程中，应对中小文化企业采取税收减免政策，降低这些企业的运行成本，增加政府专项资金投入，扶持小微文化企业发展，构建文化企业征信系统、完善信用担保体系、建立完善的知识产权保护体系等配套政策。

参考文献

陈倩、严婷婷、张蕊等:《北京市文化产业发展研究》,《合作经济与科技》2017年第23期。

陈悦:《试论中国文化产业投融资的困境与对策》,《当代经济》2017年第6期。

葛欣航:《北京国际文化贸易政策的分析与调整建议——基于深化有效制度供给视角》,《当代经济》2018年第9期。

姜友维、黄小毅:《遂宁市文化产业投融资困境及对策研究》,《四川职业技术学院学报》2017年第2期。

开晓红:《青海省文化产业发展中的投融资问题研究》,《财经界》(学术版)2017年第19期。

林永春、郭晓颖、李雨桐:《国有文化企业融资问题研究》,《天津经济》2016年第10期。

刘琳琳:《供给侧改革视阈下陶瓷文化创意产业投融资体系建设研究——以景德镇为例》,《重庆科技学院学报》(社会科学版)2017年第9期。

王媛、王燕:《江苏省文化产业投融资模式研究》,《牡丹江大学学报》2017年第1期。

叶秀敏、姜奇平:《北京市平台经济发展的现状、问题及政策建议》,《城市发展研究》2016年第5期。

赵梦阳:《北京市金融支持文化创意产业的发展研究》,硕士学位论文,首都经济贸易大学,2012。

Paul Gompers and Josh Lerner, "Venture Capital Distributions: Short-Run and Long-Run Reactions," *The Journal of Finance*, 1998, 53 (6).

A. Marvasti, "International Trade in Cultural Goods: A Cross – sectional Analysis," *Journal of Cultural Economics*, 1994, 18 (2).

K. Pukthuanthong, "Venture Capital in China: A Culture Shock for Western Investors," *Management Decision*, 2007, 45 (4).

B.18 北京开拓中东欧文化市场的机遇与展望*

张喜华**

摘　要： 中东欧国家是"一带一路"倡议的合作伙伴，文化交流合作是"一带一路"合作的重要纽带。北京开拓中东欧国家文化市场机遇众多，包括中国与中东欧共同的发展诉求、中国与中东欧高层一致的高度重视、中国与中东欧文化市场的丰富内容、"五通"引领的明确方向。进一步开拓中东欧文化市场，要着力加强交流与合作；继续发挥官方文化交流的引导示范作用；开拓文化创意产业合作渠道，扩大规模，深化内容，促进中国与中东欧国家在文化贸易领域的全面合作。此外，北京在外部拓展的同时也应注重内部发展，在统筹规划方面需要加强顶层设计，建立长效机制。唯有和而不同，求同存异，多边互动，才能推动北京与中东欧文化市场的交流合作可持续发展。

关键词： 文化市场　文化交流　中东欧国家

一　中东欧国家是"一带一路"倡议和中国与欧洲合作机制的空间伙伴

2013年秋，中国国家主席习近平提出的"一带一路"倡议为中国与中

---

* 本报告是北京社科规划项目《首都开拓中东欧十六国文化市场研究》（项目编号：15JDWYB005）阶段性成果。
** 张喜华，文学博士，北京第二外国语学院教授，教育部丹麦研究中心主任，北京高校大学英语教育发展中心主任，主要研究方向为英语语言应用、丹麦文化等。

东欧国家开展交流合作开辟了更加广阔的空间。"一带一路"沿线有十多个国家位于中东欧,它们对"一带一路"建设起到了重要作用。在"一带一路"倡议正式提出一年前,中国与中东欧国家合作机制便初具雏形。2011年,中国重提与中东欧国家合作,其中涉及阿尔巴尼亚、波斯尼亚和黑塞哥维那、保加利亚、克罗地亚、捷克、爱沙尼亚等十多个中东欧国家。2012年,相关国家领导人在华沙举行首次会晤,标志着合作机制正式启动,该合作机制是中国与中东欧国家务实合作的重要平台。中东欧国家在"一带一路"倡议中占有重要地位,中国与中东欧国家合作是否扎实和有效在相当程度上影响着"一带一路"倡议的实施。所以,与中东欧国家的合作符合"一带一路"倡议主旨,也是北京开拓中东欧国家文化市场的机遇。

二 文化交流是"一带一路"合作的重要纽带

"人文交流合作是促进和平发展的积极要素,也是经济发展的重要推动力。"① 这是习近平主席2014年3月在对荷兰进行国事访问时讲述的观点。而今放眼"一带一路"和中国与欧洲的合作,全方位、宽领域、多层次的良好发展态势,正是这一观点的现实注脚。

"文化交流与合作在推进'一带一路'建设中具有重要地位,能够为深化双多边合作奠定坚实的民意基础,是推进中国与'一带一路'沿线国家民心相通的重要途径,是促进中国与有关国家政治互信的重要基础,是深化中国与有关国家经贸合作的重要保障。"② 由此可见,文化交流合作在中国-中东欧国家合作中发挥着不可替代的作用。正因为如此,五年来中国国家领导人先后五次与中东欧国家领导人举行年度会晤,相继发表了《中国关于促进与中东欧国家友好合作的十二项举措》《中国-中东欧国家合作布加勒斯特纲要》《中国-中东欧国家合作贝尔格莱德纲要》《中国-中东欧

---

① 习近平:《打开欧洲之门 携手共创繁荣——在荷兰〈新鹿特丹商业报〉的署名文章》,新华网,2014年3月24日,http://news.xinhuanet.com/world/2014-03/24/c_119921282.htm。
② 潘玥斐:《深入开展"一带一路"文化交流与合作》,《中国社会科学报》2017年2月22日。

国家合作苏州纲要》等重要文件，不断推动合作机制快速发展。其中，"十二项举措"就明确提出，倡议2013年在中国举办"中国－中东欧国家文化合作论坛"。

2013年5月，首届"中国－中东欧国家文化合作部长论坛"在北京成功举办，第二届论坛于2015年11月在保加利亚首都索非亚举行，第三届论坛于2017年9月在杭州举行。该论坛每两年举办一届，邀请各国部长出席，是中国与中东欧国家之间级别最高、分量最重的多边文化交流活动，也是设计、统筹和主导中国－中东欧国家文化合作的最重要平台，多边文化市场在这个平台的政策框架内得以拓展。得益于论坛机制的建立，中国与中东欧国家文化交流的内容不断得到充实，交流渠道日益拓宽。目前，中国与中东欧国家文化合作的重要品牌项目包括中国－中东欧国家艺术合作论坛、中国－中东欧国家文化创意产业论坛、中国－中东欧国家文学论坛、中国－中东欧国家非物质文化遗产保护专家级论坛、中国－中东欧国家文化遗产论坛、中国－中东欧国家舞蹈夏令营和舞蹈冬令营、中国－中东欧国家音乐夏令营等。此外，中东欧国家艺术节总监访华、中国演出行业代表团赴中东欧国家选购节目、中东欧国家作曲家访华采风创作，以及中东欧国家美术家访华采风创作等都是合作的具体实践。

在文化合作领域，中东欧国家与中国有着坚实的基础。"自2015年11月16+1首都市长论坛倡议首次提出以来，北京市高度重视，主动与索非亚市对接，仅用短短9个月的时间就将这个倡议转化成了现实。"[①] 成功举办了第一届"中国－中东欧国家首都会议"。北京市组织多领域代表参加会议，建言献策，探讨合作参与路径。"论坛上，16+1首都城市代表发表了共同宣言，达成十项共识，其中包括建立常设对话和定期交流机制，就旅游、信息和通信技术、基础设施和物流、农业和食品等共同关心的优先议题进行探讨；支持民航合作，通过共享游客方案推动'16+1'首都城市旅游；支持更多中东欧国家扩大在农产品、食品和服务领域的贸易；继续并深

---

① 李思源：《16+1首都城市民航将共享游客》，《北京日报》2016年9月28日。

化16+1首都城市文化对话等。"① 那么，如何开展和深化中国与中东欧国家首都城市的文化对话就是需要我们认真对待和研究的课题。既然是对话，对中东欧国家文化资源的深入认识就是十分必要的。"波兰、捷克、斯洛伐克、匈牙利、斯洛文尼亚、克罗地亚、罗马尼亚、保加利亚、塞尔维亚、黑山、马其顿、波黑、阿尔巴尼亚、爱沙尼亚、立陶宛和拉脱维亚，位于欧洲中部和东部的这十六个国家，汇聚着人类历史上顶尖级的科学、文化和艺术。"② 居里夫人（波兰，元素镭、钋的发现者，首位女性诺贝尔奖获得者）、肖邦（波兰，古典音乐家，欧洲19世纪浪漫主义音乐的代表人物）、裴多菲（匈牙利，爱国诗人，匈牙利民族文学的奠基人）、李斯特（匈牙利，作曲家，欧洲浪漫主义音乐的代表性人物）、米兰·昆德拉（捷克，作家）、卡夫卡（捷克，小说家，西方现代主义文学先驱）、马克西姆（克罗地亚，流行钢琴演奏家）……这些名字跨越时间和地域，在人类历史的长河里熠熠生辉。

文化市场既是一个属于文化学范畴的概念，又是一个属于经济学范畴的概念。"文化市场是指按价值规律进行文化艺术产品交换和提供有偿文化服务活动的场所，是社会主义文化艺术产品生产和消费的中介。"③ 究其根本，文化市场离不开三个核心要素：人——优秀的艺术家、学者和人才；产品——优秀的文化艺术作品与服务；合作——文化交流与贸易市场的有机融合。

在《中国-中东欧国家合作苏州纲要》和《中国-中东欧国家2016—2017年文化合作索非亚宣言》的指导下，文化部与北京市政府于2016年联合举办了"中国-中东欧国家艺术合作论坛"。中国和中东欧国家的著名艺术家、艺术机构代表以及部分中东欧国家驻华使节等近300人出席。这是迄今中国与中东欧国家举办的最大规模的艺术盛会。④

---

① 李思源：《16+1首都城市民航将共享游客》，《北京日报》2016年9月28日。
② 朱妮：《中东欧十六国文化拼图》，《出版人》2016年第8期。
③ 程鹏飞：《文化市场及文化产业研究》，《剑南文学（经典教苑）》2012年第10期。
④ 《2016年"中国-中东欧国家艺术合作论坛"在京开幕》，中国政府网，2016年5月10日，http://www.gov.cn/xinwen/2016-05/10/content_5071776.htm。

北京市副市长王宁在发言中指出:"北京作为全国文化艺术中心,汇集了丰富多元的人文艺术资源,在音乐、舞蹈、戏剧、美术、儿童剧等领域都拥有众多优秀的艺术家、学者和市场人才,他们与中东欧国家艺术家有着共同的夙愿:践行艺术的传承与融合,活跃艺术的创作与诠释,并在国际范围内传播我们的文明。"① 该艺术合作论坛是中国与中东欧国家文化艺术交流合作的开放平台,有助于多边互动合作,共赢共生。

中东欧国家在建设文化市场方面也不遗余力。以爱沙尼亚为例,爱沙尼亚在欧洲是一个国土面积很小的国家,人口只有130万人。但爱沙尼亚却以戏剧和艺术著称,每年戏剧观众达100万人次。爱沙尼亚有50家专业剧场,还有500家业余剧场。同时,学生剧场和儿童剧场在爱沙尼亚也非常活跃,并且还有供残障人士演出的剧场。爱沙尼亚拥有完善的支持剧场发展的体系和制度:25家剧场受政府资助,10~15个戏剧团体自筹资金。不同类型的剧院团扩大了爱沙尼亚戏剧艺术的覆盖面,不同地区的人们都有机会走进剧场观赏戏剧。除了中央政府支持外,地方政府也会对剧场和有关团体进行资助和支持。体制外的自由职业者和戏剧团体也有机会得到赞助并进行创作。②

2013年,文化部部长蔡武在"首届中国-中东欧国家文化合作部长论坛"指出,中国和中东欧国家应"在各国政府主导下充分发挥社会、企业、民间力量的优势……推动各自的文化机构、专业组织和国际艺术节之间建立直接联系、开展交流与合作,以保证文化交流具有可持续发展的动力"。③ 可见,文化企业在推动中国和中东欧国家文化交流合作中的作用也不容小觑。通过培育对外文化贸易主体,支持文化企业打造民族文化品牌,开发既体现中国特色又适应国外受众需求的文化产品,可以促进和深

---

① 《2016年"中国-中东欧国家艺术合作论坛"在京开幕》,中国政府网,2016年5月10日,http://www.gov.cn/xinwen/2016-05/10/content_5071776.htm。
② 《中东欧戏剧再发现:中国-中东欧国家艺术合作论坛戏剧组内容精选》,"新剧本杂志"微信公众号,2016年5月16日,https://mp.weixin.qq.com/s/rlWnWvr3k4NiEdPmHUqZmQ。
③ 《中国与16中东欧国家通过"文化合作行动指南"》,中国新闻网,2013年5月14日,http://www.chinanews.com/cul/2013/05-14/4817179.shtml。

化中国与中东欧国家之间的文化交流合作。

中国图书进出口（集团）总公司就是一个很鲜明的例子。由其承办的第23届北京国际图书博览会（以下简称"图博会"）于2016年8月成功举办，该届图博会邀请中东欧16国整体担任主宾国。这一安排为中国与中东欧国家乃至亚洲以及各国参展商与中东欧国家的出版文化市场的交流提供了平台，为中国出版"走出去"带来了新的机遇。在主宾国展区，中国-中东欧国家互译出版成果展占据了6个展架，展出了中国与中东欧国家互译出版合作的成果。在这里，中国观众不仅能看到来自中东欧国家的600种中文图书，还能看到波兰文版《孙子兵法》、罗马尼亚文版《生死疲劳》、捷克文版《狼图腾》等400种外文版中国图书。

整体而言，2012年以来，"中国与中东欧十六国在文化交流合作方面取得了长足的进展。文化交流合作、政治对话和经贸合作构成了中国和中东欧十六国合作的三大支柱。过去5年间，'中国-中东欧国家教育政策对话'已举办四次，'中国与中东欧国家青年政治家论坛'也已举办两届。教育对话带来的合作实效就是中国与中东欧国家加大了教师和学生的互派交流力度，越来越多的中东欧国家学生到中国留学。2015年，中国与中东欧国家共同举办旅游年，进一步推动双向旅游发展"。① 双边来往游客日渐增多，商务交往越来越频繁，因为市场的需求，中国与中东欧国家的直飞航线不断增加。2016年是中国与中东欧国家文化交流合作年，这一年也是中国与中东欧文化交流史上第一次由17个国家共同参与举办文化盛会。这样大规模的合作极大地促进了中国与中欧伙伴关系的稳固，极大地拓展了文化市场，北京在中东欧文化市场的拓展基于天时地利人和的优势，取得了显著的成效。

三　北京开拓中东欧国家文化市场的机遇

2015年3月28日，多部委联合发布《推动共建丝绸之路经济带和

---

① 朱晓中：《中国-中东欧合作：特点与改进方向》，《国际问题研究》2017年第3期。

21世纪海上丝绸之路的愿景与行动》。该文件提到沿线各国资源禀赋各异，经济互补性较强，彼此合作潜力和空间很大，政策沟通、道路联通、贸易畅通、资金流通和民心相通（合称"五通"）是进一步深化合作的具体内容。

目前，有了"五通"这一合作蓝图的指引，有了开拓中东欧国家文化市场前期成效的激励，北京可以"撸起袖子"进一步开拓中国与中东欧国家文化交流合作的空间。归纳起来，北京开拓中东欧国家文化市场具有四大机遇。

一是中国与中东欧共通的发展诉求。中国的文化交流诉求一直很明确，即加强中国与中东欧国家（乃至整个欧洲、世界）人民的相互了解和友好合作，开展多层次、多渠道、多形式的双边文化交流，为文化繁荣、经济发展、政治互信服务，为世界和平、人类文明进步做贡献。而北京的定位为"全国政治中心、文化中心、国际交往中心、科技创新中心"，一直秉承"让世界了解北京，让北京走向世界"的理念，发挥其在对外文化交流方面的桥梁和纽带作用，通过举办各类大型活动和在国外举办展览来推广北京城市形象和中国梦，使更多的国际友人通过北京这个窗口了解中国的传统文化瑰宝和当代文化实践。中东欧国家虽然在语言、文化、宗教、社会习俗与传统、经济规模、自我认同等方面均存在差异，但都愿意加深同中国的务实合作，除了在政治上的密切合作外，还可以拓宽文化合作领域，深化文化合作内容。

二是中国与中东欧高层一致的高度重视。前文提到，至今已举办三届的"中国-中东欧国家文化合作部长论坛"是中国与中东欧国家之间级别最高、分量最重的多边文化交流活动，也是设计、统筹和主导中国-中东欧国家文化合作的最重要平台。另外，在"一带一路"框架下，中国和中东欧国家已经设立了数十个涉及人文、教育、贸易促进等方面的合作委员会，并且这些合作委员会的办事处设在不同的中东欧国家。这些委员会让中东欧国家间的互相合作和中东欧与中国的合作有机对接起来，既可以发挥相关国家在本国的优势，也有助于中东欧国家间合作。

三是中国与中东欧文化市场的丰富内容。位于东西方文化交汇地带的中东欧国家拥有悠久的历史和丰厚的文化艺术传统,一大批著名作家、诗人和艺术家相继涌现,比如肖邦、密茨凯维支、裴多菲、彼得·贝兹鲁支、爱明内斯库、雅洛斯拉夫·哈谢克、贝德里赫·斯美塔那和德沃夏克等。当代中东欧艺术家、文化工作者和学者不仅珍视并传承了这些宝贵的思想精神内涵,而且以更加多样化的艺术形态使民族艺术精华得到继承和发扬。同样,北京拥有3000多年建城史、800多年建都史,在悠久漫长的历史进程中,积淀了丰富璀璨的文化遗产。北京开展与举办的许多对外民间文化交流项目和活动,内容涵盖表演艺术、造型艺术、图书出版、人员交流、国际文化研讨会等诸多领域。在全国文化市场中,北京首屈一指,拥有丰富多样的文化资源、制度健全的文化市场体系、极具潜力的文化消费群体。

四是"五通"明确了合作内容和前进方向。具化到文化领域,即为文化市场政策沟通、文化贸易畅通、通过文化交流达到民心相通,增进相互了解和信任,深化双边互利合作。通过构建全方位、多层次、复合型的交流合作网络,实现中国和中东欧国家文化市场多元、自主、可持续发展。通过每一个具体的、实实在在的交流合作项目,"推动各国文化发展战略的对接与耦合,发掘各国文化市场的潜力,促进文化贸易和投资,带动文化消费,增进各国人民的文化交流与文明互鉴"。[①]

四 北京开拓中东欧国家文化市场的建议与展望

"打造政治互信、经济融合、文化包容的利益共同体、责任共同体和命运共同体,是'一带一路'倡议的重要目标。"[②] 在文化交流合作方面,双边可以通过建设利益和责任共同体,"美美与共"。

[①] 张春:《"一带一路"倡议与全球治理的新实践》,《国际关系研究》2017年4月28日。
[②] 乌东峰:《"一带一路"的三个共同体建设》,光明网,2015年9月22日,http://theory.gmw.cn/2015-09/22/content_17121710.htm。

首先,打造利益共同体是根基。文化资源、文化市场和文化企业等领域的合作项目,促使中国－中东欧国家通过共同投资、共同建立持续合作伙伴关系,形成利益共同体,将文化差异性、互补性转化为发展动力。其次,构建责任共同体是担当。中国在推进与中东欧地区合作的时候,不应把发展同中东欧地区某一个或几个大国的关系作为主要内容,而是要和中东欧各国和谐共处、相互学习,共同担负解决国际性难题的责任。这样做也有助于推动欧洲区域一体化。最后,建设命运共同体是终极目标。利益共同体、责任共同体到命运共同体是持续性的发展。建设命运共同体包含相互尊重、平等相待、合作共赢、共同发展,还包含不同文明文化的融合、交流和互信,唯有如此,才能实现建设命运共同体的宏伟目标。

志合者,不以山海为远。中国与中东欧国家虽然在社会制度、国情、文化等方面存在差异,但双方本着相互尊重、平等互利的原则深入交流、深化合作,已然收获丰硕成果。展望未来,中国与中东欧国家之间的文化交流合作仍保持着强劲的发展势头,拥有良好的发展前景。而北京作为首都拥有天然的文化资源和文化市场优势,更有能力和条件推动中国与中东欧国家广泛、深入地开展文化交流与合作。今后,我们还需在以下几个方面做出不懈努力。

第一,着力加强交流与合作。国家建立的多国首都文化合作论坛(或组织)是发挥北京城市优势、凝聚北京城市合力,引领中东欧国家务实参与"一带一路"合作建设的有力举措,把所在国首都文化界广泛团结起来,共同落实双方在文化交流、文化贸易和文化创新产业方面的政策措施,开展具体交流合作项目,进而激发中国和中东欧国家文化机构和文化企业参与合作机制、参与"一带一路"建设的热情,以促进中国－中东欧国家政治对话和经贸合作,将中国和中东欧合作关系提升到新的发展阶段。在国家宏观政策和框架的指导下,北京拓展中东欧的文化市场应该做到整体协调,机制联动,落实落细,将国家层面的政策转变为具体行动,切实加大交流合作力度,从官方到民间全方位开辟交流合作渠道。一方面,可以在文化教育领域加强双方教师、学生、研究者的互访交流,这必将为长远的文化产业交流打下坚实的基础；另一方面，加强专业领域专业人士之间的交流合作，如在演艺、文博、会展、广播电视、出版、艺术等领域就可以有深度的合作。阿凡提动漫公司与捷克在动漫、博物馆、动画木偶片、国际电影节等方面优势互补，实现了合作共赢，还建立了深厚的友谊，是合作的典范。

第二，继续发挥官方机构（如北京市文化局、北京市对外文化交流事务中心、北京市文资办等）文化交流的引导示范作用，"充分调动一切社会力量参与、设计和推出一批有思想、有创意、讲实效、可持续的交流项目；加强对各国文化传统与发展现状的研究与认知"。[①] 官方文化合作能在认知和思想上为交流合作铺平道路。

第三，开拓文化创意产业合作渠道，扩大合作规模，深化合作内容，促进中国与中东欧国家在文化贸易领域全面合作。北京应继续鼓励和支持国有、民营、外资等各种性质的文化企业从事相关法律法规允许经营的对外文化贸易，继续鼓励和引导文化企业加大内容创新力度，开发创作彰显中华传统文化魅力、展现当代中国文化成果和精神风貌、面向国际市场的文化产品和服务，继续鼓励各类企业通过新设、收购、并购、合资等方式，在境外开展文化领域投资合作，扩大境外优质文化资产规模。近年来北京文化创意产业成绩显著。据北京市文资办党组书记、主任周茂非介绍，2016年本市规模以上的文创企业（如北京市文化投资发展集团、北京出版集团、北京演艺集团、北京国际广告传媒集团等）总收入接近1.4万亿元，增加值达到3570.5亿元，占北京市地区生产总值的比重达到14.3%，对北京市地区生产总值的贡献率达到20.3%。此外，2016年北京市文化贸易进出口总额达到46.9亿美元，增速达9.5%。[②]

第四，北京在外部拓展的同时也应注重内部发展。文化是一个国家软实力的象征，文化传播的效果难以用量化的指标来衡量，文化是文化市场的灵魂，文化市场的合作只有注重文化之魂，方能显现文化传播与交流的效果，

---

① 同心：《欧亚经济动态》，《欧亚经济》2014年第4期。
② 《第二届中国 - 中东欧国家文化创意产业论坛举行》，《北京日报》2017年5月31日。

实现效益与传播的双赢。结合实际，从空间格局上看，北京在开拓中东欧文化市场方面已经取得了不错的成绩，但还要注重内部发展。内部发展是指北京要充分发挥文化资源优势，聚合多方力量，使国内市场和国际市场相结合，重点发展优势文化产业，形成国际品牌，产生国际影响，与中东欧文化市场形成互补之势，让中东欧国家主动走近中国，积极和中国合作。

第五，在统筹规划方面需要加强顶层设计，建立长效机制。中国走向国外的文化产业中有很多优秀品牌，但也存在一些问题，如中国电子产品得到的用户反馈不理想。因此，在顶层设计时要支持与十六国有实力的文化机构和企业在文化产业生产、流通、运营、消费等环节开展全方位深度合作，相互借鉴，逐步实现文化产品的国际分工与联合生产，提高中国和中东欧文化产业在国际市场上的综合竞争力，在中国与中东欧国家合作机制中夯实文化产业基础，打造文化产业优势。

第六，和而不同，求同存异，多边互动，推动文化市场交流合作的可持续发展。促进文化多样性发展和国家间对话有助于各国应对挑战，消除隔阂，拉近距离，为各领域、各层面合作注入更大动力。中国和中东欧国家要积极参与国际文化产业对话，建立政府间国际文化产业领域多边对话合作机制。要处理好与欧盟、美国和俄罗斯文化市场的多边关系。中东欧国家在文化产业的历史、定位、政策制度等方面各不相同，与欧盟、美国和俄罗斯的关系也各不相同，因此中国与中东欧国家之间的关系不是一种简单的双边关系，而是一种求同存异的多边关系。文化资源、文化市场和文化企业等领域的合作可以促使中国-中东欧国家通过共同投资和建立持续合作伙伴关系形成利益共同体。只有将差异性和互补性转化为发展动力，才能实现文化市场交流合作的可持续发展，从而构建责任共同体、利益共同体和命运共同体。

结　语

"文化交流是心与心的沟通、思想与情感的交融，在国与国交往中具有不可替代的作用。当今世界，经济全球化步伐日益加快，各国之间联系日益密切。在这样的背景下，中国同世界的关系发生历史性变化，中国的前途命运同世界的前途命运紧密联系在一起。"①"一带一路"倡议和中国与中东欧国家合作机制在官方和民间开辟了渠道，使中国与中东欧国家进一步加深了理解和沟通，有效促进了中国与中东欧国家间的文化联系、交流与合作。在这样的历史机遇下，北京应加强与中东欧十六国在文化领域的互动合作，在"互利、共赢、开放、包容"的原则下，进一步开拓中东欧文化市场，实现文化与经济的共赢。

---

① 刘云山：《中国特色社会主义文化建设的实践探索和理论思考——在第六次中越两党理论研讨会上的主旨报告》，《求是》2010年第20期。

比较与借鉴篇

Comparison and Reference Reports

B.19
布达佩斯文化市场发展概况及经验借鉴

段双喜　刘咏涵*

摘　要： 由于独特的地理位置与文化内涵，匈牙利文化市场内容多元、丰富性较强。匈牙利在保留传统民族文化的同时，也在积极发展创新，两者汇集交融的成果在布达佩斯体现得最为直接。在其发展特色中，优质文化艺术资源转化为文化品牌、以艺术教育促进文化产业与贸易发展、成立专门机构推广普及匈牙利文化和着力推动创意创新产业发展等经验值得借鉴。

关键词： 艺术教育　文化品牌　布达佩斯

---

* 段双喜，北京第二外国语学院欧洲学院讲师，主要研究方向为匈牙利国别研究、"16＋1合作"等；刘咏涵，北京第二外国语学院匈牙利语专业本科生。

布达佩斯是匈牙利首都，是该国最大的城市，也是该国主要的政治、商业、运输中心，因其地处中东欧腹地，有较优越的地理位置，也被认为是中东欧地区一个重要的中继站。布达佩斯目前约有175万人，在20世纪80年代中期曾达到207万人，是欧盟的第七大城市。布达佩斯历史悠久、风景秀丽，有"东欧的巴黎"和"多瑙河上的明珠"等美称，曾作为"世界上最安静的首都"进入大众视野，被联合国教科文组织列为珍贵的世界遗产之一。20世纪上半叶，布达佩斯正式奠定了中东欧经济文化中心的主导地位。直至今日，布达佩斯仍是这个地区的文化纽带与核心。

布达佩斯过去由布达、佩斯与老布达三个城市组成，1873年，这三个城市合并为布达佩斯。以横穿布达佩斯中心的多瑙河为界限，河流以东的平原是佩斯，是面积最大的部分，占全市面积的2/3。西部地势较高，在这边依山而建的是布达和老布达，这两个市区占布达佩斯面积的1/3。布达佩斯目前一共分为23个区，各行政区编号采用罗马数字表示。近年来，国家财政预算中，文化领域的投入占国内生产总值的比重逐年增加，从2010年的0.74%提高到2017年的1.00%。文化领域的投入包括对书籍、音乐、期刊出版、广播、电视、艺术活动、国家公园与动植物园、历史地标以及其他的文娱活动的全部公共投资和支出。①

一 文化市场发展概况

（一）表演艺术

匈牙利的演艺文化以其独特的观点、新颖而富有特色的角度在中东欧地区乃至世界都颇负盛名，其中歌剧、舞蹈和音乐为三大主要艺术形式。2008年，匈牙利政府专门通过表演艺术法，加大对该领域的支持力度，同时强化

---

① Dr. Vukovich Gabriella, Dr. Bódiné Vajda, Kása Katalin, *Magyar statisztikai évkönyv, 2017*, (Központi Statisztikai Hivatal, 2018), 152.

管理规范。2015年，匈牙利国家文化领域财政预算的23%用于对表演艺术的投资。

目前在布达佩斯市内一共有86座剧院，此外还有两座大型歌剧院、许多音乐厅、音乐俱乐部和大小电影院。每年还会举办丰富的表演艺术活动，比如国际话剧节。2018年的统计数据显示，全国全年共举办了36000场戏剧演出，每1000名居民中的剧院访问量为873人次，也就是说，每1000位居民中共有873次去剧院看剧的经历。音乐会的参与总人次更是达到了2600多万人次。①

匈牙利民族剧院的建立是由在匈牙利历史上有着重要影响力的塞切尼·伊什特万（Széchényi István）伯爵提出的，他期待能在多瑙河畔建成一座固定的剧院，满足民众对戏剧欣赏的需求。该剧院1837年建成，成为匈牙利全国第一座剧院，最初被称为佩斯匈牙利剧院（Pesti Magyar Színház），1840年更名为民族剧院（Nemzeti Színház），上演剧目均为匈牙利本国历史经典剧目或本国知名作家创作的剧目，比如《亚诺什勇士》《班克总督》《十三棵苹果树》等。过去100多年间，剧院经过六次搬迁异址。2002年3月15日，根据施克洛什·玛利亚的设计，历时两年新建的民族剧院在多瑙河畔落成，成为布达佩斯的标志建筑之一。近年来，民族剧院创作和演出的剧目不断丰富。2019年，全年戏剧制作达150场、演出达425场。2020年，受新冠肺炎疫情影响，剧院一度暂停公众活动，计划于秋季重启，目前9月、10月两个月计划演出达65场次。② 匈牙利民众对民族性戏剧文化与民族精神也高度重视，每年都会有大量民众积极参与匈牙利民族剧院的"优秀民族戏剧著作"票选活动。匈牙利民族剧院不仅向观众们展示了匈牙利灿烂的历史过往和文化瑰宝，同时也在提醒观众吸取历史教训并从中得到启示，避免重蹈覆辙。

由著名建筑师伊柏尔·米克洛什（Ybl Miklós）设计、耗时九年于1884

---

① Összefoglaló táblák （STADAT）, 2.7.1 Kulturális intézmények（1990 -）, http://www.ksh.hu/docs/hun/xstadat/xstadat_ eves/i_ zkz001.html.

② https://nemzetiszinhaz.hu/musor.

年竣工的匈牙利国家歌剧院,也是布达佩斯的标志之一,是世界上少数几个在建筑艺术与音响质量方面均处于顶级的歌剧院之一,每年都会迎来大批观众与游客。剧院上演《胡桃夹子》、Háry János、Billy Elliot、The Magic Flute 和 Tosca 等题材丰富的高品质表演,大部分演出的门票至少需要提前一至两个月预定。

优秀的戏剧作品不仅可以向观众们传递知识,还是精神与文化传播的载体,在传承与推广本国文化方面起着不可或缺的重要作用。如今,布达佩斯的表演文化慢慢地将其魅力与底蕴向外展示出来,吸引着越来越多来自世界各地的爱好者前来。

(二)图书

自 20 世纪初开始,印刷媒体便居于信息传播的垄断地位,是人类社会最为重要的大众传播媒介。到了 20 世纪 80 年代,广播电视成为核心传播载体,印刷媒体开始走向拐点。进入 21 世纪,随着互联网和移动媒体的兴起,印刷媒体在世界范围内呈现显著衰退的趋势。

书籍在匈牙利人的生活中占有很重要的地位,在布达佩斯著名的英雄广场,陈列着被称为"嗜书者"的卡尔曼国王雕像。与其他展示武力的雄伟君王形象不同,卡尔曼国王手按一摞厚重的书,匈牙利曾有一位如此博览群书、视野开阔的君王,在中世纪的欧洲实属罕见,也对匈牙利人产生了深远影响。

如今,传统纸质书籍在匈牙利仍然有强大的吸引力。在城市穿行的列车中、公园长椅上、地铁里,随处可见到手执书本认真阅读的身影。随着时代变化,特别是自制度变革以来,民众对阅读的需求越来越大,出版物品类和数量也相应出现了大幅增长。2019 年,全国共出版图书印刷品 13901 部,印数达 3169 万册,2018 年这两个数字分别为 13128 部和 3108 万册,同比均略有增长。总体而言,出版商更青睐知名度高的作家和作品。由于国内消费市场规模较小,匈牙利印刷品价格相对较高。近年来出现的一个新现象是,很多流行作家的作品,在原版基础上推出售价更低的简装版,来满足不同层次消费者需求。外国作家作品的发行数量也占有较高的比例,2019 年出版

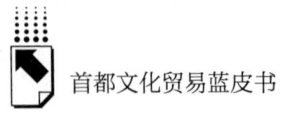

的书籍中，匈牙利作家的作品为9724部，外国作家的作品为4177部。

此外，匈牙利民众阅读量呈两极分化趋势，一年中不阅读的人约占一半，而阅读5本书及以上的人数占20%~30%。一些经典著作的受欢迎程度呈现逐渐下降趋势，这可能与新生代读者的阅读倾向不同于长辈传统有关。在有阅读习惯的读者中，人均年购书量超过5本。这一数字在女性读者中更高，几乎是男性读者的两倍或更多，① 这在一定程度上表明，匈牙利女性更喜爱阅读或者购书。近年来，随着网络技术日益发达和快速传播，线上阅读在匈牙利也呈现出上升趋势。

布达佩斯国际图书节是匈牙利和中东欧地区规模最大的国际图书节，由匈牙利出版和图书推广联合会发起主办，每年4月下旬举行，已连续举办26届。第26届图书节期间，来自25个国家的100多名著名作家以及400多名匈牙利作家受邀出席，其间举办作家读者见面会、朗诵会、文学之夜、好书推荐、圆桌座谈、音乐会、电影播放等丰富多彩的文化活动。每一届图书节均设有主宾国，2008年中国也曾担任图书节主宾国，2019年的主宾国为挪威。近年来，在"一带一路"倡议推动下，中匈图书出版领域合作不断拓展、深化，每一届图书节期间，国内部分主要出版社携最新作品参加，中国馆也越来越受到匈牙利读者追捧。2020年，受全球新冠肺炎疫情影响，原定于4月22~25日举行的第27届布达佩斯国际图书节被推迟。

（三）电影电视

匈牙利的电影产业最早始于1895年，第一批短片由匈牙利西克莱兄弟——西克莱·阿尔诺德与西克莱·日格蒙德拍摄。1898年以后，新闻短片、风景片和滑稽短片开始逐渐步入大众视野。1912年10月，电影《今天和明天》上映，这是匈牙利的第一部故事片，由凯尔泰斯·米哈伊担任导演。在第一次世界大战期间，全国的电影年产量逐年增长，自1914年的18

---

① Dr. Szunyogh Zsuzsanna, *Kulturálódási szokásaink*, （Központi Statisztikai Hivatal, 2013）, 22, https：//www.ksh.hu/docs/hun/xftp/idoszaki/pdf/kult_szokasok.pdf.

部逐渐增长到 1917 年的 75 部，1918 年更是飞跃到 102 部。二战后，匈牙利的国体发生变化，建立了无产阶级政权，对电影产业进行了根本改造，电影的主题、选材更加丰富，大量反映社会主义革命和建设的影片诞生，同时越来越多的年轻人加入电影工作者的行列。自那时起，匈牙利的电影电视行业不断发展，近年来除了在本国诞生的杰出作品外，也与周边邻国联合拍摄了不少高质量影片。匈牙利电影多以匈牙利历史上的关键年代为背景，深刻描述与剖析了历史、社会与人性。

近年来匈牙利的电影逐渐在全球市场上崭露头角，每年 2 月都会举办匈牙利电影节，4 月会举办国际电影节。布达佩斯成了越来越多大片的取景地，获得奥斯卡提名的匈牙利电影也不在少数。

匈牙利最具影响力、举办历史最悠久的国际电影节——布达佩斯泰坦尼克国际电影节（Budapest Titanic Nemzetközi Filmfesztivál），也是欧洲最重要和具影响力的独立电影节之一，从 1993 年首届举办以来，已经连续举办 26 届。2019 年 10 月 21～27 日举行的第 26 届布达佩斯泰坦尼克国际电影节，吸引中、美、英、法等 30 余个国家的近百部独立电影参展，最终在五大版块中评选出了 25 部优秀影片，获奖作品主要来自欧洲和美国。

（四）博物馆美术馆

布达佩斯既是本国历史文化的中心，也是中东欧地区文化经济重要的连结点，汇聚了来自各地拥有不同特色的文化，博物馆、美术馆等机构作为文化的载体，其价值绝不仅限于馆内馆藏。

布达佩斯拥有超过 200 座各类博物馆、大小美术馆及画廊。2018 年，布达佩斯的博物馆机构总数为 85 座，占全国博物馆总数的 13% 左右。每 1000 人中参观博物馆等机构的次数为 3942 次，相当于平均每位布达佩斯市民一年内参观过 3.9 次博物馆、美术馆等机构。[1]

---

[1] Összefoglaló táblák（STADAT），2.7.3 Muzeális intézmények（1990 - ），http://www.ksh.hu/docs/hun/xstadat/xstadat_eves/i_zkk002.html.

1802年,塞切尼·费伦茨伯爵(Széchényi Ferenc)获得弗朗西斯一世皇帝的许可,得到了向全国展示其丰富藏品的机会,他捐出自己的图书、货币等藏品,一部分放入他建立的国立赛切尼图书馆,另一部分成为匈牙利国家博物馆(Magyar Nemzeti Múzeum)最初的馆藏。自那之后,在议会的呼吁下,陆续收到了许多捐赠藏品与款项,其中不乏宝贵的矿物收藏品与美术收藏品,也分别为后来建立匈牙利自然历史博物馆(Magyar Természettudományi Múzeum)与布达佩斯美术博物馆(Budapesti Szépművészeti Múzeum)打下了基础。

匈牙利国家博物馆作为全国最著名的综合性博物馆之一,始建于1837年,历经10年完工。1832~1834年,匈牙利国会通过了投票,进而拨款用于建造博物馆大楼。在1848年匈牙利革命中,匈牙利国家博物馆发挥了重要作用,人们在博物馆广场前举行集会等,如今每年纪念1848年革命的活动仍在博物馆前举行。匈牙利国家博物馆1846年搬至第八区,目前共有七个永久展区,来展览匈牙利各历史时期的文物。

数个世纪以来,匈牙利一直非常关注西方的艺术主张,汇集并重新形成自己的特色,同时东方文化也是其灵感的汲取来源之一。博物馆机构与教育之间也有非常紧密的关系,教育在博物馆机构的历史中扮演的角色越来越重要。人们可以从匈牙利国家博物馆内展出的藏品中得到历史教训,提醒自己不要再犯过去的错误。不局限于本国公民,对匈牙利历史和文化感兴趣的外国人也可以在此了解匈牙利民族的发展过程。优秀的展览不仅可以让知识"栩栩如生",也可以让观众在这个空间里自如徜徉,置身在历史和文化的世界中。在20世纪下半叶,博物馆教育通过组织培训、树立博物馆角色、组织论坛等活动成为独立的行业。

(五)旅游市场

近年来,随着欧盟及匈牙利政府推出实施相关旅游政策,旅游业在匈牙利及其首都布达佩斯不断发展,已是其经济文化组成中的重要部分,布达佩斯逐渐成为越来越多人向往的旅游目的地之一。2019年,匈牙利居民出境游达 2500 万人次，同比增长 9%；外国旅客至匈牙利旅游达到 610 万人次，同比增长 6.5%。

匈牙利地理位置优越，旅游资源丰富多样。地理位置上，匈牙利位于喀尔巴阡山盆地，与奥地利、斯洛伐克等国接壤。作为内陆国家虽不靠海但拥有被称为"匈牙利海"的巴拉顿湖，经纬度适宜，四季气候分明，处在中东欧地区的中心位置，而首都布达佩斯可以说是此地区的重要枢纽之一，其得天独厚的地理位置与自然条件带来了不少效益。

旅游资源的丰富，不仅体现在独特的自然生物环境上，还有不少丰富的文化资源。各式城堡建筑、战争遗迹、风味佳肴、多元文化、创新理念与艺术氛围也成为吸引世界游客的重要特征。匈牙利的土地上生长着新鲜诱人的农产品，得益于其特别的气候条件，匈牙利是世界葡萄酒产酒国的代表之一。其美酒与饮食文化保留了传统的味道而又能从中发现新颖之处，几大不同的葡萄酒产区分别利用本地材料制作出的酒类口感特别，赢得了充分赞誉。

世界各地不同风格的菜系汇集于此，在布达佩斯的街头除了传统的匈牙利风味餐厅，还有随处可见的日料、中餐、土耳其餐、泰国菜、希腊餐等，在公园、河边和风景区内可以见到各式小餐车以及餐吧，这里可以提供点心与小食，还有咖啡、饮料可供选择。

1987 年，布达佩斯作为匈牙利第一个世界遗产列入遗产名录。相比其他西欧国家，匈牙利虽起步较晚，但发展并不缓慢，同时也具备中东欧特有的文化背景。布达佩斯的管理保护措施基本遵循了历史景观"整体性"与"长远性"的原则，多瑙河岸与城堡区、欧洲最早的地铁、安德拉什大街等，都是现存大众比较熟知的历史建筑、设施与景区。这一切都为匈牙利旅游业与旅游贸易的发展奠定了良好的基础，并成为其享誉世界的优势。

（六）节庆展会

布达佩斯一年四季都有不同的节日庆典。2 月有鱼节、舞蹈节，3 月有国际旅游展览会，4月有国际书展、春季展，5~6月有夏季音乐节，8月底有布达佩斯国际电影短片节，9月有布达佩斯葡萄酒节，到了10月会举办香肠节、布达佩斯啤酒节等，布达佩斯当代艺术节也会在此时举办，11月有圣马丁节，12月临近年末有一系列丰富多彩的圣诞欢庆活动。

匈牙利的国庆节是8月20日，也称为圣斯蒂芬日，为纪念匈牙利王国于公元1000年建国而设立。每年的这个时候，布达佩斯将举办各式各样的庆祝活动，包括很多展示各类匈牙利传统手工业技艺的民间艺术展示活动。还可以欣赏到露天音乐会及面包切割仪式等，待到夜幕降临后，多瑙河上会举行绚丽的焰火表演，届时会吸引众多市民及游客前来一睹风采。

除了8月份的建国日外，匈牙利还有两个重要的节日：3月15日是1848年匈牙利革命与自由斗争纪念日，10月23日是1956年革命和自由斗争纪念日暨1989年共和国成立日。

每年开春之时，布达佩斯会举办别开生面的布达佩斯春季艺术节（Budapesti Tavaszi Fesztivál），布达佩斯春季艺术节是匈牙利每年举办的最有名气，同样也是规模最大的艺术节，充分展示了匈牙利本土文化的多样和丰富性。艺术节期间，在首都各处都能找到不同形式、不同类别的艺术活动，包括电影放映与欣赏，匈牙利人喜爱的戏剧、传统歌剧、轻歌剧表演，还有奖项音乐会、室内音乐会、爵士乐与多种音乐形式混合音乐会、民族乐音乐会等音乐盛典，舞蹈方面则有舞台剧、现代舞、民族舞蹈、芭蕾舞等类别丰富的表演艺术。布达佩斯春季艺术节每年会邀请许多国外艺术家们前来共襄盛举。第一届布达佩斯春季艺术节于1981年举办，自那时起便作为每年匈牙利规模最大的艺术文化节一直延续至今。每年春季的3~4月，在首都近60个地方一共会有200多场精彩纷呈的艺术活动举办。自20世纪80年代末开始，布达佩斯春季艺术节更加巩固了其地位，在匈牙利艺术家中可以被称为是最重要的艺术天堂。如今，旅游和艺术和谐地融合在了一起。布达佩斯春季艺术节在世界上算不上资历深，但近年来艺术节的规模逐步扩大，影响日渐增强，2005年还曾获得"欧洲文化奖"。

在夏季，布达佩斯于每年 8 月举办的布达佩斯岛节（Budapesti Sziget Fesztivál），是一年一度的大型音乐盛会。音乐节持续一周，届时会有众多不同国家的音乐人及观众参与其中。其观众人数从 1993 年第一届时的 43000 人经过 20 多年逐渐增长至 2018 年的 565000 人，且依然有上升趋势。

二 发展特点与经验借鉴

（一）优质文化艺术资源转化为文化品牌

匈牙利自然资源丰富、文化艺术特色突出、文化遗产历史悠久，其在长期的发展中遴选具有文化价值并可以市场化的资源，在政府政策支持下，充分进行创意开发与市场推广，形成了特色浓郁的匈牙利文化品牌。匈牙利编撰有《匈牙利特色》名录，政府通过专门立法，保护品牌品质和形象，同时积极支持这些品牌扩大海外影响力，包括提供政策和物质支持。所涉及的地区和城市也都引以为豪地将保护品牌的独特性视为己任，这种使命和推助行为为国家品牌进入国外市场提供了巨大帮助，并根据营销和市场反应及时调整策略，进一步提高产品的适销性。目前，以鲁比克魔方、考洛乔刺绣、古雅什炖牛肉汤，以及托卡伊奥苏贵腐酒为代表的文化品牌，已经成为吸引游客和消费者的重要内容。

（二）以艺术教育促进文化产业与贸易发展

匈牙利重视文化教育，在浓郁的社会艺术氛围中，民众的艺术品位与修养良好。布达佩斯剧场数量多，戏剧、音乐剧、舞蹈等各类演出丰富。以柯达伊音乐教学法的国际推广为例，它是当今世界最重要的音乐教学法之一，作为世界三大音乐教学法之一，柯达伊教学法在许多国家得到承认和使用，近年来在东欧、美洲、亚洲、澳洲等地区得到推广，在 20 世纪 80 年代被介绍到中国。柯达伊音乐教学法对音乐基本能力的训练有独到之处，不管它被推广至任何国家仍坚持保有各国的民族特色，提倡以民谣作为教学的素材，帮助成千上万的成人与儿童读谱并学会唱歌。在这一过程中，它不仅促进了音乐相关技能的发展，更传播了匈牙利在文化艺术领域独特的理念，在全球范围内提升匈牙利文化的魅力和吸引力，培育了海外市场，对带动相关文化产业与贸易的发展起到积极作用。

（三）成立专门机构推广普及匈牙利文化

匈牙利于 2007 年 3 月成立鲍洛希院，以向全球推广和普及匈牙利文化为主要内容，展开文化外交、组织举办各类文化活动，助推匈牙利文化水平和竞争力得到稳定、持续的发展。北京匈牙利文化中心成立于 2013 年 11 月 13 日，是匈牙利鲍洛希院的一个分部，致力于促进匈中文化交流。在所有中东欧国家中，匈牙利是第一个在中国首都建立自己文化中心的国家。中心主要活动包括传播匈牙利语和文化，开展旨在联结中国学生与匈牙利教育机构的"Pop Up Hungary 计划"，以及组织推广柯达伊音乐教学法。通过开展文化教育活动（音乐会、电影放映、展览等），与社会媒体合作等方式，发现并吸引了一批对匈牙利音乐、文学、电影、历史、文化遗产等具有浓厚兴趣的人，在促进中匈文化交流与合作、推进中匈产业贸易发展中取得了良好成效。

（四）着力推动创意创新产业发展

匈牙利素有"发明家的民族"之称，在创新、创意领域有传统优势。2018 年，新一届政府专门设立创新与技术部，加大对知识和智慧产品的投入。随着中匈两国关系不断向好发展，两国间的交流与合作将不断加强，政府互信不断深化，民间交流日益频繁，特别是在教育合作、旅游共享、文化艺术互建等多领域的交流合作将不断拓展和深化。两国首都积极开展多方面合作交流，率先开通直航，极大促进了双方旅游和教育领域的合作，取得良好效果，成为中匈两国长期对外开放、增进友谊、加强交流的缩影与典范。未来更有望在教育文化、智慧城市、可持续发展等更多领域展开更深入的探讨与研究。

参考文献

王庆年:《匈牙利优先发展教育的战略规划、战略措施及其成效》,《世界教育信息》2009 年第 8 期。

刘凯茜:《布达佩斯城市历史景观的保护历程及现状研究》,硕士学位论文,中央民族大学,2013。

黄健:《书香漫溢匈牙利——参加 2011 年布达佩斯国际图书节有感》,《出版广角》2011 年第 7 期。

B.20
日本新兴文旅
——"动漫圣地巡礼"发展状况研究

王海文 熊睿*

摘　要： 日本是文化强国也是旅游强国，在动漫享受方式更加多元的趋势下，在新的旅游革命进程中，日本顺应动漫产业和旅游产业发展的新趋势，推动动漫和旅游融合发展，打造了全新的文旅模式——"动漫圣地巡礼"。"动漫圣地巡礼"拥有独特的信息交流渠道、旅游行为方式及观光体验模式，在积极开拓动漫海外市场、多主体协作打造旅游景点、利用网络加强海外宣传的战略下，"动漫圣地巡礼"稳步发展，其成功不仅证实了文化和旅游融合的趋势和前景，也对中国文旅融合发展提供了有价值的参考。

关键词： 动漫产业　"动漫圣地巡礼"　文化旅游　日本动漫

一　"动漫圣地巡礼"发展背景

（一）动漫产业基础

日本的动漫产业一般分为狭义动漫产业和广义动漫产业。狭义动漫产业

---

* 王海文，北京第二外国语学院教授，主要研究方向为国际服务贸易等；熊睿，北京第二外国语学院国际文化贸易专业硕士研究生。

指利用动漫作品本身盈利的商业活动，即动漫制作、放映及版权出售。广义的动漫产业不仅包括动画、漫画、游戏及相关衍生品的开发、生产、出版、播出、演出和销售，还涉及出版、音乐、展览、广告、知识产权等多个行业。日本是全球最大的动漫生产国与输出国，动漫产业已经成为日本重要的经济支柱与文化传播媒介。日本动画协会发布的《动漫产业报告2019》统计数据显示，自2010年起，日本动漫产业市场规模连续9年保持稳步增长趋势，于2017年首次突破2兆日元，2018年达2兆1814亿日元。2014年至2017年日本动漫国内市场和海外市场规模增长趋势明显分化，国内市场小幅收缩的同时海外市场保持较快速度扩张，海外市场规模持续接近国内市场规模（见图1）。

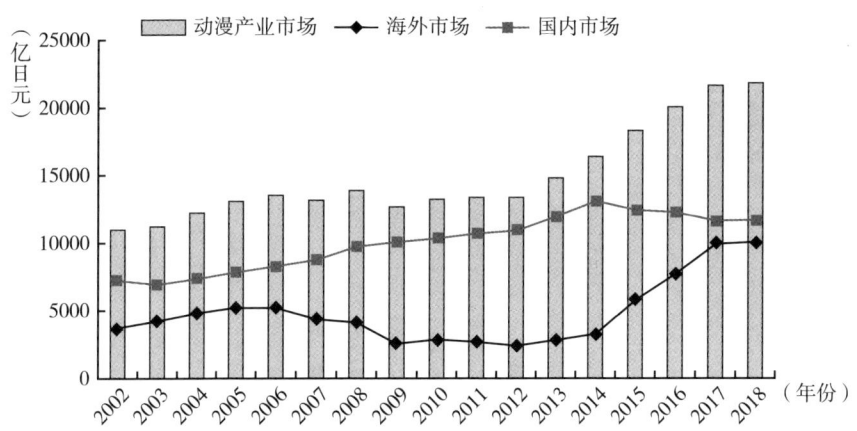

图1　日本国内与海外动漫产业市场规模对比

资料来源：日本动画协会《动漫产业报告2019》。

日本动漫产业经过几十年的发展已建立起成熟高效的产业链，产业链各环节关联紧密，各自承担不同职能，动漫资源经由产业链各环节的加工得到优化配置和深度开发，创造出巨大的经济价值。日本动漫产业链的起点是漫画和动画IP，版权保护和开发贯穿整个产业链，生产出以动漫IP为核心内容的动漫衍生品和动漫关联商品。完整的产业链和巨大的产业规模还深度影响了制造业、广告业和旅游业等行业。日本动画协会分别统计了动漫产业市场（广义动漫市场）和动漫业界市场（狭义动漫市场）的规模（见图2），两个市场差额巨大的原因在于动漫产业基于发达的产业链构建了更加多元化的盈利模式。2018年广义动漫市场细分图显示，海外动漫市场占据近一半的动漫市场，动漫IP商品化的收益和游戏的收益明显高于动漫作品播放带来的收益（见图3）。

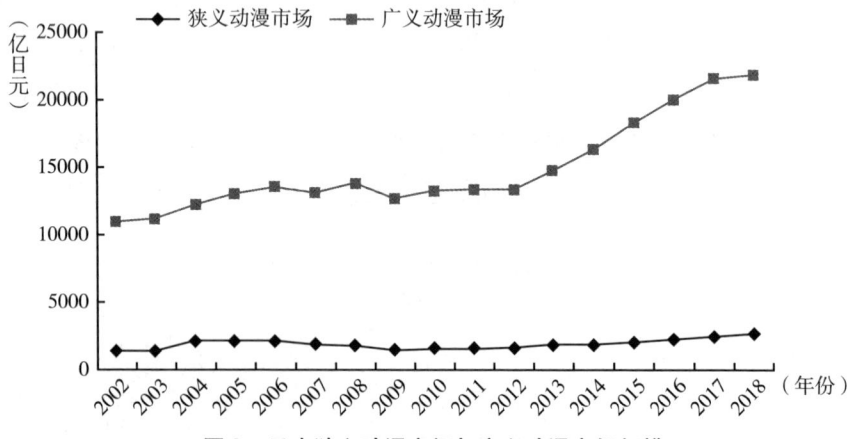

图2　日本狭义动漫市场与广义动漫市场规模

资料来源：日本动画协会《动漫产业报告2019》。

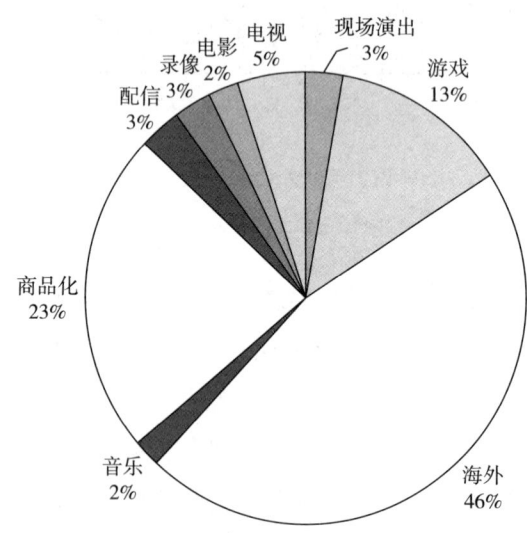

图3　2018年广义动漫市场细分

资料来源：日本动画协会《动漫产业报告2019》。

近年来日本动漫产业的稳步发展及动漫海外市场的快速扩张说明了日本动漫文化在国内外的吸引力和影响力逐步扩大。而在互联网技术迅速发展，文化创意层出不穷的背景下，人们享受动漫的方式不再限于影像观赏，而是更加多元化和个性化。于是动漫产业顺应趋势探索开发新的盈利渠道，开始积极进行产业融合来实现动漫IP的经济效益最大化。

（二）旅游产业基础

为刺激经济发展，打造良好的国际形象，培育国家软实力，日本将旅游业置于重要战略位置。目前日本旅游业发展迅速，已经成为日本最大的服务出口部门之一，在激发地域经济活力的同时不断扩大文化影响力。世界经济论坛发布的《2019年旅游业竞争力报告》显示日本旅游业综合竞争力高居全球第四。

从旅游业收支情况来看，2015年日本的国际旅游收支时隔53年变为顺差，此后该收支盈余保持扩增，至2019年，国际旅游收支顺差超过2.6万亿日元（见图4）。① 除外汇直接收入外，旅游消费带来的经济效应也较为瞩目。国土交通省观光厅在《旅行观光产业的经济效果调查研究》中详细

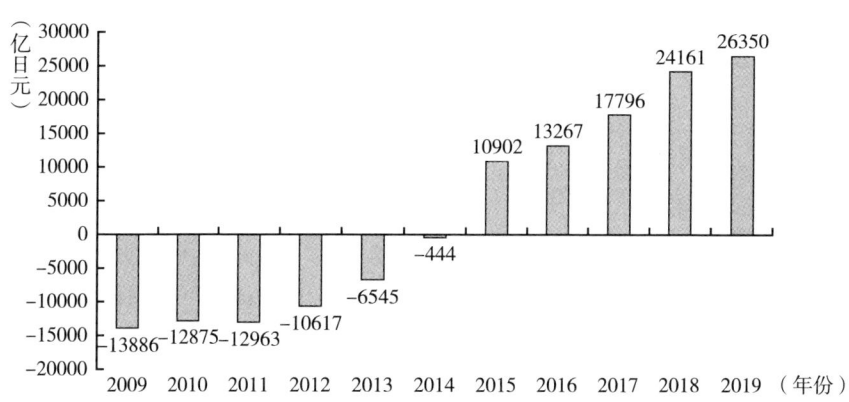

图4　日本旅游业收支情况

资料来源：国土交通省观光厅。

---

① 日本政府观光局，https：//www.jnto.go.jp/jpn/statistics/index.html。

核算旅游产业的经济效应，表1中2015年至2017年的数据显示，外国游客赴日旅游消费对国内生产、就业和税收的直接效应和波及效应在国民经济中占据重要位置，且两种效应有逐年扩大的趋势。

表1 外国游客赴日旅游消费的经济效应

单位：兆日元，万人

年份	直接效应			波及效应		
	国内生产值（占GDP比重）	就业人数（占总就业人口比重）	税收（占国税和地方税比重）	国内生产诱发值（占GDP比重）	就业诱发人数（占总就业人口比重）	税收诱发值（占国税和地方税比重）
2015	3.3(0.3%)	31(0.5%)	0.2(0.2%)	6.7(0.7%)	59(0.9%)	0.6(0.6%)
2016	3.3(0.3%)	35(0.5%)	0.3(0.3%)	7.6(0.8%)	67(1.0%)	0.6(0.6%)
2017	3.8(0.4%)	40(0.6%)	0.3(0.3%)	8.6(0.8%)	77(1.1%)	0.7(0.7%)

注：波及效应中包含直接效应。
资料来源：日本国土交通省观光厅《旅行观光产业的经济效果调查研究》。

日本旅游业的发展离不开政府对顶层设计的重视，日本政府从国家层面出发对旅游业的发展制定长期规划，并出台相关法律和一系列政策以全面保障规划进行。为协调相关行政机构密切合作，综合推进观光立国目标的实现，由日本首相主持的观光立国推进阁僚会议成立了观光立国推进工作小组，该工作小组分析当前旅游业发展状况和趋势，根据状况和趋势调整、制定相关政策。日本政府发现，随着日本大众文化影响力的扩大，探访以动漫文化为代表的日本文化逐渐成为外国游客访日的主要动机，于是逐渐将政策重点转向文旅融合。2010年提出的"酷日本"战略强调要利用动漫等文化作品传播日本魅力以带动旅游业的发展。2011年推出《日本动漫地图》来吸引动漫迷赴日旅行，2012年将动漫确立为旅游资源以支持动漫旅游的发展。

二 "动漫圣地巡礼"发展现状

（一）"动漫圣地巡礼"的概念

在日本，动漫旅游被称为"动漫圣地巡礼"，"圣地巡礼"原本是宗教相关的用语，是信仰者狂热的行为方式的一种类称，被动漫迷用于自身对动漫旅游的探索。"动漫圣地巡礼"是内容旅游（Content Tourism）的一环，内容旅游广义上来说是到与文化和艺术有关联的地方旅游，具体来说是到访电影、小说、动漫、漫画等作品的取景地。日本内阁府知识产权战略推进事务局将"动漫圣地巡礼"定义为：到动漫或者漫画作品创作背景的地方或者建筑物旅游的行为。并将动漫圣地分为以下三类：成为动漫和漫画创作背景的地域和场所；作者出生地和纪念馆；作品相关的博物馆、建筑物及设施。山村高淑则将动漫圣地分为四类：第一类是作者相关地，多为作者出生地的博物馆和纪念馆；第二类是作品背景地，即在动漫作品里出现的真实场景；第三类是动漫制作公司的所在地；第四类是动漫作品人物相关地，如动漫角色的出生地。[1] 其中，到动漫作品背景地旅行是"动漫圣地巡礼"的最主要类型，动漫旅游协会也将开发重点放到这一类型上。

（二）"动漫圣地巡礼"的特点

"动漫圣地巡礼"伴随动漫作品的传播而产生，发展过程中与动漫文化和旅游文化深度融合，在信息交流渠道、旅游行为方式及观光体验模式等方面展现了鲜明的特色。

在信息交流渠道上，有别于传统旅游的目的地主导型观光，游客是目的地信息的被动接收者，"动漫圣地巡礼"则是游客主导型观光，游客主动制作、传播和接收目的地相关信息。动漫迷在巡礼前会到社交媒体、动漫专题网站和动漫旅游网站上搜索"动漫圣地巡礼"相关信息来规划行程，这些信息一般由先行巡礼者、动漫旅游协会、巡礼地政府、动漫制作公司和当地居民发布。巡礼过程中，巡礼者会通过社交媒体以文字、图片和短视频等形式分享在巡礼中的发现和感受，同其他巡礼者和动漫迷交流。巡礼结束后，巡礼者会撰写巡礼笔记并放到网络上共享，为后来巡礼者提供参考信息的同

---

[1] 山村高淑『コンテンツ・ツーリストは何をまなざすのか：はしがきに代えて』*The Theory and Practice of Contents Tourism*，2015。

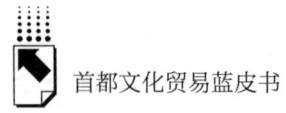

时也宣传了巡礼目的地。

在旅游行为方式上,"动漫圣地巡礼"者主要有以下特殊的"传统"。第一类为巡礼拍照,区别于普通游客拍照,巡礼者热衷于拍摄与动漫场景同一角度的实景照,或者将手办带入实景地与手办合影,还会拍摄同一场景下动漫角色的动作和姿势的模仿照。第二类为圣地巡礼笔记,除了巡礼者在社交媒体上发布自己的巡礼笔记外,巡礼地政府或旅游机构会迎合巡礼者的需求在公共区域放置共用的巡礼笔记本,巡礼者在上面写下自己的感受,作为巡礼者们独特的交流和纪念方式。第三类为角色扮演(Cosplay),巡礼者突破动漫展场地的限制,装扮成动漫中的角色出现在巡礼地及其周边。此外,驾驶装饰着动漫元素的交通工具访问巡礼地,到巡礼地神社的许愿木牌上画上喜爱的动漫角色也是"动漫圣地巡礼"者特有的行为方式。

在观光体验模式上,普通旅游观光享受的是旅游景点的风景和文化,而"动漫圣地巡礼"享受的是现实世界中的动漫元素。"动漫圣地巡礼"者的目的是找到现实世界与动漫作品的"接点",在真实场景中体验动漫角色的生活、故事和情感。让巡礼者满足的不仅是巡礼地的风景,更重要的是对动漫元素的体验和巡礼经历的分享,所以"动漫圣地巡礼"深度融合了动漫、旅游和社交媒体,其观光体验模式是对动漫作品、现实场景和信息交流的同时享受。

(三)"动漫圣地巡礼"的发展前景

日本政府顺应动漫产业和旅游业产业发展的新趋势,出台一系列政策进一步支持动漫产业和旅游产业的融合,为"动漫圣地巡礼"的发展前景打下了良好的基础。2006年,日本外务省发布《关于"利用流行文化开展文化外交"的报告》,该报告将动画、漫画、游戏、J-POP、时尚和饮食文化等列为日本新时代流行文化的代表。一年后,日本经济产业省发表了《通过利用日本动画扩大国际观光交流等方式激发地域活力调查报告书》[①],引

---

① 『日本のアニメを活用した国際観光交流等の拡大による地域活性化調査』,https://www.mlit.go.jp/kokudokeikaku/souhatu/h18seika/01anime/01anime.html。

导地方政府和相关产业合作发挥日本动漫的国际影响力,吸引海外游客访日观光,促进地方经济振兴。2010年和2011年日本观光厅和日本政府观光局分别发布了《日本动画旅游指南》和《日本动漫地图》,首次提供专门的动漫旅游规划服务。2012年,日本观光厅出台了《观光立国推进基本计划》(修订版),将动漫作为旅游资源以发展动漫取景地的旅游业。2016年,日本内阁府发表了《支撑明日的日本观光远景》,提出将日本建设为观光发达国家的目标。同年9月,动漫旅游协会成立,吸引了包括出版业、自治体、企业和团体约50个成员的加入。

由于统计困难,日本还没有发布专门的动漫旅游相关数据,但一些其他方面的数据也展现了日本动漫旅游的发展前景。日本国土交通省观光厅发布的2018年访日外国人消费动向调查显示,4.6%的游客到访了电影或动漫关联地,其中92.5%的游客对其表示满意。9.2%的游客表示下次想要到访电影或动漫关联地。日本经济产业省在2019年内容产品海外展开研讨会上发布的资料显示,2018年内容产品对外国游客增长的贡献率达61.7%,其中动漫的贡献率为33.3%,漫画的贡献率为27.7%。[①] 日本内阁府在"酷日本"战略研讨会上公布的资料提及,作为"酷日本"战略重要内容的动漫和漫画受到全世界的关注,已经拥有大量的海外粉丝,这些海外粉丝访日时对动漫旅游的需求在激增。

日本政府为文旅融合发展创造了坚实的政策基础,内阁府、经济产业省、文化厅、国土交通省和观光厅等政府机构协调合作,为文旅融合制定适宜的政策和方针,动漫旅游协会联合各企业团体积极发挥其在市场中的主体作用。适宜的发展环境结合激增的动漫旅游需求,"动漫圣地巡礼"面临良好发展前景。

三 "动漫圣地巡礼"的发展战略

日本为应对人口老龄化和内需不足等问题提出"酷日本"战略,重点

---

① 九州テレコム振興センター『2019年 コンテンツ海外展開セミナー 経済産業省配布資料』,https://www.kiai.gr.jp/jigyou/h30/PDF/0130p8.pdf7。

发展内容产业、输出内容产品，向世界传达日本的魅力，吸引游客赴日旅行，带动旅游业和其他产业的发展。"酷日本"战略总体分为3个方面：第一，输出内容产品扩大日本文化影响力来创造"日本潮流"；第二，发展本地服务业和相关产业，开发本地旅游资源；第三，扩大外需，吸引游客赴日消费。2013年，日本观光厅、日本政府观光局、经济产业省和JETRO（日本贸易振兴机构）联合发布《面向赴日外国人增加的共同行动计划》以联动观光立国政策和"酷日本"政策的实施。日本的文旅融合路径遵循"酷日本"战略思路，故"动漫圣地巡礼"发展战略可以归纳为以下三个方面。

（一）积极开拓动漫海外市场

动漫是日本内容市场的重要组成部分，内容在日语里指以媒体为中介，以娱乐或教育为目的而创作的电视剧、电影、动漫、漫画、小说、游戏等。经济产业省商务情报政策局内容产业课发布的报告显示，日本的内容产业市场约为12兆日元，其海外市场到2020年将达到6990亿美元，年均增长率为4%。为传播日本文化，扩散日本魅力，日本政府与民间企业合力输出日本内容产品。在扩张海外市场的过程中，日本政府提供内容产品流通、宣传、本土化和衍生品销售的渠道和商业设施，例如已经在北美、欧洲、东南亚、韩国、印度、新加坡等地开设放送频道（如Animax，Channel JAPAN，Hello! JAPAN等）。此外J-LOP事务局（酷日本·内容产业海外开展事务局）为相关企业给予资金支持，例如2016年向パンダイナムHD公司提供10亿日元以支持正版日本动漫衍生品的线上销售。2018年日本政府对内容产业海外扩张事业的预算为6亿日元，其中向Tastemade提供1250万美元以鼓励其制作能够对外传播日本魅力的动画媒体。[①] 据J-LOP事务局计算，2012~2016年5年间对内容产品出口的支持资金共计342亿日元，其经济

---

① 経済産業省商務・サービスグループ クールジャパン政策課『クールジャパン政策について（平成30年）』，2018年11月，https：//www.meti.go.jp/policy/。

带动效果为支持资金的 5.4 倍，达 1857 亿日元，其中创造了 223 亿日元的赴日旅游消费。①

日本映像产业振兴机构的调查显示，75% 的欧洲、56.6% 的亚洲人和 23.15% 的北美人认为自己关注日本的契机是动漫、漫画和游戏。由此可见日本内容产品在日本文化传播中的重要地位。以"动漫圣地巡礼"为例，2016 年新海诚执导的动漫电影《你的名字》获得了 3.55 亿美元的海外票房，同时以 5.7 亿元的票房刷新日本电影在华的票房纪录，该作品的火爆掀起了一波"动漫圣地巡礼"的热潮，作品取景地岐阜县飞弹市与东京都成了当时最受海外游客欢迎的旅游目的地。

文化通过辐射效应与渗透效应，可以赋予旅游以文化内涵和精神内涵，增加旅游产品的差异性，为文化关联地注入旅游活力。故生产和传播优秀的动漫文化产品，扩大动漫文化魅力和影响力，是发展动漫旅游的第一步。

(二) 多主体协作开发动漫景点

"酷日本"战略的重要一环是搭建"酷日本政企合作平台"（クールジャパン官民連携プラットフォーム），以加强政府、企业和各产业在推进"酷日本"战略上各方面的合作。其中合作的一项重要内容就是召开地域版"酷日本"政策推进会议，聚焦地域开发和"酷日本"政策的结合②，来激发地域活力，发展地域经济。在开发地域旅游资源上，日本构建了企业、地方自治体和政府联动的体制。企业运营旅游地检索网站，发布旅游地信息；地方自治体设立观光协会开发本地旅游资源，吸引游客；政府召开政策实施相关研讨会，不同地域结合当地情况制定不同的开发计划，较典型的是在当地商工会和观光协会的主导下，版权所有者、地方企业和商店、当地居民和粉丝共同参与。

以动漫《幸运星》的取景地鹫宫町的开发为例，当地商工会主导了鹫宫町的圣地化，提供 600 万日元在鹫宫神社附近建造休憩场所，与版权所有

---

① J-LOP 事务局，https://www.vipo.or.jp/about/report/activity-report/。
② 経済産業省商務・サービスグループ クールジャパン政策課『クールジャパン政策について（平成 30 年）』，2018 年 11 月，https://www.meti.go.jp/policy/。

者和企业合作开发衍生品如动漫相关的玩偶、手机挂件、餐食等。此外还策划了多个旅游项目以吸引动漫迷，如"幸运星餐饮店印章收集活动"等。地方企业如角川书店积极参与开发和策划旅游项目，并发行《幸运星远足指南》为巡礼者提供旅行指导。政府部门则在开发过程中起到重要的协调与引导作用，尤其是对该地域与周边地区的协调，对当地居民和巡礼者关系的协调。鹫宫町圣地化后当年的财政收入较上年增加36%，当地曾一度中断过的传统活动"土师祭"在该地圣地化后吸引了广大动漫迷的积极参与。

鹫宫町的案例显示，动漫景点开发过程中不同的主体发挥各自的作用，既需要政府的调控与引导，也要给予市场微观主体发挥活力的空间，更要重视当地居民和旅游者的关系协调。做好动漫景点开发，打造受游客欢迎的目的地是发展动漫旅游的重要一步。

（三）利用网络加强海外宣传

"酷日本"战略的目的是扩大外需，吸引游客赴日消费。故游客招揽成为"酷日本"战略的关键组成部分。除了在签证、交通和语言服务上给予更多的便利外，网络成为日本吸引游客的重要手段，具有重要的战略地位。首先在节目、视频网站、社交媒体等多渠道介绍日本的历史、风景和特产，其次创建以英语为主的多语种信息提供网站，向海外游客提供全面高效的旅游信息服务，此外利用网络强化国内政府、企业和自治体的信息交流和共享。例如，NIPPON QUEST 是销售日本特产的中小企业为向海外介绍日本特产合作创建的网络平台，sakefan World 是多语种介绍日本酒文化的网站。

在动漫旅游方面，2016年9月，动漫旅游协会成立，其约50个正式成员中包括出版业、自治体、企业和团体等。动漫旅游协会主要工作为：第一，每年选定88所动漫圣地，协助政企合作，开发圣地旅游资源，规划旅游路线；第二，推动开发及销售动漫衍生品及动漫衍生服务；第三，向国内外宣传动漫圣地，打造游客和圣地的连接平台，吸引动漫巡礼者。[①] 此外，

---

① アニメツーリズム協会，https://animetourism88.com/ja。

动漫旅游协会官网以日英双语发布视频、图片和活动日历等为国内外动漫迷提供丰富的信息和便捷的渠道。

互联网的发展为文旅融合创造了重大的发展机遇，不仅成为制作和传播内容产品的重要手段，也成为对接需求方和供给方的有效平台，利用互联网，虚拟的文化和实体的景色得到空前的拓展，线上和线下活动进一步协调。动漫旅游圣地实质上是科技、文化和旅游融合创新发展的成果。

四 启示

中国的旅游业和文化业一向具有较高的资源禀赋，世界经济论坛《2019年旅游业竞争力报告》指出，中国旅游业竞争力的基石在于独特的自然资源和丰富的文化资源，其自然和文化资源、非物质文化遗产和数字娱乐需求居世界第一。[①] 2018年文化和旅游部的组建标志中国文旅融合发展进入新阶段，在一系列政策推动和政府引导下文旅融合步伐不断加快，文旅融合领域不断扩展。但在中国的文旅融合布局中，基于影视作品的文化旅游虽有发展的苗头，但还未占据一席之地。

日本"动漫圣地巡礼"的成功证实了优秀影视作品可以赋予其取景地以故事色彩和主题色彩，凭借其强大的影响力吸引作品粉丝赴取景地旅游观光。故影视作品取景地具有很高的开发价值，能极大丰富中国的文化旅游。虽然在中国"圣地巡礼"还没有真正走进公众视野，但近年不少优质作品的火爆和个性化旅游需求的激增为影视文化旅游带来前所未有的机遇。仙侠奇幻剧《花千骨》、动画电影《大鱼海棠》、电影《芳华》分别给取景地广西崇左德天瀑布、福建土楼和云南蒙自碧色寨创造了一波旅游热度，不少粉丝到取景地自主探索"圣地巡礼"，并在小红书、马蜂窝等网站上发布游记，给后继游客提供参考。中日合作动漫《重神机潘多拉》在重庆市旅游

---

① 世界经济论坛：《2019年旅游业竞争力报告》（The Travel and Tourism Competitiveness Report 2019），http://reports.weforum.org/travel-and-tourism-competitiveness-report-2019/。

局的支持下于重庆取景,并登陆网飞播放,向世界展示了重庆独特的人文风情和地貌景观。由重庆江小白酒业有限公司和武汉两点十分文化传播有限公司联合推出的网络动画《我是江小白》以重庆为故事开展的舞台,大量取景重庆的著名地标和旅游景点,引起了不少粉丝对重庆的向往,甚至被誉为"重庆旅游宣传片"。两点十分动漫、同程机票和哔哩哔哩还共同举办"《我是江小白》圣地巡礼"活动作为给粉丝的答谢福利。

尽管存在良好机遇,相比日本,中国文化旅游发展仍面临不少困难。首先,中国文旅融合发展离不开政府的推动和引导,但目前还没有出台具有较强针对性和可实施性的政策来对影视文化旅游的发展提供支持和规划,相关机构难以进行密切、高效的合作。其次,中国虽然坐拥丰富的文化资源和自然资源,但是能展现取景地独特魅力的优质作品较少,作品在创作初期没有将"带动取景地旅游"纳入考量范围。而地方旅游部门没有认识到影视文化旅游的发展潜力和经济效益,未尝试将影视作品作为本土旅游宣传的手段。并且,尽管存在共同利益,各相关主体并没有在影视文化旅游发展上进行广泛协作,良好发展环境的缺失导致优秀作品的文化价值和经济价值没有得到最大化体现。

日本"动漫圣地巡礼"的发展提供了有价值的借鉴和参考,但中国应结合具体情况逐步突破发展局限,联动多方主体打造具有中国特色的影视文化旅游。这不仅能传播和保护中国特色文化,助力社会主义文化强国建设,还能承担区域经济发展的部分重担,成为应对目前经济下行的重要手段。

参考文献

归泳涛:《日本的动漫外交——从文化商品到战略资源》,《外交评论(外交学院学报)》2012年第6期。

李彬:《日本动漫旅游的一个成功案例:埼玉县》,《文化学刊》2019年第1期。

周广:《虚构世界与现实世界的连接点——日本动画圣地巡礼文化分析》,《出版广角》2019年第9期。

岡本健『コンテンツツーリズム研究序説：情報社会における観光の新たなあり方とその研究概念の構築』2011。

内閣府知的財産戦略推進事務局『コンテンツを活用したインバウンド・アウトバウンドの促進』2017。

国土交通省観光庁『旅行観光産業の経済効果に関する調査研究』2018。

一般社団法人日本動画協会『アニメ産業レポート2019サマリー版』2020。

経済産業省商務情報政策局コンテンツ産業課『コンテンツの海外展開等に関する経済産業省の取組について』2019。

B.21
走向国际舞台的法国地方博物馆

朱晓云*

摘　要： 法国地方公立博物馆是法国博物馆体系的重要组成部分。尽管卢浮宫博物馆是法国博物馆的代表，但实际上，法国82%的博物馆是隶属于地方政府或地方城市联合体的。地方博物馆有着同样丰富而充满特色的馆藏，它们希望将视野转向国外，通过更多的国际合作来提高博物馆的影响力，同时使本地区的文化得到弘扬。在国际舞台上，法国的地方博物馆进行了很多有益的实践，比如成立法国地方博物馆与美国博物馆交流协会以及在国际上知名度越来越高的巴黎市博物馆联盟。然而，对于绝大多数法国地方博物馆来说，受历史、体制和机制所限，它们只能局限于本地区或法国境内，最多也只能去往与法国有相似文化背景的几个周边欧洲国家，这在很大程度上造成了法国外交资源的损失。

关键词： 地方博物馆　巴黎市博物馆联盟　法国

我们的文学、艺术、工业文明以及我们的思想都对其他国家构成强烈的吸引力……法国的思想渗透……无疑是我们对外行动最有效的方

---

* 朱晓云，中国国家博物馆副研究馆员、经营开发部副主任，主要研究方向为中法文化管理制度比较及中法博物馆比较研究。

式。对于其他民族来说，这是我们对外政策中内容最为丰富也最少引起质疑的部分。

——1920 年法国参议院的报告

博物馆是法国的骄傲，自其诞生之日起，就由于在文化外交方面发挥着独特作用而在法国的对外关系中占据重要地位。法国博物馆以多样的活动方式——举办展览、出借藏品、专业培训、考古研究等，在全世界拥有极高的曝光率。这一现象应当归功于如下因素：遍布法国大地的文物古迹，法国博物馆与文化遗产丰富但经费短缺的国家同行间的伙伴关系（考古发掘工程），大型博物馆中世界级藏品的号召力（卢浮宫博物馆、奥赛博物馆、蓬皮杜国家艺术文化中心等），国际领先的专业知识和技能，以及全球化背景下国际形势的变化。最后这一点也就是玛丽·弗朗索瓦·杜朗（Marie-Françoise Durand，法国政治学院教授）提出的"身份认同混乱"，"这种变化引导我们借助种族、宗教、语言去寻求一种传统模式的回归"，[①] 而博物馆正是这一探索的历史支撑。

随着国际关系的变化，法国的外交视野和外交战略也在变化。法国前外交部长洛朗·法比尤斯提出了"影响力"的概念，主张"超越硬实力与软实力的对立，重视自身对外行动中政治、经济、生态（环境）及文化等所有构成要素的协同作用"。"影响力"概念旨在为法国的国际局面开辟新的前景，因而要求形形色色的甚至一些非传统角色参与到国家的外交行动中来。

在此背景下，阿布扎比卢浮宫，这座出现在阿拉伯沙漠中的综合性博物馆，被视为一个博物馆所能做到的、在国际舞台上弘扬法兰西文化最具有轰动效应的项目。"这个项目，与迄今为止我们在博物馆国际合作方面所做的一切相比，标志着一个巨大的变化，值得我们认真思考。"2007 年 9 月 19 日，在参议院审议批准法国与阿拉伯联合酋长国关于阿布扎比博物馆合作协

---

① Marie-Françoise Durand, Les musées entre enjeux identitaires et enjeux économique, p. 4.

议的法令草案时，菲利普·纳什巴尔（Philippe Nachbar）说了这句话。实际上，博物馆的国际作为可以远远超出文化领域而涉及外交、地缘政治、经济等领域。

尽管如此，作为国家文化遗产的守护者，博物馆并不具有国际传播的天然使命。在很长一段时间内，对于法国博物馆来说，与其他国家的交流，也并非其主要业务，时断时续，并未形成规模。20世纪末，十几家国立博物馆在获得了行政、预算和管理等方面的自主权以后，才开始对参与国际交流表现出强烈的兴趣和发乎于衷的活力。当人们的目光被国家级博物馆吸引时，难免会误以为这就是法国博物馆世界的全部。

然而，法国文化部的官网显示，1219家获得"法国博物馆"[①]称号的博物馆中，属于国家的博物馆只有61家，仅占5%，剩余的82%隶属于地方政府或地方城市联合体，13%属于私权法人（协会或基金会）。相比卢浮宫博物馆、蓬皮杜国家艺术文化中心和奥赛博物馆，地方政府所属博物馆在国际舞台上发挥着怎样的作用？又有着怎样的困惑？

一 法国地方博物馆的历史

通过追还在法国大革命中查抄的贵族财产和反对"雅各宾派的中央集权主义"，第一批法国地方博物馆诞生了。本着在首都与各地方之间公平分配革命中没收的财产的原则，1792年政府决定将没收财产"尽量完整"地暂存于83个省份。然而，就在1793年，中央艺术馆即后来的卢浮宫博物馆的建立，引发了"如何既保证公平分配文物，又使卢浮宫成为一座真正包罗万象的博物馆"的争论，而这一争论贯穿了整个19世纪。最终，"除一级品保留在卢浮宫以外，其余文物均划拨地方"的决定，使各地方纷纷以"自由和平等"的名义建立起临时博物馆，以便追回当地被查没的文物。不

---

① Musee de france，是由法国文化部授予的称号，包括所有和地方的国家公立博物馆，以及不以营利为目的的私立博物馆。

少地方官员甚至声称"不管能得到什么馆藏,先要有一座博物馆再说",其踊跃程度可见一斑。因此,19世纪的地方博物馆更像是地方身份的代表,是向"中央集权主义说不"的象征。至20世纪初期,法国已有约600座博物馆。

因为两次世界大战,直到20世纪70年代,法国才又迎来新一轮的博物馆建设热潮。随着地方分权的相关法律的出台和80年代国家大型文化工程的启动(蓬皮杜国家艺术文化中心、奥赛博物馆和"大卢浮宫计划"),地方议员们受到刺激和鼓舞,大批地方博物馆的建设、改造或扩建工程纷纷上马。"博物馆年轻化成了时尚。博物馆与图书馆、档案馆一样,成为绝大部分市长和议员们最关注的主题。"

据法国文化部统计,在地方政府所属的博物馆中,市立博物馆占80.04%,省立博物馆占10.83%,大区所属的博物馆占0.35%,剩下的8.78%归属于地方联合体。显然,市镇一级是管理地方博物馆的主体。尽管在地方博物馆的业务报告中很少出现与"国际交流"相关的内容,但它们在国际舞台上并非毫无建树。

二 法国地方公立博物馆的国际作为

1. 文化外交的成果与法美交流的渠道——法国地方博物馆与美国博物馆交流协会

如果说法国地方博物馆在国际舞台上的曝光率总体比较低的话,它们与大西洋彼岸的交流却是一个例外。这归功于一个叫作"法国地方博物馆与美国博物馆交流协会"(FRAME,以下简称"交流协会")的组织——法国首个以博物馆长期合作关系而建立的双边常设交流机制。

由于历史的原因,作为新旧大陆艺术集萃地的美国与法国美术馆的馆藏之间有很强的互补性。由美国前驻法国大使菲利克斯·罗海廷(Felix Rohatyn)提议,法国地方博物馆与美国博物馆交流协会于1999年由罗海廷大使夫人伊丽莎白·罗海廷(Elizabeth Rohatyn)和时任法国文化部博物馆司司长的弗朗索瓦兹·卡珊（Francoise Cachin）两位女士共同宣告成立。罗海廷大使夫人在一次采访中曾回忆起这一机构的诞生：我们在法国各地参观过很多地方博物馆，被其中丰富的内容征服，他们认为这些博物馆将成为美国人了解法国文化最重要的窗口。于是我们想为什么不组织一个法国和美国地方博物馆的联盟，以实现这种交流。从某种意义上来说，"这是一种文化外交"。① 此后，大使夫人还说服时任法国总统希拉克的夫人担任协会的名誉主席。

交流协会是依美国法律成立的非营利组织，总部设在弗吉尼亚，其法国代表处位于法国文化部的办公楼内。交流协会成立的目的是促进法国博物馆和北美博物馆的合作（开始是与美国的合作，2008年加拿大也被纳入其中）；为组织高水平的学术性展览和交换很少出借的展品提供便利；推动创新性的教育计划和促进成员博物馆专业人员间的交流。截至2020年，3个国家的32家博物馆或博物馆联盟加入了交流协会。在该协会框架内进行的展品交流都是免费的。"与比佐集团②不同，交流协会不是一个封闭的俱乐部。"该协会法方副主任艾米尔·范海森布鲁克说。尽管交流协会原则上是为法国地方博物馆服务的平台，但巴黎的博物馆同样为其向心力所吸引。巴黎市立美术馆于2016年成为该协会的第15个法国成员。

交流协会是独立的双边社团组织，其经费来自私人赞助和成员博物馆缴纳的会费，这后一项费用由成员博物馆所属的市政府缴纳。尽管受经济危机影响，社会赞助减少，但交流协会依然保持了一定的活力，促成了一系列具有高艺术水平的巡回展览，让广大观众了解了法国地方博物馆和美国博物馆馆藏的多样性和互补性。

最好的例子，是由第戎美术馆和达拉斯艺术博物馆于2010年共同举办的"无畏的约翰陵墓雕塑展"。"无畏的约翰"是第二代勃艮第公爵，其陵

---

① 伊丽莎白·罗海廷2004年接受采访记录，https：//www.smu.edu/-/media/Images/News/PDFs/About-FRAME.pdf?la=en。
② Bizot Group，1992年由法国国家博物馆联盟发起成立，由15家全世界最大的博物馆组成，旨在促进高水平专业交流、交换藏品和组织大型展览等。

墓拱廊上安放着的39座大理石哭泣者雕像,是第戎美术馆的镇馆之宝,也正是通过这个展览,它们才第一次走出国门。该展在美国的7个城市巡展,历时3年,还去了非交流协会成员的纽约大都会博物馆。在美国之后,这些作品还去了比利时和德国,回到巴黎后又在法国国立中世纪博物馆展出,为期4年的巡展方才告一段落。

除了展览,教育类项目构成了交流协会活动的另一个重要板块。交流协会意识到,国家不同,公众参观展览的习惯也不尽相同,因此,为使更多的观众更好地接触艺术和文化,交流协会与成员博物馆一起实施了许多富有新意的举措。这些同观众交流和互动的活动,不仅使双方共同受益,还启发人们对公共教育的深入思考。

交流协会每年举行两次会议,在法国和美国轮流举行,参会的既有成员博物馆的馆长,也有公共教育部门的负责人,他们共同确定未来展览计划和协会的战略方向。此外,交流协会还致力于推动40岁以下的法国和美国博物馆馆员及公共教育从业者之间的交流,无论他们是否为协会的成员。

2. 巴黎市立博物馆协调一致的国际行动——巴黎市博物馆联盟

说到地方博物馆,巴黎市管辖的博物馆情况特殊,值得特别关注。巴黎市立博物馆,作为首都历史的见证人和守护者,既是它们的荣幸又是它们的不幸。这些博物馆在获益于巴黎的文化和旅游优势的同时,也长期处于集中在巴黎的大型国立博物馆的阴影之下,尤其是在两者馆藏有相似主题的情况下,如何找到自己的定位就成为更严峻的挑战,例如赛努奇亚洲艺术博物馆与吉美国立亚洲艺术博物馆、巴黎现代艺术博物馆与蓬皮杜国家艺术文化中心、巴黎时尚博物馆与法国装饰艺术博物馆等。

或许正是由于这种尴尬的处境,与法国的其他地方博物馆不同,巴黎市立博物馆选择在"巴黎市博物馆联盟"(Paris Musées)的旗帜下参与国际交流。巴黎市博物馆联盟诞生于2013年,属于公共行政机构,由14家市立博物馆,以及若干负责行政管理、展览策划和文化活动组织、藏品管理和出版的部门组成。该机构的诞生,是一项改革的成果,其目的就是向那些获得新的独立法律地位的大型国立博物馆学习，改善市立博物馆的管理。而在此之前，由巴黎市政府直接管理的这些博物馆，因缺乏独立性和自主能力，长期处于运转失序的状态。

巴黎市博物馆联盟的使命是策划高水平展览和出版物，扩大巴黎市立博物馆在国内外的影响力。联盟的前身有一部分是受公共机构委托、为市立博物馆制作展览的公司，依托这一优势，运用其经验和国际网络，联盟为市立博物馆的馆藏注入了新的活力。同改革之前相比，巴黎市立博物馆接待观众的数量增长了41%，不仅如此，在巴黎以外举办的展览也大量增加。2014年，由巴黎现代艺术博物馆的64件作品和来自公共与私人收藏的40件作品所组成的"从席里柯，形而上学到新形而上学"① 展览，在日本三地展出，吸引了观众7.2万人次。赛努奇亚洲艺术博物馆推出的"中国艺术家在巴黎"展览，则在香港美术馆接待了观众9万人次。巴黎现代艺术博物馆策划制作的展览"在此期间"② 远赴中国成都展出。此外，巴黎现代艺术博物馆推出的两个展览"排场、挂毯和艺术家的挂毯工坊"③ 和"尘封的历史——现代伊朗影像集（1960~2014）"④，在巴黎之后，到上海和罗马展出时也受到了好评。

由于市立博物馆大多没有负责国际关系的部门，巴黎博物馆的外事顾问就承担起所有博物馆的对外协调联络责任。目前该职位由卢浮宫博物馆原对外展览事务负责人担任，她具有相当丰富的经验。她在赛努奇亚洲艺术博物馆馆长访华之际，为其安排了与中国同行的会见，并在中国国家博物馆馆长访问巴黎时，精心安排其参观巴黎历史博物馆和赛努奇亚洲艺术博物馆。

尽管如此，在国际舞台上，与国家级博物馆相比，法国地方博物馆的身影依旧显得单薄，它们中的绝大部分仅满足于与其他省份的兄弟博物馆开展

---

① De Chirico, de la Metafisica à la Neometafisica.
② L'Entretemps.
③ Decorum, Tapis et tapisserie d'artistes.
④ Unedites history-Sequences du moderne en Iran, 1960 – 2014.

交流，其触角最多也只能伸向欧洲其他国家，在拥有同源文化的受众中找到交往的可能性。

三 束缚法国地方博物馆国际化的几个因素

在地方博物馆渴望有所作为的不断尝试和囿于欧洲大陆的无奈现实之间，到底是什么阻碍了法国地方博物馆在国际交流中走得更远？

1. 地方行政管辖高度集中，博物馆自主权受限

法国地方博物馆的历史反映出地方政府对拥有博物馆的强烈愿望，但这种愿望更多的是从地方权力划分的角度，而非文化或者国际交往的角度出发。作为公共事业单位，根据1983年《地方分权法》，地方博物馆受地方政府直接管辖。地方政府可以在国家规定的范围之内自由兴建和管理其所属博物馆，而国家仅对博物馆进行专业技术方面的监督。这种扁平化且高度集中的管理制度使地方博物馆负责人在组织、管理等方面自由度极低。从行政、日常管理到展品出借和暂存，再到宣传、公共关系等，均由地方政府下属的专门部门负责。例如在2013年改革之前，巴黎市立博物馆的预算均由市政府管理，博物馆可自行掌握的只有千分之二，而这微不足道的一点费用也仅能用于购买文具、书籍资料和工作服。此外，博物馆在发展战略方面，也必须服从地方政府的文化政策。无论在国内还是国际事务方面，博物馆负责人的自主权都非常有限。

一个最明显的例子就是位于卡多－刚布雷斯（Cateau-Cambresis）的马蒂斯美术馆。该馆源于马蒂斯捐赠的82件自己的作品，并逐渐成为世界第二大马蒂斯作品收藏机构。这个位于法国北部一个只有7000人城市的美术馆，却与伦敦泰特现代艺术馆（Tate Modern）和纽约现代艺术博物馆（MOMA）合作频繁，每年接待观众8万多人次，如今已经跻身世界最受欢迎的美术馆之列，被《艺术周刊》评为最受欢迎的小型城市（人口少于2万人）博物馆第二名，仅次于枫丹白露宫博物馆。然而，它却有过曲折的命运，险些因被政治牵连而夭折。该美术馆原归属卡多－刚布雷斯市所辖。

1982年，该市两所工厂因纺织业危机而倒闭，800名工人失业，刚刚建立的美术馆遭到质疑，抗议者呼吁"要工厂，不要美术馆"。次年，右派市议员上台，宣布将以1法郎的价格出让美术馆，同时停止政府拨款。在此后的十年间，全赖马蒂斯家人的资助，美术馆才得以生存。直至1992年，省议会决定将该馆收归省政府所有，并给予相当的支持，美术馆方有今日的气象。

2. 国家资源倾斜严重，地方博物馆能见度不足

对法国地方博物馆的调查显示，阻碍其对外发展的两大主要因素，一为自有资金不足，二为国际交往网络不成熟。对于地方议员来说，地方博物馆的首要职能是满足当地民众的文化需求，国际交往不是其天然使命，而且国家也并未在这方面给予足够的重视与支持。

法国审计法院在2011年报告中就对法国的博物馆政策越发向国家级和巴黎市立博物馆倾斜表示质疑。"20多年来，国家的博物馆政策，特别是在预算方面，过多地集中于某些国立博物馆。"特别是自2002年法律规定地方博物馆资金由地方政府负担后，国家对地方博物馆的资金支持从2000年的3263万欧元锐减至2010年的1653万欧元。

与此同时，在"文化民主化"的旗帜之下，大型国立博物馆在外省设立分馆蔚然成风，而这些分馆的日常运营费用却通常需要由地方政府负担。以梅斯蓬皮杜中心和卢浮宫朗斯分馆为例，两馆已分别花费了当地政府6196万欧元和1.45亿欧元。可以说，地方博物馆正在遭受着"中央政府资金支持减少"和"地方政府的大量资金用于迎接大型国立博物馆在当地设立分支"的双重窘境。

同样的，地方博物馆也几乎无法获得任何外交资源。例如，在2014年中法建交五十周年系列庆祝活动中，由官方认可的83个展览中仅有8个有法国地方博物馆的参与。

法国国立大型博物馆在国际舞台上越发受欢迎，拥有着同样丰富馆藏资源的地方博物馆的缺席就越发令人唏嘘。这无论是对于法国文化外交实力的增强，还是地方博物馆国际影响力的提升，抑或弘扬法国地方文化多样性来说，都是莫大的遗憾。法国地方博物馆与美国博物馆交流协会和巴黎市博物

馆联盟的实践让我们看到了地方博物馆资源的巨大潜力。从某种意义上来说，充分提升地方博物馆的对外交往能力，就是把法国地方资源推向外交舞台的前沿，这必将在一个新的维度上为法国文化外交打开新的局面。

参考文献

Bazin Germain, *Le temps des musées*, Liège, Desoer S. A., 1967.

Bosseboeuf Claire, *Les collectivités territoriales et leurs musées*, Recherches sur le développement et les modalités de gestion et de gouvernance d'un service public local, Tome 1 et 2, PUAM, 2015.

Lane Philippe, *Présence française dans le monde, l'action culturelle et scientifique*, Paris, La documentation française, 2011.

Priollaud François-Xavier et Siritzky David, *Que reste-t-il de l'influence française en Europe*, Paris, La documentation française, 2011.

Paris Musées, *Rapport d'activités de Paris Musées*, http：//parismusees. paris. fr/fr/rapport - dactivite - 2014 - de - paris - musees.

B.22
完片担保模式为电影制作保驾护航

李嘉珊　辛璐*

摘　要： 欧美电影行业工业化标准成熟，有一整套保证营利的体系，包括预售、融资、版权市场、分账机制等，支撑制片工业的完善。其中最重要的环节便是完片担保，链接了资本与制片人，推动资金运作与制片规范，同时有效管控风险，为欧美电影产业的发展保驾护航。本文对欧美电影完片担保模式的发展背景、业务流程中各环节及其作用进行梳理分析，总结出该模式对电影产业融资、风险管理的作用。

关键词： 电影产业　完片担保　影视融资　电影保险

一　欧美电影完片担保模式发展背景

电影完片担保模式最早出现在英国，在电影产业面临严重危机的背景下，大型电影企业依靠多年的资源和经验，从投资影片转向为独立制片人提供电影发行担保业务，将拍摄制作部分的工作转移给电影制作人，而公司提供担保来保证电影发行，从而无须投入资金，通过发行担保即可获利。

---

* 李嘉珊，北京第二外国语学院教授，中国服务贸易研究院常务副院长，国家文化发展国际战略研究院常务副院长，首都国际交往中心研究院执行院长，首都对外文化贸易研究基地首席专家，国家文化贸易学术研究平台专家兼秘书长，研究方向为国际文化贸易等；辛璐，北京第二外国语学院经济学院国际商务专业硕士研究生，研究方向为国际文化贸易。

从风险管理的角度看,电影企业将原本自身承担的制片风险转嫁给了独立制片人;从投资的角度看,影片的制作经费需要独立制片人自行筹措,发行担保合同则作为信用标的,帮助独立制片人从银行获得贷款。制片人筹资则需要影片的发行担保作为抵押,发行担保本身是为一部制作完成的影片提供发行服务保证,因而银行、基金作为债权方,其收回债权便依赖影片的拍摄制作完片。在此背景下,电影金融公司应运而生,并率先提出完片担保概念的雏形,为完片担保模式的发展奠定基础,也开启了英国电影投资的新阶段。

完片担保模式在电影产业更发达的好莱坞得到了进一步发展和成熟。美国早期电影产业中,电影大多由资金实力雄厚的大型制片厂投拍制作,即使制作过程中出现意外,其实力也可保证项目完成无虞。20世纪50年代起,电影产业涌现出大量独立制片人和中小型制片商,他们一方面缺乏充足的资金用作影片的制作经费,另一方面由于经验和信用积累不足,难以向投资方尤其是银行等金融机构提供担保进而获得融资。这些独立制片人和中小型制片商转而向保险公司寻求帮助,请保险公司为其制片风险承保,即是早期完片担保服务的雏形,后来出现中介公司提供专门的担保服务。随着电影产业不断发展成熟,更多担保机构、保险公司及其他金融机构开始提供专门的完片担保业务,完片担保也发展为一套专业的机制。

完片担保首先可以帮助完成电影融资,这对中小型制片商以及独立制片人的意义是巨大的,尤其是二战后电影产业独立制片人数量大增,完片担保模式对此有着不可估量的作用。再者,完片担保模式为电影项目有效分担了风险,并从金融行业角度引入保险专家的建议,对电影产业长久健康地发展起到了促进作用。

二 完片担保模式

(一)完片担保模式的含义

完片担保公司向电影投资方提供担保,保证电影在预算内按时完成,且制作的内容和质量符合约定，最终将符合发行合同的影片提交发行商。当完片担保公司的承诺未兑现时，完片担保方承担相应的损失并赔付给投资方。如图1所示，完片担保公司充当中间人的角色，对制片方的制作进度监督跟进，保证项目按照约定推进，并管理资金支出，保证预算合理使用，同时对各种潜在问题进行预估和及时解决，保证电影顺利完片，因而投资方无须亲自详尽评估项目，只需依赖完片担保公司。

图1　完片担保公司充当角色示意

提供完片担保服务的可以是专业的担保公司，也可以是保险公司等其他金融机构。完片担保服务是一项综合性的专业服务，涉及电影项目从筹备到完片的全过程，不同于简单保险业务，因而从事完片担保的人员是复合型人才，既需掌握风险管理、金融、保险、法律等相关知识技能，又需熟悉影视工业流程，了解影视行业情况及运作，才能在项目周期中合理评估、有效跟进、随时解决可能出现的问题。

需要明确的是，完片担保保障的是制作风险，即按约定完片，而非投资风险，即影片上映后能否收回成本、获得利润不属完片担保的保障范围。

（二）完片担保模式适用的制片企业类型

完片担保服务旨在消除投资方顾虑，帮助制片人融资，因而这一模式主要适用于缺乏资金或难以融资的制片人，以中小型制片企业为主。规模较大或知名的电影公司或制片方一般不缺乏资金来源，这些公司深耕行业、积累颇丰，资金充裕且资源广泛，加上公司本身的信用积累，融资不是难事。这类电影制片公司一般内部已经设置了资金运作和风险管控的相关业务部门，因而能够承担起类似完片担保方提供的服务职能。

而中小型制片企业、独立制片人缺乏资金和融资渠道，又因本身信用积累不足而缺乏担保和抵押，故无法从银行获得贷款。他们的投资方或发行方一般会要求制片方提供担保，因而这类企业是最需要完片担保服务的。

电影的发行举足轻重，因为即使电影顺利完片，但若没有获得发行方青睐，则影片难以上映卖座，更遑论获得票房收入。在欧美，电影院线主要掌握在几家大的院线手中。中小型制片企业和独立制片人即使顺利完成电影制作，在发行环节面临的风险依旧很大，若无法与发行方取得良好合作，即便影片上映也难获得充分排片，更难获得良性的市场回报，从而无法获得资本垂青，陷入恶性循环。完片担保公司的担保服务是保证影片顺利完片后提交给发行商，建立了制片方与发行方的良性沟通渠道，通过自身的专业性担保为影片顺利发行和排片奠定基础，对制片方而言意义重大。

（三）完片担保模式的业务流程

图2展示了一个完整的完片担保模式的业务流程，主要包括以下步骤。

（1）制片方就欲立项拍摄的多个电影项目向完片担保公司申请完片担保服务；

（2）完片担保公司初步评估筛选，排除不符合担保预期的项目；

（3）要求制片方提供过筛项目的详细材料，全面评估项目可行性；

（4）通过评估环节的项目进入立项环节，针对制片方案确认拍摄方案和预算方案；

（5）完片担保公司与制片方、投资方等签署相关法律文书，收取完片担保费用；

（6）派专门人员进驻剧组，全程跟进拍摄进度，每日监督资金使用状况，在拍摄完成进入后期制作阶段同样跟进制作进度和监督支出；

（7）当影片面临超支时，接手制片工作，完成电影的拍摄和后期制作工作，保证完片并交付发行商，完片担保公司承担超支部分的费用；

（8）若影片无法完片，完片担保公司赔偿投资方所有支出，影片版权

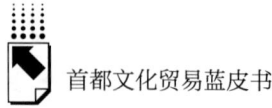

归完片担保公司所有，完片担保公司可选择出售版权或重新组建团队制作该影片。

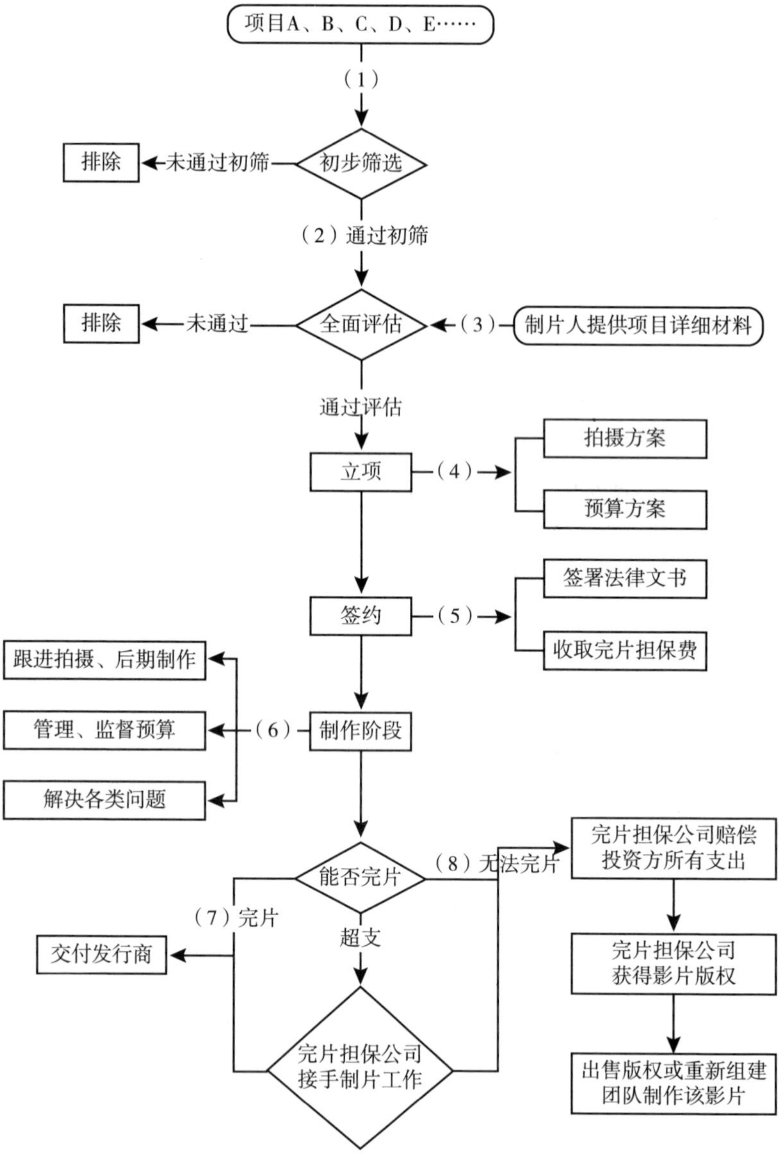

图2 完片担保模式业务流程

（四）完片担保涉及的主要法律文书

一个电影项目的完片担保流程主要涉及以下合同文本，正式的完片担保必须包括制片人协议和完片担保协议两份独立的合同。

1. 制片人协议

签署双方是制片人和完片担保公司。制片人是承诺方，承诺按照约定的项目方案制作电影，不会做出任何违反合同规定的、对按约定完片造成直接或间接损害的行为，制作过程中如遇到问题，将积极配合完片担保公司解决。

若由于制片人未履行约定而发生事故，完片担保公司将有权接管电影并完成制作和发行，并有权宣布担保失效。

2. 完片担保协议

签署双方是投资方和完片担保公司。完片担保公司为承诺方，承诺按照约定的项目方案及其他合同要求，保证完成制作并发行，并承担超出预算的费用。

若影片未能按约定完片并发行，完片担保公司将偿还投资方已支付的所有计划内投资成本。

若电影制作发生超支，则超出预算的部分由完片担保公司承担，在影片完成制作发行后，可优先从利润中取得超支的费用。

若影片不得已放弃制作，无法完片，已经产生的费用由完片担保公司全额赔付给投资方。

3. 制片权转移协议/接管协议

签署双方是制片人和完片担保公司。协议规定当不能完片的情况发生时，完片担保公司可即刻接手制片工作，接管权利由此协议规定生效。

4. 银行-完片担保方协议

由制片人、完片担保公司以及银行三方共同签署。协议明确银行为该项目影片制作的贷款人，并通过条款明确银行打款的细则，银行需按协议约定按时分批次将相关款项打入项目的银行账户。协议还明确规定了完片担保公司对该账户及款项的具体使用说明，包括权利和义务等详细条款。

5. 导演承诺书

该承诺书由影片的导演签署出具，承诺导演本人有能力在已制定的预算和拍摄计划规定下完成影片的全部制作。

（五）完片担保公司的风险管理体系

电影的完片担保服务是高度专业化的工作，由于一个电影项目在制作的过程中风险是很高的，难以十足、全面预测所有情况，因而完片担保公司处理项目十分谨慎，有系统的风险管理体系，以防止项目超支、延迟甚至不能完片的情况发生。

1. 项目审核阶段，系统评估项目的可行性和可靠性

完片担保公司需要评估剧本、制片人的能力（是否有合理的时间安排和资金预算），包括主创团队在内的全部工作人员是否有能力完成对应部分的工作（如导演的资历与项目是否匹配、演员是否合适、工作人员有无风险等）。完片担保公司会审核所有的演职人员，包括保险、特效、设备、住宿餐饮等相关重要合同内容，评估拍摄地的地理位置等，几乎涵盖了项目各方面的因素。

完片担保公司会对相关文本仔细审查，需要审查的资料包括但不限于：拟选用的剧组主创成员[①]简历；剧本版权及拍摄许可的各项相关法律协议；制片人协议；导演和制片公司间的协议；主要剧组成员协议；合拍融资协议；各种保险协议；已签署的制片人和导演间关于选取演员、预算内拍摄及限制费用的协议；导演签署的在预算、拍摄期内和预定胶片卷数内完成拍摄的承诺；主要演员的协议书；后期制作时间计划表；已签署的音乐和肖像使用权所需费用均在预算内完成的承诺书；音乐使用协议或作曲协议；已签署的关于发行协议里提到的，在制作过程中产生的全部公关宣传费用计入发行营销费用而非拍摄费用的承诺书；

---

① 包括导演、副导演、主要演员、制片主任、摄影指导等。

与画面和声音以及特效后期制作公司签订的合同或意向书；已签署的法律费用不能超过制片预算中规定数额的承诺书；已签署的发行和预售协议。①

在拍摄阶段，完片担保公司会派专门工作人员驻扎剧组，管理经费开支，监督项目运作，参与制片会议，拍摄和制作过程中参观视察等，并参与制定重大决策，及时解决各类问题。此外，完片担保公司也会安排工作人员监督部分特殊的工作，如特效制作。制片人定期向完片担保方提供制片报告、每周成本报告等，以供审核和留存。

完片担保方对项目的参与程度取决于合同约定、与制片方的关系以及曾经的合作记录，根据每个电影项目的具体情况会有所不同，但任何与计划冲突或计划外的情况和困难都是需要完片担保方密切关注并积极配合解决的。

2. 预算及准备金

在确定预算计划时，将所能预估到的所有情况都考虑在内，在此基础上还会要求每部电影预留10%的机动金额，作为意外情况处理的准备金。

3. 通过保险分摊风险

完片担保公司无法独立承担项目的全部风险，因而也会通过相关保险产品的配置和再保险等途径摊薄风险。保险产品是完片担保的基础配置。

第一类是一般保险产品，即以剧组财产及人员人身安全和健康为标的投保的保险产品，当剧组的财物遭受损失、剧组人员在拍摄过程中发生意外，可获得保险公司的理赔，以降低剧组的损失。这类保险产品赔偿的是直接损失，主要适用于设备损坏等情况下获得物质损失的补偿。

第二类是专门的影视保险，这类保险与一般保险产品相比，赔付的是后果，即间接损失。资产类的损失，如某项摄影器材损坏，即剧组拍摄设备损坏，一般保险产品赔偿的是设备本身的损失，而专门保险将赔偿用于该设备

---

① 《"完片担保"离我们有多远？——〈机器之血〉的上映标志着"完片担保"在中国内地试水成功》，搜狐网，http：//www.sohu.com/a/212828983_657048，最后访问日期：2019年11月18日。

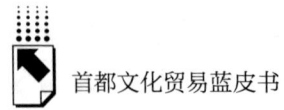

损坏导致的制片延误带来的成本损失。

除保险产品外,完片担保公司在接手项目并提供担保服务后,还将其中的部分担保费用购买再保险,将项目部分风险转嫁给再保险公司。

(六)不能完片的两种情况

实践中,电影不能完片的情况发生的可能性很小,因为完片担保就是在问题发生前通过预测和及时解决而防止问题真的发生,防止电影无法完成制作。但也会出现完片担保方无法控制的情况,如突发性难以解决或弥补的情况发生,此时电影可能无法完片,有以下两种情况。

1. 电影预算超支

超支部分的金额由完片担保公司承担。当完片担保公司确认超支不可避免时,制片权转移协议生效,完片担保公司按照法律程序接手电影的制作工作,担保方之前全程参与影片制作,已对项目情况十分了解,将尽快重新搭建主要创作人员团队,包括导演、摄影等,继续完成影片制作。制作完成后,完片担保方向发行商交片,取得的发行收入将优先补偿影片超支的费用。

案例 1

电影《终极天使》拍摄无法按计划完成,造成超期超支,项目超过预算费用 3100 万美元时,完片担保公司接管了制片工作,但已经较晚,无法有效避免超期超支,又花费了 1500 万美元才完成影片制作,最终的花费是预算的近两倍。[1] 电影《麦尔坎 X》超过预算费用 2800 万美元时,完片担保公司接手了制片工作,又花费了 500 万美元才完成电影制作。[2]

---

[1] Steve Ransohoff. About us,http://www.filmfinances.com/about,最后访问日期:2019 年 10 月 10 日。
[2] 何圣捷、贾旭东:《欧美完片保险风险管理模式及借鉴意义》,《现代传播》(中国传媒大学学报)2018 年第 3 期。

2. 电影无法完片

完片担保公司向投资方全额赔付投资金额，接手电影项目并获得影片的版权，完片担保公司可以选择自行组建团队完成影片制作，也可留存影片版权将其转卖。

案例 2

电影《谁杀死了堂吉诃德》（*The Man Who Killed Don Quixote*）因演员和场景接连发生问题而无法完片。该项目投资高达 3210 万美元，开始拍摄的首周，主演让·雷谢夫（Jean Rochefort）突发疾病需回国住院治疗两个月。此时项目已开机，因前期主演就影片与角色的准备已有两年之久，无法在短时间内更换演员，故完片担保方与制作方紧急调整通告安排，先拍摄其他无主演参与的戏份，待主演康复归来。然而祸不单行，一个重要的主场景被洪水冲垮，损失巨大且短时间内难以重新搭建。此时电影面临可能超时超支的问题，主演缺席尚可调整拍摄安排，但主场景的毁坏使完片几乎不可能。在投资方的施压下，影片被迫放弃拍摄。此时完片担保公司按照合同约定，将已支出的 1500 万美元投资款赔偿给投资方，并获取了电影的版权。完片担保方暂未启动制作，9 年后，导演与原主演之一约翰尼·德普（Johnny Depp）将版权购回，并重新启动该影片的摄制。[①]

（七）完片担保的营利模式

完片担保作为一种专业服务，其营利来源于制作方支付的完片担保费用。完片担保方并不参与电影项目的利润分成，即使在项目无法顺利完片需要完片担保方接手影片制作的情况下，完片担保方仅可从影片利润中优先扣除超支部分的金额作为补偿，而不会参与剩余利润分配。

完片担保费用的计算一般是以电影项目的制片总预算扣除 10% 的应急

[①] 吴晓武：《为什么完片担保在中国举步维艰？》，《电影艺术》2011 年第 1 期。

预备金，再加上电影线上以及线下预算费用的净制作预算为基准，按一定的比例收取担保费用。① 从欧美国家的经验来看，一般情况下完片担保费用是上述基准预算的2%~6%，视电影制作的具体情况而定，有时可达8%。完片担保费用数目不小，因而通常只有总投资体量上千万的电影才会选择完片担保服务。

在实际操作中，针对不同类型的制片人和电影项目，完片担保费用的设置有以下两种常见模式。

1. 返点担保模式

若制片人按照合同规定完成了影片制作，并顺利向电影发行方交片，则可获取一定比例的担保费用返还，这部分返还的金额从完片担保费用里支出，比例通常是完片担保费用的1%~3%，作为给制片人及时完片的奖励。这一费用设置模式对制片人是一种正向激励，有利于调动制片人的积极性，同时也相当于将部分完片风险分担给制片人，降低完片担保方的风险。

这一费用设置模式的起始担保费率较高，一般适用于风险评定等级较高的项目或制片人，以及初次合作的制片人。但对电影项目和制片人来说，较高的担保费率意味着要支付一笔较大数额的完片担保费，电影制作的现金流不可避免会相应减少。

2. 标准保费担保模式

与返点模式相比，标准模式的担保费用不涉及返还，但费率相对较低，一般适用于有良好信用积累的制片人及风险系数较低的电影项目。相对较低的保费可减少对电影制作的现金流的占用。

三 完片担保模式对电影产业融资的作用

电影作为文化产品，其制作过程也是艺术创作的过程，导演等主创追求

---

① 何圣捷、贾旭东：《欧美完片保险风险管理模式及借鉴意义》，《现代传播》（中国传媒大学学报）2018年第3期。

影片的艺术效果，而艺术创作过程中存在不确定性，可能无法获得市场回报，而投资方追求的是可观的利益回报。电影在创作过程中经常出现为追求艺术效果产生高额成本的情况，比如王家卫导演的电影《东邪西毒》，其拍摄达三年半之久，拍摄地从香港、敦煌到宁夏，产生了高昂的制作成本。此类矛盾使投资人对投资电影望而却步，完片担保公司的重要作用便是打消投资方的顾虑，为制片人提供担保。完片担保公司从商业而非艺术的角度系统评估电影的制作过程，以此对制片人进行监督和帮助，进而促成投资人对电影项目的投资。

美国电影金融公司全球总裁史蒂夫·兰瑟霍夫（Steve Ransohoff）表示："全球电影制片人的工作共通一致的内容便是快捷有效为项目融资并做好项目的资金管理工作，以便电影的拍摄与制作有序有效推进，而非花费大量的精力去筹集资金以及向投资方详细确保财务安全问题。完片担保公司通过提供给制片人一份快捷有效且相对而言性价比极高的融资担保服务，让制片人免去后顾之忧，将主要精力放在电影制片工作上。"

（一）减少电影制片的潜在风险

首先，电影作为文化产品，本身就有商业产品和文化产品的双重属性，每一部电影的制作过程都不尽相同，包括主创团队、制作团队、拍摄地点和场地、具体的制片要求等都因影片而异。

其次，影片的艺术效果与资金成本难以两全，影片效果受到资金成本的约束，且在实际拍摄过程中时间和资金需求与原计划都可能有出入，需要完片担保公司有极大的应变能力和问题解决能力。制片人需要用最少的资金、以最低的损失来最大程度实现影片的预期效果。

（二）为投资方提供有力保障

完片担保为投资方提供了有力的保障，使其打消顾虑敢于投资。首先，完片担保模式可以保障影片按照预定的时间和预算完成拍摄制作，并交送发行商，使投资者可以放心为中小型制片商或独立制片人的电影项目投资，规避制片风险；其次，完片担保公司承诺的按时完成和预算内完片，意味着任何超出预定的支出都由完片担保方承担，免去了投资方的后顾之忧，即使最坏的情况——影片不能完片——发生，完片担保公司也会全额补偿投资方的投资支出，投资方虽然没有获得收益，但并无损失。

（三）发挥完片担保公司的优势

1. 保证电影的完片和发行

电影项目最大的风险是不能完片，意味着所有投入血本无归，风险极大；再有完片后不能发行上映的风险，意味着无法获得电影最重要的获取市场认可和票房回报的渠道。完片担保模式最主要的功能是保证完片，并且在介入项目之前通过相关合约与发行商确认影片完片后的发行协定，使影片完片后能够获得发行上映的机会。对大多数中小型制片商和独立制片人来说，找不到发行方是实际存在的困难，入境电影的宣传发行费用高企，很多中小成本的影片拍摄完成已是不容易，没有更多的资金支持宣发，而完片担保方会帮助制片人，通过发行协议锁定发行方，并获得发行方投资，既降低了无法发行上映的风险，也可以在完片后获得部分资金收入，也有相当的项目选择和发行商合作，发行商以发代投，即以提供发行服务的方式投资项目，在获得票房等收益后参与利润分配。

2. 凭借专业性促成投资，形成良性循环

由于完片担保方在资本运作与影视制作两方面的专业性和经验，一方面可以提供担保使制片人获得投资，并帮助其合理规划预算、使用投资，提高制片人项目成功概率，积累其信用值，使制片人之后更容易获取项目投资；另一方面可以帮助投资人评估影片的价值，从而决定投资人投资的金额，为投资定价提供专业咨询，提升投资方在相关影视项目中的投资效率。通过为制片人、投资人双方提供专业服务，推动行业形成良性循环。

3. 管理专业性，推动制片规范化

完片担保公司拥有丰富的制片管理经验，在电影制作期间监督审查预算支出，监管资金，并监督制作进度，把握工期，确保拍摄计划、时间安排、预算等能够切实可行,并落实执行。在完片担保公司的监督及规范要求和示范下,可快速推动制片人及其团队在制片规范方面的成长,进而对整个制片行业起到积极推动作用。

4. 客观视角

完片担保作为投资方的"乙方",又作为制片人的"甲方",其立场客观,对项目的商业性和制片工作认识更客观实际。由于其掌握着关于拍摄、主创等所有剧组成员、费用支出等详细资料,看待项目的视角更全面。

5. 业务规范对标国际

由于完片担保本身已在欧美成为项目的标准要件,完片担保方对国际惯例和标准要求的熟悉,方便帮助电影产业发展合拍片事业,促进海外资本投入本国影视制作。

(四)拓宽融资渠道

完片担保为制片方开启了银行贷款融资的大门,而银行贷款又成为制片人获得其他渠道投资的重要前提。银行对风险的控制体系庞大、专业且复杂,通过银行专业的审查而获得银行贷款,为项目风险和质量背书,制片人借此可以接触更多渠道,获得更多其他方式的融资,包括私人投资、私募基金、公司赞助等。

Abstract

2019 was a crucial year for achieving the first Centenary Goal of building a moderately prosperous society in all respects, and an important stage for Beijing to focus on the function construction of "Four Centers" and improve the level of "Four Services". According to the general requirements of the "four centers" function construction, Beijing had been vigorously promoting the development of cultural industry in a high-end, integrated, intensive and international way, which had greatly promoted Beijing's economic transformation and upgrade. Beijing's total volume of import and export of cultural products in 2019 was US $ 3.461006 billion, up 52.7% year on year. More specifically, the export volume was US $ 909.638 million, up 121.1% year on year, and the import volume was US $ 2.551368 billion, up 37.6% year on year.

Research Report of Beijing International Cultural Trade (2020) takes the development exploration of Beijing International cultural trade in 2019 as research object, including general report, industry, special topic, comparison and reference. It comprehensively uses the methods of field trips and classic cases study, documents analysis and comparative study to sum up experiences, analyze problems and put forward countermeasures through holistic study and key industry research. It focuses on 9 key areas of Beijing cultural trade, covering performing arts, radio, film and television, film, book copyright, animation, games, cultural tourism, works of arts and creative design. Beijing's "Four Centers" supports each other and is closely related. Furthermore, the construction of International Communication Center plays a positive role in the development of Beijing International Cultural Trade. In that case, the annual special subject of the book also involves in helping the construction of Beijing International Communication Center on the basis of continuing to focus on traditional topics.

Beijing is promoting the opening-up of cultural industry to the outside world at a higher level, playing the leading and radiating role of cultural export bases, and effectively allocating the resources of cultural market. By accelerating the innovation and transformation of cultural industry, Beijing stimulates the horizontal linkage of multi industries with " + culture", and drives the high-quality development of cultural trade with the opportunity of digital construction.

Keywords: International Cultural Trade; Cultural Industry; Opening Up; Beijing

Contents

I General Report

B.1 Beijing Cultural Trade Development Report *Li Xiaomu* / 001

Abstract: Cultural trade in Beijing has grown rapidly and the structure of cultural industry has been continuously optimized. In 2019, Beijing introduced various supporting policies to foster and develop new types of cultural businesses, and comprehensively promoted the construction of national cultural center. The cultural industry and cultural trade have also become important engines for the high-quality development of the capital's economy. The comprehensive pilot program for opening-up the service sector has pushed Beijing to a higher level of opening-up in the cultural sector. Beijing National Cultural Export Base experienced a year of construction period, the base guidance role has been highlighted. With the deepening of cultural system reform, Beijing gradually standardized the management of overseas cultural investment. Culture and tourism continue to develop together, and performing arts brands promote the upgrading of cultural consumption in Beijing. At the same time, the development of cultural trade in Beijing also ushered in new opportunities: accelerate the innovation and transformation of the cultural industry, stimulate the horizontal linkage of multiple industries with " + culture"; drive the high-quality development of cultural trade with the opportunity of digital construction; transform the cultural advantage into the economic advantage to develop the overseas consumption innovation trade pattern.

Keywords: Cultural Trade; High-quality Development; Cultural Consumption

II Industry Reports

B.2 Capital Performing Arts International Trade
    Development Report (2020) *Zhang Wei* / 017

Abstract: This report summarizes the development characteristics in the prosperity of the Beijing performing arts market in 2019, and focuses on combing the new development trend of the performing arts industry. Based on the features of Beijing performing arts market, it analyzes the characteristics of Beijing's international trade in performing arts from different dimensions such as trade target, industry boundary, industrial chain integrity, and tries to find optimization from the perspective of policies, models, channels, etc. Hopefully the solution could provide some feasible references for Beijing's performing arts industry and international trade to overcome the impact of the epidemic and find new growth points in 2020 and beyond.

Keywords: Performing Arts Market; Foreign Cultural Trade; Beijing

B.3 Report on the Development of Beijing Radio, Film and
    Television International Trade (2020) *Li Jidong, Pan Qian* / 034

Abstract: In 2019, Beijing implemented the measures for the administration of special funds for the award and support of Beijing to enhance the international communication capacity of the audio-visual industry of radio and television networks and the measures for the evaluation of special funds, and encouraged the film and television industry to "go global" through the support and reward. At the same time, Beijing smart radio and television development action plan and Beijing ultra high definition video industry development action plan have been implemented, and high and new technology has become the focus of the future development of Beijing Radio, film and television industry. Moreover, the implementation opinions on promoting the prosperity and development of Beijing Film and television industry has been formulated, which provides a development framework for the foreign trade of Beijing Film and television culture. In terms of foreign trade achievements, in 2019, radio, film and television will upgrade to industrial culture and foreign trade, and the main body, content, form and mechanism of foreign trade will be more diversified. In the future, with the arrival of 5G network, Beijing Foreign Trade Association of radio, film and television will adhere to the national discourse and cultural communication as the core; based on the technological highland; at the same time, it will promote the international development of Beijing Radio, film and television industry and build Beijing into an International Film and television capital by providing funds, venues and other facilities for the integration of high-tech industry and film and television industry through cross industry cooperation and building film and television parks.

Keywords: Radio Film and Television Industry; Smart Radio and Television; Ultra High Definition Film and Television Industry; Beijing

B.4 Report on Film Trade Development of Beijing (2020)

Luo Libin, Song Jinji and Sun Qiankun / 046

Abstract: The film industry in Beijing has continued to maintain its leading position China in 2019. The international influence of Beijing films has been further enhanced. Beijing films has shown some new characteristics in the aspect of "going global", including excellent box office performance in the North American, overseas box office success of theme films, many awards of Beijing films in international film festivals, participation in international production of capital film companies, deepening internationalization of Beijing video website, or successful box office and public praise of Beijing remarking film. This report believes that Beijing should continue to make full use of its advantages as a cultural center to promote the "going global" of domestic high-quality films.

Keywords: Beijing Films; Film Trade; Beijing

B.5 Development Report on Book Copyright Foreign Trade in Beijing (2020) *Sun Junxin, Wang Xuefei* / 058

Abstract: In 2019, 70th anniversary of the People's Republic of China, the book publishing industry in Beijing closely focuses on national development needs, recommends classic books for translation, highlights China's mainstream value, and showcases China's development achievements. In the process of foreign trade, the capital's book publishing industry continues to develop and innovate. It not only actively uses the opportunity of domestic and foreign book exhibitions to actively participate in the international market, but also helps the construction of capital cultural centers by holding international book exhibitions; it not only catches the digital opportunity, but also actively promotes the use of digital technologies to promote copyright; it not only continuously develops foreign trade models, but also upgrades overseas investment models. By sorting out the foreign trade activities of the capital copyright industry in 2019, this article believes that there is still room for improvement in the capital foreign capital trade in academic book platform construction, book topic planning, and general adoption of the market principle of publishing companies. It suggests to pay more attention on academic works, promote the topic selection and planning through the international editorial department model, and continue to promote the market-oriented reform process of the capital publishing company.

Keywords: Book Trade; Copyright Trade; Foreign Trade; Beijing

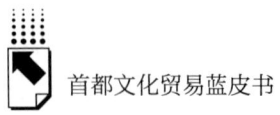

B. 6　Development Report on the Foreign Trade of Beijing
　　　　Animation Industry（2020）　　　*Lin Jianyong, Lin Tianqi* / 071

Abstract: In 2019, the foreign trade of Beijing's animation industry has the characteristics of further strengthening the industrial trade foundation, promoting the development of industry and trade in multiple industries, and attaching importance to the integrated development of animation and tourism. But at the same time, in the development of foreign trade of Beijing animation industry, there are still some difficulties, such as the inability to differentiate animation and games effectively, the relatively single profit model, the insufficient animation talent structure, and the brand cultivation ability needs to be improved. In order to promote the further development of foreign trade in Beijing's animation industry, this paper puts forward suggestions on dividing animation and games, building a complete animation industry chain, introducing talents and cultivating talents simultaneously, and building Beijing's animation brand.

Keywords: Animation Industry; Cultural Trade; Animation Brand; Animation Talent

B. 7　Foreign Trade Development Report of
　　　　Beijing Game Culture（2020）　　　　　　　*Sun Jing* / 083

Abstract: In 2019, Beijing, as the important game export area in China, has witnessed a dramatic increase in game overseas market with both huge opportunities and challenges. This report, focusing on Beijing game industry, gives an overview of game market, game companies and game products in overseas market, points out current problems in Beijing game industry, and finally offers solutions regarding to game literacy, product innovation, and international cooperation so as to guarantee Beijing's game products more competitive in overseas market.

Keywords: Game Industry; Foreign Cultural Trade; Beijing

B. 8　Capital Culture Tourism Service Trade Development

　　　Report（2020）　　　　　　*Wang Haiwen*，*Lu Chenyan* / 104

Abstract：In 2019，Beijing government has proactively promulgated cultural tourism-related policies to guide industrial development and opening up to the outside world，strategic positioning and increased cultural investment have also promoted the development of different kinds of tourism. There are some problems in cultural tourism in Beijing, such as lack of scientific and technological applications，poor regional synergy，less attraction of cultural activities，and the absent of a cultural tourism risk prevention system. In this regard，the development of cultural tourism needs to strengthen the industrial integration of science and cultural tourism，enhance the in-depth cooperation with regions，strengthen the brand building of international cultural activities，and build comprehensive and effective protection against cultural tourism risks system.

　　Keywords：Cultural Tourism；Tourism Service Trade；Beijing

B. 9　Capital Art Trade Annual Development Report（2020）
　　　　　　　　　　　　　　　　　Cheng Xiangbin，*Wang Xinrui* / 118

Abstract：After several years of the slowdown of art market and art trade，the relevant state departments and the Beijing government have successively introduced a number of art-related policies，which have provided good policy preferences and financial support for art import and export tariffs，art enterprise development，and the art investment environment. In 2019，the capital art trade has achieved rapid growth，the annual trade volume is close to 90 million U. S. dollars，which has given a good lead to the development of the art market in China. At present，the capital art trade as a whole is in a stable and good development stage，but there are still significant problems such as excessive tax burden，single trade structure，chaotic primary and secondary markets，and low

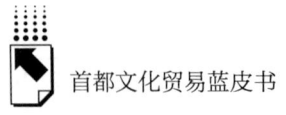

level of art development. It is necessary to continuously summarize and summarize the current problems and innovate the development path of the art market to make trade develop more efficiently and reach the world's leading level.

Keywords: Art Market; Cultural Trade; Art Trade

B.10　Creative Design Trade Development Report of Beijing (2020)　　　　　　　　　　　　　*Liu Xia* / 138

Abstract: Along with the continuous acceleration of China's new industrialization, informatization and digitalization process, creative design has been integrated into all sectors and industries of the economy and society. As a national cultural center, the high level of openness and high-quality development of the creative design industry are important measures to cultivate new growth points of the national economy and enhance the national cultural soft power and international influence. With the encouragement and support of government policies and the internationalization of cultural and creative industries, Beijing's international trade in creative design is developing rapidly. But at the same time, there are still problems such as uneven development of various urban areas, low integration between industries and insufficient product originality. To this end, this article proposes corresponding countermeasures and suggestions for the development of Beijing's creative design trade in terms of improving the policy system, optimizing the spatial layout, developing digital technology, and training professionals.

Keywords: Creative Design; Foreign Cultural Trade; Cultural Creative Industry

Ⅲ Special Topics

B.11 Promoting the High-Quality Development of Beijing
Cultural Trade with City Diplomacy
Li Jiashan, Zhang Xiaoling / 150

Abstract: With the development of globalization and urbanization, the status of "City Diplomacy" in modern and contemporary diplomatic relations has been gradually improved. The importance of key central cities has become increasingly essential. The value of urban functional construction is more and more important. Beijing, the capital city of China, is necessary to play its unique functions in its city diplomacy, and at the same time to fully promote its functional construction with city diplomacy. This paper combined with the function of city diplomacy and development of capital's cultural trade, it is necessary to accelerate the practice of city diplomacy to promote the high-quality development of cultural trade in Beijing from the aspects of overall strategic layout and spatial layout of cultural and economic diplomacy, construction of platform, cultivation of urban soft environment, full development of diversified diplomacy, exertion of policy advantages and cultivation of compound talents.

Keywords: International Exchange Center; City Diplomacy; Beijing

B.12 Development Status, Development Dilemma and Development
Suggestions of National Base for International Cultural
Trade (Beijing) *Sun Junxin, Huo Yingnan* / 165

Abstract: This paper focuses on the national base for international cultural trade (Beijing), analyze its current development situation, and finds that the base has carried on the effective pioneering exploration and achieved remarkable success

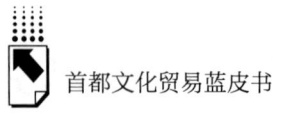

in China's foreign cultural trade development. With obvious geographical advantages, this paper implies the bright future of the base. However, at the same time, the base faces a series of difficulties and challenges including the heavy financial stress on the operator, difficulties in policy implementation, intensified industry competition, and not yet fully exerted regional spillover. Thus, this paper attempts to put forward a number of suggestions for the development path of the base, and builds key guidance from the five areas of digital service trade center, art trade display center, cultural relics multinational cooperation center, cultural equipment bonded center, and creative design center project.

Keywords: Culture Trade; Free Trade Zone; National Base for International Cultural Trade (Beijing)

B. 13 Innovative Design Drives Trade Prosperity
—*Innovation and Practice of Beijing Design Expo*

Wang Yudong / 177

Abstract: The Beijing Design Expo, based on Beijing design week, has been successfully held for two times since 2018. With the theme of "paying tribute to life" and "creating the future", focusing on innovative design concepts, it has carried out a lot of exploration and practice in the aspects of international resource integration, innovative design empowering traditional culture and empowering cultural IP, etc., and set up a platform for innovative design, which has played a positive role in boosting the functional construction of Beijing's "four centers" and improving the quality of life related to design.

Keywords: Beijing Design Expo; Innovative Design Concepts; Cultural Trade

B. 14　The Effect of Overseas Students in Beijing on
　　　　Promoting Cultural Trade　　　　　　　　　　*Yu Miao* / 185

Abstract: Studying abroad in Beijing is the hidden power of China's foreign cultural trade in the future. In the development and cultivation of non-governmental market of foreign cultural trade, overseas students in Beijing will become cultural intermediaries after returning home and play a leading role in cultural consumption and promotion of cultural products. This power is hidden in all aspects of cultural trade, but it will eventually promote the development of China's cultural trade. Universities in Beijing should consciously carry out cultivation and exploration at this level.

Keywords: Overseas Students in Beijing; Cultural Trade; Cultural Communication

B. 15　Problems and Solutions of Beijing Cultural Trade Development
　　　　under the Background of High-Quality Opening up
　　　　　　　　　　Sun Qiankun, Dong Bohuai and Li Daye / 196

Abstract: This paper summarizes the development opportunities of Beijing's cultural trade from the perspectives of national level and Beijing level, and analyzes the development status of Beijing's cultural trade based on data. Based on the above, this paper explores the Beijing cultural trade's main problems and challenges in the process of high-quality opening up, and points out that Beijing cultural trade is currently faced with the dislocation of cultural products' import-export structure, imbalance of cultural product's structure, lack of up-market characteristic cultural brands as well as the low coordinated development level of cultural trade and so on. Finally, in the response to the problems above, the paper puts forward countermeasures and suggestions to effectively solve these problems under the background of high-quality opening up.

Keywords: Cultural Trade; Cultural Product; Beijing

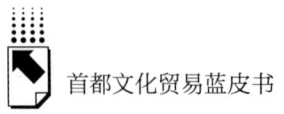

B.16　The Role and Function of Think Tanks in Promoting Capital Cultural Trade Development　　*Wang Lijun* / 213

Abstract: The function construction of "four centers" has brought great benefits to the development of capital's cultural trade. As an organic whole, the function construction of international communication center will provide all-round international support for the development of capital's cultural trade. At present, as one of the multiple subjects in this field, the functions and advantages of think tanks are gradually highlighted, which provides a realistic path and starting point for promoting the development of cultural trade. This paper puts forward suggestions on how to further play the role of think tanks in promoting the development of cultural trade from the aspects of think tanks' own construction, policy translation, diversified international exchange and cooperation, and participation in international organizations.

Keywords: Think Tanks; International Exchange; Cultural Trade

B.17　Empirical Analysis and Suggestions on Investment and Financing Support of Capital Culture Trade
　　Ding Zhijie, Tian Yuan and Ji Changlun / 222

Abstract: Culture blends into a country's economic and political life. International cultural trade and national strategy, economic interests, cultural policies and other relations are inseparable. Based on the basic attributes of cultural trade, this paper makes recommendations for the investment and financing support of the capital culture trade by drawing on the successful experience of the US, UK and South Korea investment and financing system construction. This paper believes that there is a lack of cultural infrastructure in China, and that it is difficult to promote the moderate expansion of the industrial scale. It is advisable to give play to the drive of government-state-enterprise-market "three-in-one" reform, and establish a "three-step" reform strategy at the institutional level, strategic level and implementation level to make up for the shortcomings of the existing capital culture industry, thereby better supporting cultural trade investment and financing.

Keywords: Cultural Trade; Cultural Industry; Cultural Finance

B. 18 Opportunities and Prospects of Cooperative Development of Cultural Markets Between Beijing and CEE Countries

Zhang Xihua / 234

Abstract: Central and Eastern European countries are vital partners of the "Belt and Road Initiative". Cultural exchanges and cooperation are important links in countries along the "Belt and Road". Beijing, as the capital of China, has opened up a number of cultural markets in the sixteen CEE countries. The opportunities are based on the shared development appeal, mutual consensus of top leaders, rich cultural markets of China and CEE countries, and the "Five Links" policy privilege. To further develop the cooperation in the cultural markets with CEE countries, we must focus on more exchanges and cooperation, continue to play the guiding and demonstrating role of official cultural exchanges, strengthen the cooperation in cultural and creative business, expand the scale of cultural trade, and promote comprehensive, coordinated and balanced cultural cooperation between China and CEE countries. External and internal development should be equally strengthened in Beijing's overall planning, therefore, it is necessary to work out the top-level design and establish a long-term mechanism. With seeking common ground while reserving differences during multilateral interaction, the promotion of exchanges and cooperation in the cultural markets between Beijing and CEE countries can be sustainable.

Keywords: Cultural Markets; Cultural Exchange; Central and Eastern Europe Countries

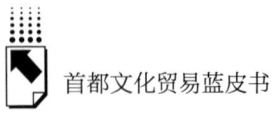
首都文化贸易蓝皮书

Ⅳ Comparison and Reference Reports

B.19 Development and Experience of Budapest
Cultural Market　　　　　*Duan Shuangxi*, *Liu Yonghan* / 246

Abstract: Hungary's cultural market is very rich, and its unique geographical and cultural location have helped a lot. While retaining the traditional national culture, it is also actively developing and innovating. The result of the integration of the two is most directly reflected in Budapest. In its development characteristics, the experience of transforming high-quality cultural and artistic resources into cultural brands, promoting the development of cultural industry and trade through art education, establishing special institutions to promote and popularize Hungarian culture, and promoting the development of creative and innovative industries are particularly worth learning.

Keywords: Cultural Band; Art Education; Budapest

B.20 A Study on the Development of Japan's New Cultural
Tourism-Animation Pilgrimage　　*Wang Haiwen*, *Xiong Rui* / 258

Abstract: Japan is a country famous for its culture and tourism. In the new tourism revolution process, Japan follows the new trend of the development of animation industry and tourism industry, promotes the integration of animation and tourism, and creates a new cultural tourism model-Animation pilgrimage. Animation pilgrimage has a unique information exchange channel, tourism behavior mode and tourism experience mode. Under the strategy of actively exploring animation overseas market, multi-agent cooperation to create tourist attractions, and using the network to strengthen overseas publicity, the animation pilgrimage develops steadily. Its success not only confirms the trend and prospect of cultural and tourism integration, but also provides a valuable reference to the development of Chinese culture-oriented travel.

Keywords: Animation Industry; Animation Pilgrimage; Culture-oriented Travel; Japanese Anime

B. 21　French Regional Museum on the International Stage

Zhu Xiaoyun / 272

Abstract: The regional public museums is a unique presence in the French museum system. Although for the world, the Louvre is the representative of the French museum, but in fact, 82% of the museums in France belong to the local government. Local museums have the same rich and local collections. They also hope to turn their vision abroad, increase the influence of the museum through more international cooperation, and promote the culture of the region. On the international stage, the French local museums have carried out many useful practices, such as the establishment of the French American Museum Exchange (FRAME) based on diplomatic relationship, and the Paris Musées. However, for the vast majority of French local museums, limited by history, system and mechanism, their pace can still only be limited to the region, to the France, and at most, to the Europe. This largely constitutes the loss of French diplomatic resources.

Keywords: Local Museum; Paris Musées; French

B. 22　The Mode of Film Completion Guarantee Steers to Safety
　　　　Film Production　　　　　　　　*Li Jiashan, Xin Lu* / 282

Abstract: The industrialization standard of European and American film industry is mature. Behind the perfect production industry, there is a set of profit-

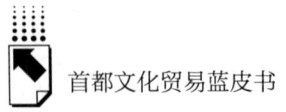

making system, including presale, financing, copyright market, Sub Ledger mechanism, etc. The most important link is the completion guarantee mode, which links the capital and producers, promotes the capital operation and production standards, and effectively manages and controls the risks to guarantee the development of the European and American film industry. In this essay, the development background and business process of European and American film completion guarantee mode are analyzed, and the role of this mode in film industry financing and risk management is summarized.

Keywords: Film Industry; Completion Guarantee; Film Financing; Film Insurance

权威报告·一手数据·特色资源

皮书数据库
ANNUAL REPORT(YEARBOOK) DATABASE

分析解读当下中国发展变迁的高端智库平台

所获荣誉

- 2019年，入围国家新闻出版署数字出版精品遴选推荐计划项目
- 2016年，入选"'十三五'国家重点电子出版物出版规划骨干工程"
- 2015年，荣获"搜索中国正能量 点赞2015""创新中国科技创新奖"
- 2013年，荣获"中国出版政府奖·网络出版物奖"提名奖
- 连续多年荣获中国数字出版博览会"数字出版·优秀品牌"奖

成为会员

通过网址www.pishu.com.cn访问皮书数据库网站或下载皮书数据库APP，进行手机号码验证或邮箱验证即可成为皮书数据库会员。

会员福利

- 已注册用户购书后可免费获赠100元皮书数据库充值卡。刮开充值卡涂层获取充值密码，登录并进入"会员中心"—"在线充值"—"充值卡充值"，充值成功即可购买和查看数据库内容。
- 会员福利最终解释权归社会科学文献出版社所有。

数据库服务热线：400-008-6695
数据库服务QQ：2475522410
数据库服务邮箱：database@ssap.cn
图书销售热线：010-59367070/7028
图书服务QQ：1265056568
图书服务邮箱：duzhe@ssap.cn

社会科学文献出版社 皮书系列
SOCIAL SCIENCES ACADEMIC PRESS (CHINA)
卡号：867739386617
密码：

中国社会发展数据库（下设12个子库）

整合国内外中国社会发展研究成果，汇聚独家统计数据、深度分析报告，涉及社会、人口、政治、教育、法律等12个领域，为了解中国社会发展动态、跟踪社会核心热点、分析社会发展趋势提供一站式资源搜索和数据服务。

中国经济发展数据库（下设12个子库）

围绕国内外中国经济发展主题研究报告、学术资讯、基础数据等资料构建，内容涵盖宏观经济、农业经济、工业经济、产业经济等12个重点经济领域，为实时掌控经济运行态势、把握经济发展规律、洞察经济形势、进行经济决策提供参考和依据。

中国行业发展数据库（下设17个子库）

以中国国民经济行业分类为依据，覆盖金融业、旅游、医疗卫生、交通运输、能源矿产等100多个行业，跟踪分析国民经济相关行业市场运行状况和政策导向，汇集行业发展前沿资讯，为投资、从业及各种经济决策提供理论基础和实践指导。

中国区域发展数据库（下设6个子库）

对中国特定区域内的经济、社会、文化等领域现状与发展情况进行深度分析和预测，研究层级至县及县以下行政区，涉及地区、区域经济体、城市、农村等不同维度，为地方经济社会宏观态势研究、发展经验研究、案例分析提供数据服务。

中国文化传媒数据库（下设18个子库）

汇聚文化传媒领域专家观点、热点资讯，梳理国内外中国文化发展相关学术研究成果、一手统计数据，涵盖文化产业、新闻传播、电影娱乐、文学艺术、群众文化等18个重点研究领域。为文化传媒研究提供相关数据、研究报告和综合分析服务。

世界经济与国际关系数据库（下设6个子库）

立足"皮书系列"世界经济、国际关系相关学术资源，整合世界经济、国际政治、世界文化与科技、全球性问题、国际组织与国际法、区域研究6大领域研究成果，为世界经济与国际关系研究提供全方位数据分析，为决策和形势研判提供参考。

法律声明

"皮书系列"(含蓝皮书、绿皮书、黄皮书)之品牌由社会科学文献出版社最早使用并持续至今,现已被中国图书市场所熟知。"皮书系列"的相关商标已在中华人民共和国国家工商行政管理总局商标局注册,如LOGO( )、皮书、Pishu、经济蓝皮书、社会蓝皮书等。"皮书系列"图书的注册商标专用权及封面设计、版式设计的著作权均为社会科学文献出版社所有。未经社会科学文献出版社书面授权许可,任何使用与"皮书系列"图书注册商标、封面设计、版式设计相同或者近似的文字、图形或其组合的行为均系侵权行为。

经作者授权,本书的专有出版权及信息网络传播权等为社会科学文献出版社享有。未经社会科学文献出版社书面授权许可,任何就本书内容的复制、发行或以数字形式进行网络传播的行为均系侵权行为。

社会科学文献出版社将通过法律途径追究上述侵权行为的法律责任,维护自身合法权益。

欢迎社会各界人士对侵犯社会科学文献出版社上述权利的侵权行为进行举报。电话:010-59367121,电子邮箱:fawubu@ssap.cn。

社会科学文献出版社